KB242663

디지털로 쉬워지는

개념탐구 기반학습

AI 에듀테크 수업 가이드

엄태상·김우람·김영주·박지원·사공정일·정용석 공저

(주)광문각출판미디어
www.kwangmoonkag.co.kr

머리말

　오늘날 학교교육은 단순한 지식 전달을 넘어, 학습자가 지식의 의미를 스스로 구성하고 이를 새로운 상황에 적용할 수 있는 역량을 기르는 방향으로 빠르게 전환되고 있다. 정보의 양은 급속히 증가하고 있으며, 디지털 기술은 학습 환경과 교수학습 방식 전반을 근본적으로 바꾸어 놓고 있다. 이러한 변화 속에서 교육이 끝까지 붙들어야 할 질문은 분명하다. 학생들에게 무엇을, 왜, 어떻게 배우게 할 것인가. 이 책은 바로 그 물음에 대한 성찰에서 출발하였다.

　개념 기반 탐구는 사실의 축적을 넘어, 개념의 형성·연결·확장·전이를 통해 학습자가 보다 깊이 있는 이해에 도달하도록 돕는 교수학습의 방향을 제시한다. 원고에서도 개념 기반 교육과정은 '무엇을 가르칠 것인가'의 문제를 다루고, 개념 기반 탐구는 이를 실제 수업 장면에서 '어떻게 가르칠 것인가'의 문제로 전환하는 실천적 틀로 제시된다. 다시 말해, 개념 기반 탐구는 교육과정과 수업 사이의 간극을 메우고, 학습 목표와 교실 실천을 정합적으로 연결하는 하나의 교육적 언어이자 방법론이다.

　특히 이 책은 개념 기반 탐구를 오늘의 디지털 환경과 분리하여 보지 않는다. 디지털 도구는 더 이상 부가적 보조 수단이 아니라, 학생의 사고를 가시화하고 탐구의 과정을 확장하며 협력과 성찰의 폭을 넓히는 중요한 학습 자원이 되었다. 예컨대 고해상도 이미지 탐색, 분류와 비교 활동, 질문 생성, 자료 공유와 피드백 과정은 학생들이 단순한 정답 확인을 넘어 관찰·해석·추론의 경험에 이르도록 돕는다. 그러나 이 책이 일관되게 강조하는 바는, 디지털 자체가 교육의 목적일 수는 없다는 점이다. 기술은 학습의 본질을 대체하는 것이 아니라, 본질에 더욱 가까이 다가가기 위한 매개여야 한다.

이러한 이유로 이 책은 에듀테크와 AI의 활용 가능성을 소개하면서도, 교사의 설계 전문성을 중심에 둔다. 원고는 AI가 수업 아이디어를 생성하고 단원 설계를 지원할 수 있음을 보여 주지만, 동시에 개념 기반 탐구의 구조와 의도를 이해하지 못한 채 도구에 의존할 경우 수업 목표와 어긋날 수 있음을 분명히 지적한다. 결국 좋은 수업은 도구가 아니라 교사의 교육적 판단에서 시작되며, 기술의 가치는 교사의 전문성과 만날 때 비로소 교육적으로 실현된다.

이 책은 개념 형성에서 출발하여 탐구의 준비, 질문의 조직, 일반화의 도출, 전이와 성찰에 이르는 수업의 흐름을 실제와 함께 보여 주고자 한다. 따라서 이 책은 하나의 유행하는 교수법을 소개하는 안내서가 아니라, 교육과정의 취지를 교실 속 배움으로 구현하려는 교사들을 위한 성찰적 실천서라 할 수 있다. 빠르게 변하는 교육 환경 속에서도 변하지 않아야 할 것은 배움의 깊이와 교육의 본질이다. 이 책이 현장의 교사와 교육 연구자, 그리고 미래 교육을 고민하는 모든 이들에게 개념 기반 탐구의 의미를 다시 묻고, 수업의 방향을 더욱 정교하게 가다듬는 데 도움이 되기를 바란다.

지지 일동

목차

05장. 전이와 성찰을 위한 에듀테크   193

01 개념기반 탐구

1. 개념기반 탐구

1) 깊이 있는 학습

사람을 만나면 우리는 먼저 통성명을 하고, 몇 차례 이야기를 나눈다. 하지만 잠깐의 만남만으로 그 사람을 깊이 이해하고 있다고 말할 수 있을까? 이름을 알고, 얼굴을 알고, 몇 번 대화를 나눴다는 이유만으로 우리는 종종 "그 사람을 안다"라고 말한다.

그러나 누군가를 '깊이 안다'고 말하려면 단순히 시간이 흐르는 것만으로는 충분하지 않다. 함께 시간을 보내고, 같은 상황을 겪고, 기쁨과 어려움을 나누는 과정이 쌓이면서 그 사람의 여러 면모를 안 뒤에 우리는 비로소 그 사람을 깊이 이해한다고 말할 수 있다.

음식을 만드는 과정도 비슷하다. 예를 들어, '조림'이라는 조리 방법은 짧은 시간에 완성되지 않는다. 재료에 양념을 더하고, 오랜 시간 불을 조절하며 천천히 익혀야 맛이 스며든다. 겉만 살짝 익힌 음식과 속까지 맛이 밴 음식은 분명히 다르다. 무엇이든 깊이 있게 만들기 위해서는 그만큼의 시간과 에너지가 필요하다.

학습도 마찬가지다. 어떤 내용을 깊이 이해하지 못했을 때 우리는 그저 "이름만 안다"거나 "대충 안다"고 말한다. 공식은 외웠지만 왜 그런지는 설명하지 못하고, 개념은 들어봤지만 다른 상황에 적용하지는 못하는 상태다. 이런 학습은 겉으로만 아는 학습, 다시 말해 표면적인 학습에 가깝다.

Frey, Fisher, & Hattie(2016)는 표면적 학습, 깊은 학습, 전이 학습이라는 세 가지 학습 유형을 제시했다.

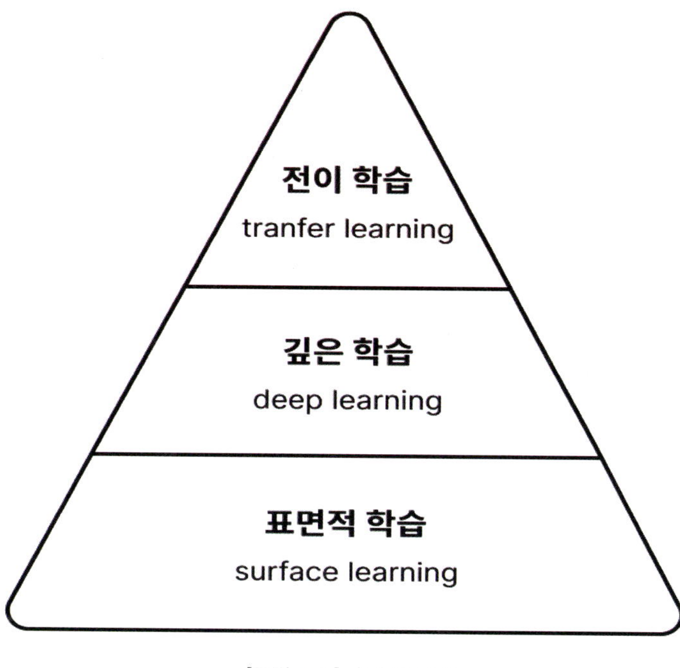

[그림 1-1] 학습의 유형
(Frey et al., 2016)

이들이 말하는 표면적 학습(surface learning)은 단원 초기에 학생들이 핵심 용어, 사실, 기본 개념을 익히는 단계로, 이후 학습을 가능하게 하는 기초 지식 기반을 형성하는 네 목적이 있다. 이 난계에서는 반복 연습과 정리가 중요하다. 표면적 학습은 피상적인 학습에 그치는 게 아니라 깊은 학습을 위한 출발점이 된다.

깊은 학습(deep learning)은 학생들이 이미 배운 지식을 서로 연결하고 의미를 이해하며 확장하는 단계다. 이 단계에서 학습자는 개념 간의 관계를 파악하고, 자신의 이해를 설명하고 점검한다. 토론, 질문, 개념 정리와 같은 활동이 여기에 해당한다.

전이 학습(transfer learning)은 학습자가 배운 내용을 새로운 상황이나 실제 문제에 스스로 적용할 수 있는 상태를 의미한다. 이는 학습의 최종 목표로, 학생이 교사의 도움 없이도 질문을 만들고 문제를 해결할 수 있을 때 나타난다.

Frey, Fisher, & Hattie(2016)는 이러한 전이가 일어날 때 학습이 완성되며, 학생은 점차 자기 주도적인 학습자이면서, 자기 자신의 교사로 성장한다고 설명한다.

개념기반 탐구에서 추구하는 학습은 바로 깊은 학습을 통해 전이 학습에 도달하는 것이다.

2) 2022 개정 교육과정과 깊이 있는 학습

2022 개정 교육과정은 2015 개정 교육과정이 지향했던 '역량 교육'을 계승한다. 2022 개정 교육과정에서는 올바른 학습의 지향점을 '깊이 있는 학습'으로 정의하며(교육부, 2022b), 이를 위해서는 교과 간 연계와 통합, 학생의 삶과 연계된 학습, 학습에 대한 성찰 등이 중요하다는 점을 강조하고 있다(교육부, 2022a).

그렇다면 교육과정이 이야기하는 '깊이 있는 학습'이란 무엇일까? 2022 개정 교육과정 총론 해설서에서는 다음과 같이 제시하고 있다.

"'깊이 있는 학습'은 교과 지식을 **더 많이 학습해야 한다거나 더 어려운 수준까지 학습해야 함을 의미하는 것이 아니라, 핵심 개념과 원리를 올바르게 이해하고 내면화하고 생각이나 경험과 연결하여 자신의 것으로 만들어야 함을 의미한다.** 깊이 있는 학습이 이루어질 때 그 지식은 무기력한 지식이 아니라 삶의 다양한 맥락에서 활용할 수 있는 살아 있는 지식이 되며, 창의적이고 융합적인 문제 해결 능력의 기초가 될 수 있다." (p.28)

조금 더 자세히 들여다보자. 첫째, 깊이 있는 학습의 본질은 더 많이 학습하는 데 있지 않다. 지식의 양이 기하급수적으로 증가하는 오늘날, 기계적인 암기, 표면적인 학습은 지속되기 어렵다. 한 연구는 이미 2019년에 인류가 이틀 동안 지난 2000년 이상 동안 생성한 것과 같은 양의 데이터를 만들어 내고 있다고 보고하였다(Hackenberger, 2019). 특정 분야의 지식은 몇 년 만에 낡은 것이 되어 버린다. 학생이 학교에서 암기한 사실들은 졸업 후 몇 년 안에 업데이트되거나 무용해질 수 있다.

우리 시대를 대표하는 VUCA라는 단어가 있다. 이는 변동성(Volatility), 불확실성(Uncertainty), 복잡성(Complexity), 모호성(Ambiguity)의 약자로, 원래 냉전 종식 후 예측 불가능한 세계정세를 설명하기 위해 군사 용어로 사용되었지만, 이제는 21세기 사회 전반의 특성을 포착하는 개념이 되었다.

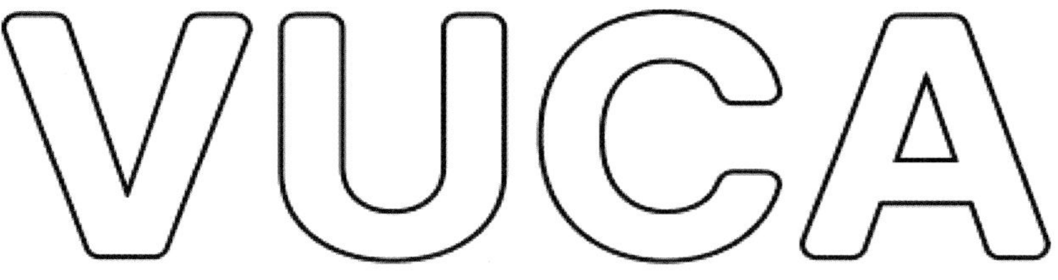

[그림 1-2] VUCA

　변동성이 높다는 것은 변화의 속도와 규모가 이전과는 비교할 수 없을 정도로 크다는 것을 의미한다. 기술, 경제, 사회 구조가 급격하게 변화하며, 오늘의 정답이 내일은 틀린 답이 될 수 있다. 불확실성은 과거의 패턴으로 미래를 예측하기 어렵다는 것을 뜻한다. 팬데믹, 기후 위기, 인공지능의 급부상처럼 예상치 못한 사건들이 우리 삶을 근본적으로 바꾸어 놓는다. 복잡성은 문제들이 단순한 인과관계로 설명되지 않고 수많은 요인들이 상호 작용하며 얽혀 있다는 것을 의미한다. 그리고 모호성은 명확한 옳고 그름을 판단하기 어려운 상황들이 많다는 것을 나타낸다.

　둘째, 깊이 있는 학습은 더 어려운 수준까지 학습하는 것이 아니다. 여기서 깊이가 있다는 것은 종종 단순히 복잡하고, 어렵고, 추상적인 내용, 또는 더 높은 학년 수준의 내용을 다룬다는 것으로 오해되곤 한다. 그러나 깊이 있는 학습의 핵심은 난도의 상승이 아니라 이해의 질적 변화에 있다. 학생이 어려운 공식이나 개념을 암기하더라도, 긴 풀이를 통해 어려운 문제를 해결하더라도, 그것이 왜 중요한지, 어떻게 작동하는지, 실제 삶의 어떤 문제와 연결되는지를 이해하지 못한다면 그것은 깊이 있는 학습이 아니다.

　예를 들어, 초등학교 수준의 '분수' 개념이라도 학생이 단순히 계산 절차만 익히는 것이 아니라, 분수가 전체와 부분의 관계를 나타낸다는 본질을 이해하고, 이를 피자 나누기부터 시간 계산, 비율 이해까지 다양한 맥락에서 활용할 수 있다면 이 것이 바로 깊이 있는 학습이다.

반대로 고등학교 수준의 복잡한 미적분 공식을 기계적으로 암기하고 문제 유형 별로 풀이법을 외워서 시험을 통과하더라도, 그 개념의 의미와 적용 원리를 이해하 지 못한다면 깊이가 없는 표면적인 학습(Marton & Säljö, 1976)에 그친다.

따라서 깊이 있는 학습을 위해서는 학습 내용의 난도를 무조건 높이기보다는, 학생의 발달 수준에 적합한 내용을 선정하되 그 내용을 진정으로 이해하고 의미를 구성할 수 있도록 충분한 시간과 다양한 경험을 제공하는 것이 중요하다.

셋째, 깊이 있는 학습의 핵심은 지식을 자신의 것으로 만드는 것이다. 이는 단순 히 정보를 머릿속에 저장하는 것을 넘어서, 그 지식을 자유자재로 사용하고 언어로 구사할 수 있는 수준에 도달하는 것을 의미한다. 학생이 어떤 개념을 진정으로 자기 것으로 만들었다면, 그것을 자신의 말로 설명할 수 있고, 새로운 상황에서 적절하게 적용할 수 있으며, 다른 개념들과의 관계 속에서 의미를 파악할 수 있어야 한다.

깊이 있는 학습을 위해서는 올바른 이해가 선행되어야 함은 물론이다. 그러나 표면적인 이해만으로는 충분하지 않다. 그들은 진정한 이해란 특정 맥락에서 배운 지식을 새로운 상황에 적용할 수 있는 능력, 즉 전이 능력을 포함한다고 주장한다. 이러한 이해를 '전이 가능한 이해(transferable understanding)'라고 한다.

전이 가능한 이해에 도달하기 위해서는 학생이 개념을 다양한 맥락과 상황 속에 서 반복적으로 만나고, 다른 개념들과 연결시켜 보며, 자신의 경험이나 생각과 접 목시키는 과정을 거쳐야 한다.

예를 들어, '민주주의'라는 개념을 배울 때 정의를 암기하고 특징을 나열하는 것 으로 그치는 것이 아니라, 학급 회의에서의 의사 결정 과정과 연결하고, 역사 속 민 주화 운동과 연결하며, 현재 사회의 다양한 민주적 절차들과 연결해 보는 경험이 필요하다.

더 나아가 민주주의를 다른 통치 체제(군주제, 독재 등)와 비교하기 위해 모의 시뮬 레이션을 통해 각 체제의 의사 결정 방식을 직접 경험해 보거나, 서로 다른 통치 체제를 다룬 텍스트들을 읽고 비판적으로 분석하며, 각 체제의 장단점을 연결·비교하는 활동이 유용하다. 이처럼 하나의 개념을 다양한 맥락에서 반복적으로 만나고, 관련 개념들과 연결 지으며, 자신의 경험과 접목하는 과정에서 전이 가능한 이해에 도달할 수 있다.

Wiggins와 McTighe(2005)는 누군가 진정으로 이해했다면 다음 6가지가 가능하다고 본다: 설명(explanation), 해석(interpretation), 적용(application), 관점(perspective), 공감(empathy), 자기 지식(self-knowledge). 즉 학생이 배운 개념을 자신의 말로 설명할 수 있고, 다양한 관점에서 바라볼 수 있으며, 실제 문제에 적용할 수 있을 때 비로소 전이 가능한 수준의 이해에 도달했다고 볼 수 있으며, 오늘날 교육의 목표가 되어야 한다.

깊이 있는 학습에 관련된 논의들은 21세기 들어 '역량 교육'으로 구체화되었다. 이는 우연이 아니다. 급격한 기술 변화, 세계화, 복잡한 사회 문제의 등장은 단편적 지식의 습득만으로는 대응할 수 없는 환경을 만들어 냈다. OECD의 DeSeCo 프로젝트(1997~2003)는 지식 그 자체가 아니라 지식을 도구로 활용하여 실제 문제를 해결하는 '핵심 역량'을 규명하려 했다.

더 나아가 OECD는 2015년 Future of Education and Skills 2030 프로젝트를 시작하며 기존 DeSeCo 프레임워크를 수정·확장했다(OECD, 2018). 이 프로젝트의 결과물인 OECD 학습 나침반 2030(Learning Compass 2030)은 2030년 이후 학생들에게 요구되는 학습의 방향을 제시하는 프레임워크로, 학생 주도성, 학생 웰빙, 그리고 지식·기술·태도·가치로 구성된 역량 체계를 강조한다.

2022 개정 교육과정은 깊이 있는 학습을 통해 역량을 함양할 수 있다고 본다(교육부, 2022a). 그렇다면 깊이 있는 학습은 교실에서 어떻게 구현될 수 있을까? 2022 개정 교육과정은 다음을 통해 가능하다고 제시하고 있다.

첫째, 교과 간 연계와 통합이다. 실제 세계의 문제는 교과의 경계를 따라 나뉘어 있지 않다. 기후 변화를 이해하려면 과학뿐 아니라 경제, 정치, 윤리적 관점이 모두 필요하다. 교과를 넘나드는 학습은 학생들이 지식을 통합하고 복잡한 문제를 다각도로 바라보는 능력을 키운다.

둘째, 학생의 삶과 연계된 학습이다. 학습 내용이 학생의 삶과 동떨어져 있을 때는 표면적 학습이 촉진된다(Ramsden, 1992). 반대로 학습이 학생의 실제 경험, 관심사, 진로와 연결될 때 의미 있는 이해가 일어난다. 수학의 함수를 추상적 기호로만 배우는 것이 아니라, 자신이 좋아하는 게임의 레벨 디자인이나 유튜브 알고리즘과 연결하여 탐구할 때 깊은 이해가 가능해진다.

셋째, 학습에 대한 성찰이다. 메타 인지적 성찰은 깊은 학습의 핵심이다. 학생들이 자신이 무엇을 알고 모르는지, 어떤 전략이 효과적인지, 왜 이것을 배우는지를 지속적으로 성찰할 때, 학습은 수동적 수용에서 능동적 구성으로 전환된다.

지금까지의 이야기를 도식화하면 다음과 같다.

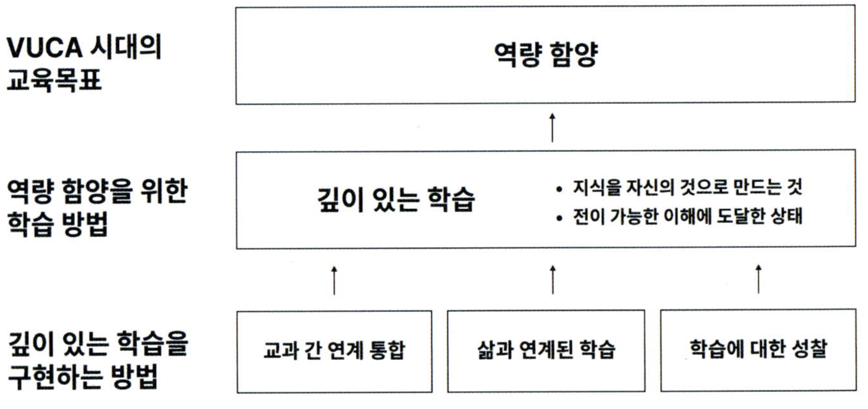

[그림 1-3] 역량 함양을 위한 깊이 있는 학습

3) 개념기반 교육과정

지식이 폭발적으로 증가하는 시대, 미래를 살아갈 학습자에게 무엇을 가르쳐야 할까? '무엇을 가르쳐야 할까'에 대한 답은 지향하는 교육의 목적과 학습자상 등에 따라 달라지며, 이는 교육과정(curriculum)을 통해 구체화된다.

개념 기반 교육과정(Concept-Based Curriculum)은 학습자가 단순히 사실적 지식과 기능을 습득하는 것을 넘어, '개념적 이해'를 통해 학습 내용을 새로운 상황으로 전이(transfer)할 수 있도록 설계된 교육과정이다. 개념기반 교육과정의 핵심은 개념(concept)의 목록을 가르치는 데만 있지 않다. 더 나아가 일반화(generalization), 원리(principles)에 이르기까지 학습 내용을 조직하는 데 있다.

개념은 한두 개의 단어로 표현되는 아이디어나 복잡한 과정으로부터 추출된 관념을 의미하며, 일반화는 구체적인 사례에서 도출된 보편적인 진술을 뜻한다. 원리는 일반화된 진술 중에서도 근본적인 규칙이나 진리로 간주되는 것이다(최소정, 김귀훈, 2025).

[그림 1-4] 교육과정의 2차원적 모델과 3차원적 모델

기존의 2차원 교육과정 설계는 사실적 지식과 절차적 기능에 중점을 두어, 영역 내 상호 연결성이 얕고 낮은 수준의 암기를 조장하는 경향이 있었다(Alhumaid, 2020). 이러한 2차원적 접근에서는 학습의 전이가 거의 일어나지 않으며, 연역적 교수법에 의존한다. 이는 고차 사고 능력을 거의 자극하지 못하는 한계를 지닌다.

이러한 문제를 극복하기 위해 등장한 것이 3차원적 모델이다. 이는 지식, 기능, 이해를 통합한 교육과정 설계 방식으로, "알다(Know), 이해하다(Understand), 할 수 있다(Do)"라는 KUD 모델로 표현된다. 이 모델에서 '지식'은 학습자가 알아야 할 사실적 내용을, '기능'은 학습자가 수행할 수 있어야 하는 과정과 전략을, '이해'는 학습자가 개념적 수준에서 파악해야 할 일반화된 지식을 의미한다. 이 세 가지 요소가 유기적으로 통합될 때 학습자는 단순 암기나 기계적 수행을 넘어선 깊이 있는 학습에 도달할 수 있다.

　3차원적 모델을 활용한 교수법은 귀납적 탐구 기반 접근 방식을 통해 주로 달성
되며, 학습자는 구체적 경험에서 출발하여 추상적 개념과 일반화로 나아가는 과정
을 거친다. 그렇다면 이러한 3차원적 모델을 실제 교육과정 설계에 어떻게 적용할
수 있을까? 이를 위해서는 교과의 특성에 따라 '지식의 구조'와 '과정의 구조'를 전
략적으로 활용할 필요가 있다(Jensen & Kiley, 2015).

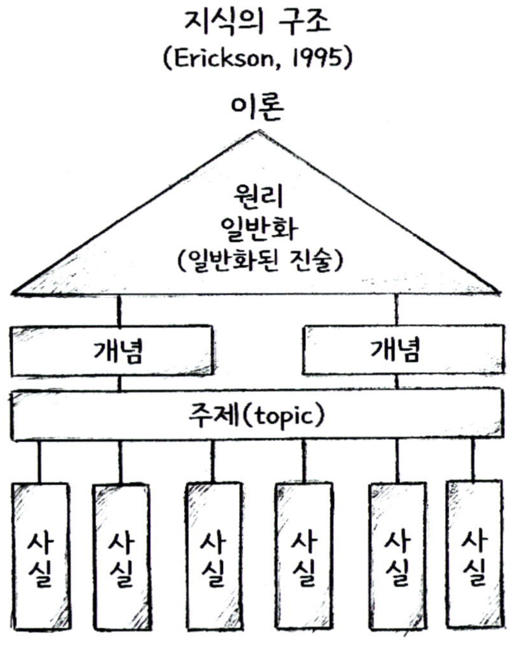

[그림 1-5] 지식의 구조
(Erickson, 1995)

　지식의 구조(Structure of Knowledge)는 개념, 사실, 주제 및 이들의 일반화 간의
관계를 설명하는 도식이다. 교육과정에서 이 구조는 모든 학문 분야의 정보를 조직
하고 분류하여 교사가 개념적 이해를 촉발할 수 있는 관련 내용을 검토하도록 안
내하는 데 유용하다. 이 구조는 이론(theory), 원리(principle), 일반화
(generalization), 그리고 개념(concept)으로 이루어져 있으며, 주제(topic)는 구성의
기초를 형성하며 개념 형성에 중요한 일련의 사실들로 구성된다(Stern et al., 2017).
이 구조는 사실적이고 개념화할 수 있는 교과(사회, 과학 등)에 적합하다.

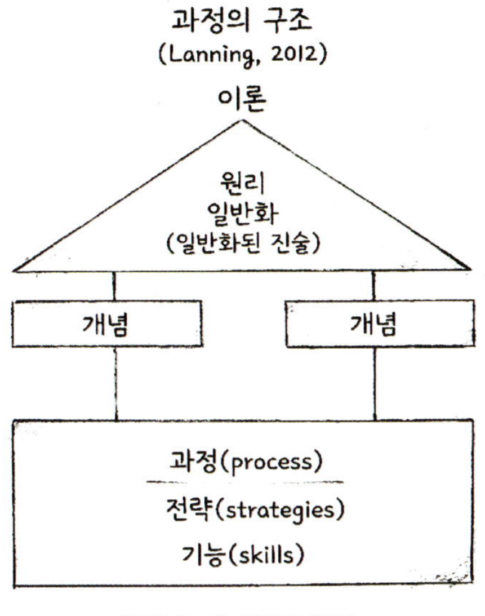

[그림 1-6] 과정의 구조
(Lanning, 2013)

한편, 과정의 구조(Structure of Process)는 Erickson과 Lanning(2013)에 의해 고안되었으며, 국어, 영어, 예술, 언어와 같이 주로 과정 기반으로 인식되는 과목들을 위한 개념기반 교육과정의 공백을 메우기 위해 개발되었다. 과정의 구조는 개념적 이해를 유지하는 데 필요한 기술과 전략을 이해하는 다양한 방법을 고무하는 중요한 개념적 이해를 제공한다. 이 구조는 예술 및 언어와 같은 과정 중심 단원 및 과목에 유용하다(Stern et al., 2017).

4) 개념기반 탐구

지금까지 논의한 개념기반 교육과정, 3차원적 모델, 지식의 구조와 과정의 구조는 모두 '무엇을 가르칠 것인가(what to teach)'라는 교육과정의 영역에 해당한다. 교육과정은 학습 목표, 내용 체계, 성취 기준 등 학습자가 배워야 할 지식, 기능, 이해의 범위와 수준을 규정한다. 즉 교육의 '방향'과 '목적지'를 설정하는 작업이다.

그러나 아무리 잘 설계된 교육과정이라 하더라도, 이를 실제 교실 수업에서 '어떻게 가르칠 것인가(how to teach)'라는 교수법의 문제로 전환하지 않으면 실천되기 어렵다. 교수법(instruction)은 교육과정에서 제시한 학습 목표를 달성하기 위한 구체적인 교수학습 전략, 활동 설계, 상호 작용 방식 등을 다룬다.

개념기반 교육과정을 실제 교수학습 상황에서 실현하기 위해 제시된 것이 바로 개념기반 교수학습 모형이다(Erickson, 2008). 개념을 형성하는 데 사용될 수 있는 모델에는 5E 모형, ICM모형, STS모형 등이 있다(조호제 외, 2023).

여러 모형 중에서도 이 책에서는 국내에도 잘 알려진 Marschall과 French(2018)가 고안한 개념기반 탐구 모형에 주목하고자 한다. 개념기반 탐구는 개념기반 교육과정의 설계 원리를 탐구(inquiry) 중심의 교수학습 방법으로 전환한 것으로 개념 형성-일반화-전이를 위해 탐구를 수행해나가는 구조로 이루어져 있다. 구체적인 모형은 다음과 같다.

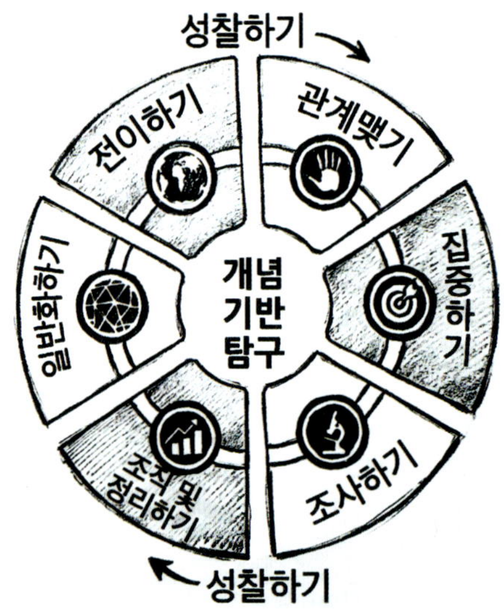

[그림 1-7] 개념기반 탐구 모형
(Marschall & French,. 2018)

① 관계 맺기(Engage)

관계 맺기는 학습자가 학습 주제에 지적·정서적으로 참여하도록 동기를 유발하는 단계이다. 이 단계에서 학습자들은 자신의 배경지식과 경험을 활성화하고, 학습할 개념과 자신의 삶을 연결하며, 탐구할 질문을 형성한다. 교사는 흥미로운 문제 상황이나 현상을 제시하여 학습자의 호기심을 자극하고, 학습자들이 "왜?"라는 질문을 스스로 던지도록 격려한다. 이를 통해 학습자들은 개념을 학습할 준비를 갖추게 된다.

② 집중하기(Focus)

집중하기 단계에서는 단원의 주도적인 개념을 소개한다. 이 단계에서 학습자들은 개념 형성 전략을 활용하여 단원의 핵심 개념을 함께 이해한다. 개념을 형성할 때는 귀납적 방법과 연역적 방법이 모두 활용될 수 있다. 귀납적 접근에서는 구체적 사례들을 관찰하고 공통 속성을 추출하여 개념을 도출하며, 연역적 접근에서는 개념의 정의를 먼저 제시한 후 이를 구체적 사례에 적용한다.

③ 조사하기(Investigate)

조사하기 단계에서는 더 많은 사실적 예들을 탐색하고, 이를 단원의 개념과 연결하는 작업이 이루어진다. 학습자들은 복잡성을 도입하거나 추가적인 질문을 유도하는 사례 연구를 접하면서 단원 개념에 대한 이해를 확장한다. 이 과정에서 개념은 다양한 맥락 속에서 만나게 되며, 학습자들은 교과 내 및 교과 간 기능을 습득하고 발전시킨다. 조사하기는 개념을 더욱 풍부하고 깊이 있게 만드는 핵심 단계이다.

④ 조직 및 정리하기(Organize)

조직 및 정리하기 단계에서는 조사한 사실들을 사실적 수준과 개념적 수준에서 모두 조직한다. 학습자들은 수집한 사실적 예들 속에서 패턴을 발견하고, 이를 정리하며, 다른 자료, 방법, 또는 교과를 사용하여 개념과 아이디어를 표현한다. 이렇게 발견된 패턴은 일반화의 기초가 되며, 학습자들은 맥락 속에서 기능을 식별하고 적용하는 연습을 한다. 전이 가능한 이해는 추상 개념과 구체적 사례를 오가며 설명할 수 있을 때 확인된다(NCTQ, 2016). 이 단계는 흩어진 정보를 의미 있는 구조로 조직함으로써 개념적 이해로 나아가는 발판을 마련한다.

⑤ 일반화하기(Generalize)

일반화하기 단계에서는 학습자들이 사실적 예들 속에서 발견한 패턴을 바탕으로 개념 간의 관계를 진술하는 일반화를 도출한다. 학습자들은 자신이 발견한 일반화를 명확히 하고, 정당화하며, 다른 사람들에게 전달한다. 일반화는 "~일 때, ~이다", "~은 ~을 형성한다"와 같은 형태로 표현되며, 시간, 공간, 문화, 상황을 넘어 적용될 수 있는 전이 가능한 지식이 된다.

⑥ 전이하기(Transfer)

전이하기 단계에서는 학습자들이 도출한 일반화의 타당성을 검증하고 정당화한다. 학습자들은 일반화를 새로운 사건이나 상황에 적용해 보고, 경험과 이해를 활용하여 예측이나 가설을 세운다. 이 단계는 학습자가 교실에서 배운 개념과 일반화를 실생활 문제나 다른 학습 영역으로 확장하여 적용할 수 있는지를 확인하는 단계로, 전이 가능한 이해의 실현을 의미한다.

⑦ 성찰하기(Reflect)

성찰하기는 모형의 마지막에 소개되고 있으나, 실제로는 모든 단계에 포함되어 수행된다. 이 단계에서 학습자들은 자신을 학습의 주체로 인식하고, 스스로 학습 과정을 돌아보고 자신의 변화를 살펴본다.

[그림 1-8] 아코디언 연주

개념 학습은 아코디언을 연주하는 과정과 닮아 있다. 아코디언을 접으면 구조가 분명해지고, 펼치면 안에 담긴 소리의 폭이 드러난다. 개념 학습에서도 먼저 개념을 정의와 핵심 속성으로 정리하는 '접는' 과정이 필요하다(개념 형성). 이 과정에서 무엇이 중요한지가 분명해지고, 개념의 윤곽이 또렷해진다.

아코디언을 다시 펼치듯, 개념은 다양한 사례와 상황 속에서 확장된다(개념 확장). 서로 다른 사례를 비교하고 공통점과 차이를 살피는 과정에서 개념은 여러 맥락에서 활용될 수 있는 이해로 깊어진다(개념 연결). 결국 개념 학습이란 개념을 명료하게 정리하는 과정과 이를 다양한 사례로 확장하는 과정을 오가며 이해를 점차 정교화해 가는 일이라 할 수 있다.

이 책은 이러한 관점에서 다음과 같은 구조를 취한다. 이는 새로운 모형을 제시하거나 특정 이론을 재구성하기 위함이 아니라, 디지털 도구와의 상호 작용이 개념 형성에 어떤 영향을 미치는지를 살피고, 개별 모형에 매이지 않은 채 '개념에 대한 탐구'라는 본질에 집중하기 위함이다.

개념 형성 – 개념 확장 – 개념 연결 – (성찰)

5) 개념기반 탐구를 이끄는 질문

질문은 탐구를 이끄는 강력한 도구다. 개념기반 탐구에서 학습자는 질문을 통해 개념을 형성하고, 일반화를 거쳐 전이에까지 이른다. 이 과정에서 질문은 학습자의 사고를 안내하는 스캐폴딩 역할을 한다.

질문의 유형은 학자마다 다르게 분류하며 그 종류도 매우 다양하다. 하지만 질문의 유형을 많이 아는 것보다 더 중요한 것은 '교사가 던지는 질문이 실제로 탐구를 이끄는가?' 하는 점이다.

수업에서는 다양한 질문이 필요하다. 사실을 확인하는 질문, 패턴을 발견하도록 유도하는 질문, 학습자가 문제 상황을 인식하고 몰입하게 만드는 논쟁적 질문, 흥미를 끄는 질문 등이 각각의 역할을 한다. 여기에서는 이러한 질문 중에서도 특히 탐구를 효과적으로 이끄는 질문들에 대해 살펴보고자 한다.

McTighe와 Wiggins(2013)는 Essential Questions에서 핵심 질문을 단순히 '무엇이 핵심인가요'를 묻는 말이 아니라, 중요한 개념과 절차를 이해하기 위해 지속적으로 탐구해야 하는 질문으로 설명한다. 이들은 핵심 질문을 동전의 양면에 비유하며, 한편으로는 학생의 사고와 탐구를 촉발하고, 다른 한편으로는 학습의 핵심 목표를 설정하는 역할을 한다고 보았다.

먼저 핵심 질문은 학생들이 내용을 적극적으로 탐구하도록 이끈다. 이러한 질문은 학습 내용을 단순히 소비하게 하는 것이 아니라, 그 안에 담긴 주요 개념과 주제를 바라보는 렌즈로 기능하며, 학생들이 의미 있는 사고를 확장하도록 돕는다.

또한, 핵심 질문은 학습 목표를 명확히 하는 도구가 된다. 가르치고자 하는 개념이나 원리가 '답'이라면, 핵심 질문은 그 답에 도달하기 위해 던져야 할 질문을 제시한다. 이를 통해 학생들은 왜 해당 개념이 중요한지, 그리고 그것이 어떤 맥락에서 의미를 갖는지를 이해하게 된다.

그렇다면 탐구를 이끄는 핵심 질문은 어떻게 만드는 걸까? 가장 효과적인 방법은 학생들이 탐구 단원이나 차시를 통해 도달해야 하는 일반화를 뒤집어서 만드는 것이다.

예를 들어, 다음과 같은 일반화(둘 이상의 개념의 관계를 진술한 것)가 있다.

어떤 지역의 지리적 특징과 기후는 그곳에 사는 사람들의 경제와 생활 모습에 영향을 미친다.

이 일반화를 뒤집으면 다음과 같이 표현이 가능하다.

사람이 사는 곳은 사람이 사는 방식에 어떻게 영향을 미치는가?

이제 이 질문을 세세하게 쪼개볼 수 있다.

◆ 우리 지역의 지형은 어떤 특징을 가지고 있는가?
◆ 우리 지역의 기후는 어떤 특징이 있는가?
◆ 우리 지역에서 주로 하는 경제 활동은 무엇이며, 왜 그런 활동을 하게 되었을까?
◆ 기후와 지형은 집의 모양과 재료에 어떤 영향을 미쳤을까?
◆ 서로 다른 지역을 비교했을 때 공통점과 차이점은 무엇인가?

이렇게 세분화된 질문들은 학생들을 단계적 탐구로 안내하는 역할을 한다.

사실 수준의 질문 (관찰과 탐색)

우리 지역의 지형은 어떤 특징을 가지고 있는가?

우리 지역의 기후는 어떤 특징이 있는가?

개념 연결 질문 (관계 파악)

우리 지역에서 주로 하는 경제 활동은 무엇이며, 왜 그런 활동을 하게 되었을까?

기후와 지형은 집의 모양과 재료에 어떤 영향을 미쳤을까?

비교와 분석 질문 (패턴 발견)

서로 다른 지역을 비교했을 때 공통점과 차이점은 무엇인가?

이러한 질문에 답하는 탐구를 진행하다 보면, 학습자들은 자연스럽게 다음과 같은 이해에 도달하게 된다.

학생들이 발견하는 것들
- 산지가 많은 지역에서는 평야 지역과 다른 경제 활동이 나타난다.
- 추운 지역의 집은 보온을 위해 특별한 구조를 갖는다.
- 비가 많은 지역의 집은 경사진 지붕을 가진다.
- 해안 지역에서는 어업이 발달한다.

이러한 구체적인 발견들을 종합하면서, 학생들은 처음 우리가 설정했던 일반화에 스스로 도달한다.

"아, 지역의 지리적 특징과 기후가 그곳 사람들의 경제와 생활 모습에 영향을 미치는구나!"

탐구 과정에서 일반화를 세부 일반화로 쪼개는 방법도 큰 도움이 된다. 큰 일반화를 한 번에 도달하기보다는, 작은 일반화들을 먼저 발견하고 이를 통합하는 방식이다.

어떤 지역의 지리적 특징과 기후는 그곳에 사는 사람들의 경제와 생활 모습에 영향을 미친다.	
[세부 일반화 1]	지형의 특징은 사람들이 할 수 있는 경제 활동을 결정한다.
[관련 질문]	우리 지역의 지형은 어떤 경제 활동을 가능하게 하는가?
[세부 일반화 2]	기후는 집의 구조와 재료 선택에 영향을 미친다.
[관련 질문]	기후는 집의 모양과 재료에 어떤 영향을 미치는가?
[세부 일반화 3]	자연환경은 사람들의 의식주 전반에 걸쳐 영향을 미친다.
[관련 질문]	자연환경은 우리의 생활 모습을 어떻게 바꾸는가?
[세부 일반화 4]	비슷한 환경 조건을 가진 지역들은 유사한 생활 양식을 보인다.
[관련 질문]	서로 다른 지역의 공통점과 차이점은 무엇이 만드는가?

학생들은 탐구를 통해 이러한 세부 일반화들을 각각 발견한 후, 교사는 다음과 같은 종합 질문을 던질 수 있다.

"우리가 발견한 것들을 종합하면 어떤 큰 패턴이 보이는가?"
"이 모든 것을 하나의 문장으로 표현한다면?"

이 과정을 통해 학생들은 세부 일반화들을 통합하여 최종적인 큰 일반화에 도달하게 된다.

이 외에도 탐구를 이끌기 위한 좋은 질문에는 논쟁적 질문도 존재한다. 논쟁적 질문이란 하나의 정답이 존재하지 않으며, 서로 다른 관점과 가치가 충돌하여 토론과 논쟁을 유발하는 질문이다.

(사회·윤리 영역의 질문들) "환경 보호를 위해 개인의 자유를 제한할 수 있는가?" "부유한 나라는 가난한 나라를 도울 의무가 있는가?" "정당한 전쟁이 존재할 수 있는가?"
(과학·기술 영역의 질문들) "동물 실험은 윤리적으로 정당화될 수 있는가?" "유전자 편집 기술을 인간에게 사용해도 되는가?" "기후 변화를 막기 위해 경제 성장을 포기해야 하는가?"
(문화·예술 영역의 질문들) "예술가는 관객에게 어느 정도까지 책임이 있는가?" "전통 문화는 반드시 보존되어야 하는가?"

이와 같은 논쟁적 질문은 학습자들을 학습 주제에 깊이 이입하게 만든다. 예를 들어, "인공지능에 투표권을 주어야 하는가?"라는 질문을 접한 학생들은 즉각적으로 자신의 입장을 떠올리게 되고, 동시에 이 문제를 제대로 판단하기 위해 필요한 정보가 무엇인지 인식하게 된다.

이 과정에서 학습자들은 자연스럽게 지식의 공백을 느끼게 된다. '인공지능이 정말 자율적 판단을 할 수 있는가?', '투표권의 조건은 무엇인가?', '권리와 책임은 어떤 관계인가?' 같은 질문들이 머릿속에 떠오르면서, 학습자들은 이 공백을 메우고 싶은 자연스러운 욕구를 갖게 된다.

6) 탐구를 돕는 사고전략

사고 전략(thinking strategy)이란 효과적인 사고를 위해 적용하는 체계적인 절차나 사고 루틴을 의미한다. 이는 학습자가 복잡한 사고 과정을 보다 구조적으로 수행하도록 돕는 틀로, 탐구 과정에서 반복적으로 사용되며 점차 개인의 사고 도구로 내면화된다.

사고 전략은 단순한 활동이나 산출물 제작 기법이 아니다. 비교하기, 관찰하기, 연결 짓기, 관점 취하기 등 특정 사고를 의도적으로 촉진하기 위해 설계된 접근 방식이다. 학생들은 탐구 과정에서 사고 전략을 활용하며 자신의 사고를 정리하고 확장하게 된다.

사고 전략을 사용하는 첫 번째 이유는 학생의 사고를 가시화할 수 있기 때문이다(Ritchhart et al., 2011). 사고는 본래 관찰하기 어려운 과정이지만, 사고 전략을 적용하면 말, 글, 그림 등의 형태로 외부에 드러난다. 교사는 이를 통해 학생의 이해 수준과 오개념을 파악할 수 있으며, 이는 평가의 근거로도 활용될 수 있다.

두 번째 이유는 인지 부하를 낮추는 비계 역할을 한다는 점이다(Marschall & French, 2018). 사고 전략은 제한된 작업 기억의 부담을 줄여 주어, 학습자가 복잡한 문제를 보다 안정적으로 처리할 수 있도록 돕는다. 이는 학습 과정에서 사고의 질을 유지하는 데 중요한 역할을 한다.

인지 부하 이론(Sweller et al., 1998)에 따르면 학습 과정에서 발생하는 인지 부하는 세 가지로 나뉜다.

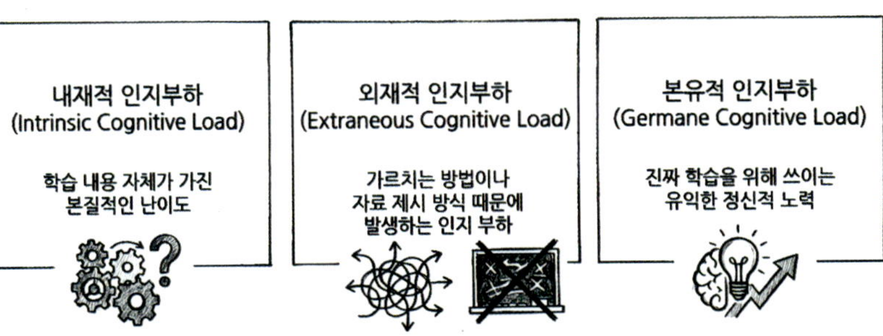

[그림 1-9] 인지 부하의 종류

- **내재적 인지 부하**(Intrinsic Cognitive Load): 학습 내용 자체가 가진 본질적인 난이도
- **외재적 인지 부하**(Extraneous Cognitive Load): 가르치는 방법이나 자료 제시 방식 때문에 발생하는 인지 부하
- **본유적 인지 부하**(Germane Cognitive Load): 진짜 학습을 위해 쓰이는 유익한 정신적 노력

(번역본에 따라 내용적 부하, 수업상의 부하, 정신적 부하로 제시한 곳도 있다.)

사고 전략의 직접적인 기능은 외재적 인지 부하를 낮추는 데 있다. 무엇부터 생각해야 하는지, 어떤 기준으로 사고해야 하는지, 사고의 순서를 어떻게 가져가야 하는지를 사고 전략이 미리 구조화해 제시함으로써, 학생이 '어떻게 생각할지'를 고민하는 데 쓰는 불필요한 인지 에너지를 줄인다. 이렇게 확보된 인지 자원은 학습의 핵심인 본유적 인지 부하, 즉 개념 자체를 이해하고 관계를 파악하는 데 집중되도록 한다.

먼저, 사고 전략은 명확한 구조와 단계를 제공하여 외재적 부하를 감소시킨다.

"이 개념에 대해 생각해 보세요"라는 막연한 지시는 학습자에게 '무엇을, 어디서부터, 어떻게 해야 하는지'를 스스로 결정하게 하여 작동 기억에 불필요한 부담을 준다. 반면 프레이어 모델처럼 "정의, 속성, 예시, 예가 아닌 것으로 나누어 생각해 보세요"라고 제시하면,

- 무엇을 생각할지 명확하고
- 어떤 순서로 할지 분명하며
- 어디에 쓸지 정해져 있다.

이로써 학습자는 절차를 고민하는 대신, 개념을 이해하는 데 인지 에너지를 사용할 수 있다.

또한, 사고 전략은 복잡한 학습 과제를 작은 단계로 나누어 인지 부하를 관리 가능한 수준으로 조절한다. 예를 들어, "여러 문명을 비교하고 패턴을 찾으세요"라는 과제는 기준 설정, 정보 정리, 패턴 탐색을 동시에 요구해 높은 인지 부하를 유발한다. 그러나 교차-비교 차트를 제공하면,

- 먼저 비교 기준을 정하고
- 한 번에 하나의 문명과 하나의 기준에 집중하며
- 차트를 완성한 뒤 세로로 읽으며 패턴을 찾게 된다.

이처럼 큰 과제가 단계적으로 분해되면서, 각 단계의 인지 부하는 작업 기억이 감당할 수 있는 수준이 된다.

사고 전략을 사용하는 세 번째 이유는 사고 전략을 통해 개념이 견고해지기 때문이다. 사고 전략을 통해 사고를 표현하고 명료화하는 가운데서 개념이 튼튼하게 형성된다. 머릿속에서 막연하게 이해하고 있던 것을 말이나 글, 그림으로 표현하려고 시도하는 순간, 학습자는 자신의 이해가 명확한지, 불분명한 부분은 무엇인지 깨닫게 된다.

예를 들어, 색상-기호-이미지(C-S-I) 전략을 사용해 개념을 다양한 방식으로 표현하다 보면, 단순히 정의를 암기하는 것을 넘어 개념의 본질적 특성을 깊이 이해하게 된다. 동료들과 자신의 사고를 공유하고 비교하는 과정은 개념을 더욱 정교하게 다듬는 기회가 된다.

개념기반 탐구에서 자주 쓰이는 사고 전략들을 몇 가지 소개한다.

① 개념 형성을 돕는 프레이어 모델 (Frayer Model)

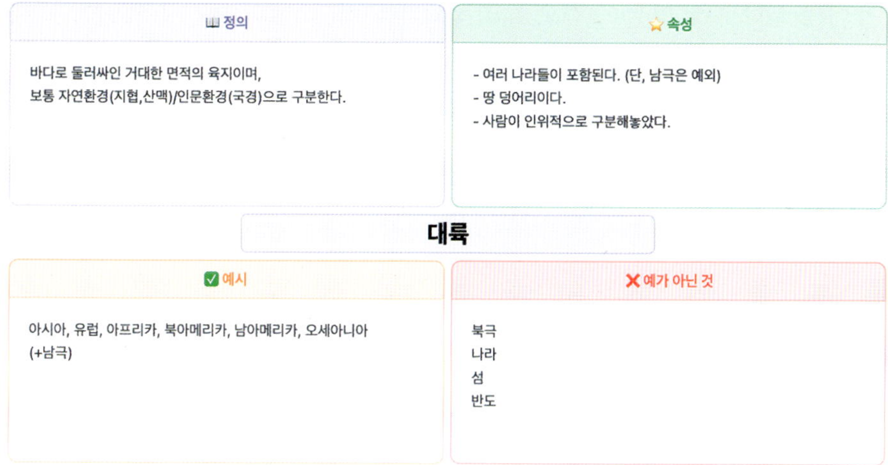

[그림 1-10] 프레이어 모델

프레이어 모델은 개념을 명료하게 정의하는 데 도움을 주는 전략이다. 한 가지 개념을 네 가지 관점에서 탐구하도록 구조화되어 있다.

정의: 이 개념은 무엇인가?

속성: 이 개념의 주요 특성은 무엇인가?

예: 이 개념에 해당하는 것은 무엇인가?

예가 아닌 것(非例): 이 개념에 해당하지 않는 것은 무엇인가?

프레이어 모델을 작성하면서 학생들은 개념의 정의를 떠올리고, 개념의 본질적인 속성과 본질적인 속성이 아닌 것을 구분하게 된다. 정의와 속성에 비추어 사례를 검토해 보고, 예가 아닌 것에서 개념의 경계가 명확해진다.

'예가 아닌 것'은 개념에서 너무 먼 것을 제시하기보다 경계에 있는 것을 제시해 주는 것이 좋다. 예를 들어, '국가의 통치권이 미치는 구역'인 '영토'라는 개념을 다룰 때, '달'은 적절한 비예가 되기 어렵다. 학생들은 "당연히 달은 영토가 아니지"라고 여기며 아무런 사고도 일어나지 않는다. 반면, '남극'을 생각해 보자. 남극 조약에 따라 남극은 영유권이 주장되지 않는 땅이다. 학생들은 "어? 남극은 땅인데 왜 영토가 아니지?"라고 생각하게 되고 "그럼 영토가 되려면 단순히 땅이 아니라 '통치권'이 필요하구나"라는 생각으로 확장되게 된다. 비예의 제시로 개념의 경계가 명확해지고 다른 비예의 사례를 찾게 된다.

② 사례 조사를 정리하는 교차-비교 차트

촌락의 특징

촌락 비교 요소	농촌	어촌	산지촌
생산활동	벼농사, 밭농사	고기잡이, 양식업	임업, 버섯재배
시설	논, 밭, 비닐하우스	항구, 등대, 방파제	산림욕장, 임도
건물의 모양	낮은 건물	낮은 건물	낮은 건물

[그림 1-11] 교차 비교 차트

교차 비교 차트는 학생들이 탐구한 여러 사례 정리하는 사고 전략이다. 학생들은 교차-비교 차트의 표를 사용해 개념의 여러 사례들을 비교하며(또는 개념끼리 비교하며) 패턴을 발견하게 된다. 이것이 핵심이다. 단순히 정보를 보기 좋게 정리하는 것이 목적이 아니라, 체계적으로 정리된 사례들을 비교하면서 공통점과 차이점을 발견하고, 반복되는 패턴을 인식하며, 패턴으로부터 일반화를 도출한다.

예를 들어, 여러 촌락들을 '지리적 위치-생산 활동-시설-건물의 모양 등'으로 비교한 차트를 완성하면서 학생들은 "산지촌은 버섯 재배, 임업을, 농촌은 벼농사, 밭농사를 주로 하는구나!"라는 패턴을 스스로 발견하고, "촌락의 생산 활동과 생활 모습은 자연환경의 영향을 받는구나"라는 일반화에 도달한다.

③ 개념을 다양하게 표현해 보는 색상-기호-이미지 (Color-Symbol-Image, C-S-I)

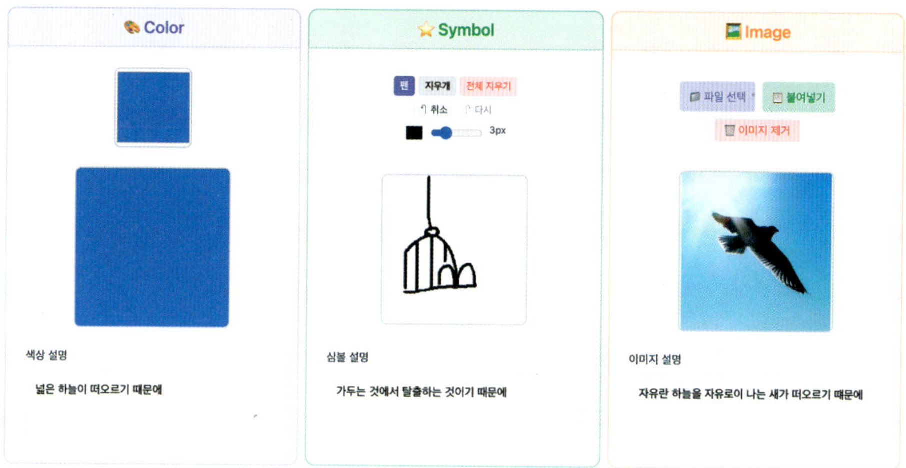

[그림 1-12] C-S-I

1C-S-I는 개념이나 아이디어를 비언어적 방식으로 표현하도록 하는 전략이다 (Ritchhart, 2011). 학생들은 하나의 개념을 색(Color), 기호(Symbol), 이미지(Image)로 각각 나타내면서 개념에 대해 다각도로 사고하게 된다. 예를 들어, '자유'라는 개념을 표현할 때 학생들은 "파란색(넓은 하늘을 연상), 열린 새장(구속에서 벗어남), 날아오르는 새(제약 없이 움직임)"와 같이 세 가지 방식으로 표현한다. 언어로 정의하기 어렵거나 추상적인 개념도 색, 기호, 이미지로 표현하는 과정에서 구체화되고 명료해진다.

C-S-I 전략의 핵심은 "왜 그렇게 표현했는가?"를 설명하는 과정에 있다. 학생이 '책임'을 회색으로 표현했다면 "왜 회색인가요?"라는 질문을 받게 되고, "무겁고 진지한 느낌이 들어서요"라고 답하면서 자신이 이해한 개념의 본질적 특성을 언어화하게 된다. 만약 다른 학생이 '책임'을 빨간색으로 표현했다면 "열정적으로 맡아야 할 것"이라는 다른 관점을 제시할 수 있다. 이렇게 같은 개념을 다양하게 표현하고 그 이유를 공유하면서, 학생들은 개념을 단일한 정의가 아니라 로 이해하게 된다. 또한 비언어적 표현은 언어 발달이 충분하지 않은 학생이나 다른 언어를 사용하는 학생도 자신의 이해를 표현할 수 있게 하여, 모든 학생에게 참여의 기회를 제공한다.

④ 개념에 대한 능동적 사고를 돕는 연결-확장-도전(C-E-C)

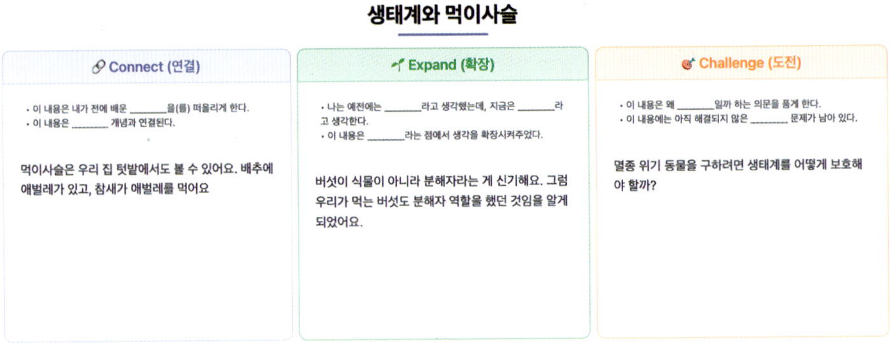

생태계와 먹이사슬

[그림 1-13] 연결-확장-도전

연결-확장-도전(Connect-Extend-Challenge)은 '수동적 듣기를 능동적 사고로 바꾸는' 전략이다(Ritchhart, 2011). 교실에서 학습이 제대로 일어나지 않는 가장 흔한 이유는 학생들이 정보를 듣기만 하고 그것으로 무언가를 '하지' 않을 때다. 선생님이 설명하고, 학생들이 듣고, 그것으로 끝나면 학습은 일어나지 않는다. 그래서 배우고 난 정보를 머릿속에 붙잡아 두는 활동이 필요하다. C-E-C 루틴은 학생들이 새로운 정보를 받을 때 세 가지 방식으로 능동적으로 처리하게 만든다.

"이 정보가 내가 이미 알고 있는 것과 어떻게 연결되는가?"
"내 생각을 새로운 방향으로 확장하거나 넓혀준 아이디어는 무엇인가?"
"어떤 도전이나 퍼즐이 떠올랐는가?"

이 세 질문을 통해 학생들은 단순히 정보를 받아들이는 것이 아니라, 자신의 기존 지식과 연결하고, 사고를 새로운 영역으로 밀어내며, 더 탐구하고 싶은 질문을 발견하게 된다. C-E-C 루틴은 정보가 풍부한 활동 직후, 즉 수업 끝, 독서 후, 영상 시청 후, 전체 단원을 끝낸 뒤에 배치하는 것이 효과적이다.

7) 개념기반 탐구의 평가: 이해를 평가하기 위한 수행 과제 설계 - GRASPS 모델

학습의 평가는 단순한 결과 확인이 아니라, 기억과 전이를 촉진하는 학습 경험으로 설계될 때 효과적이다(NCTQ, 2016). 개념기반 탐구에서 최종 평가는 핵심 일반화를 중심으로 학생이 개념을 얼마나 깊이 이해하고 있는지를 확인하는 과정이며, 주요 개념·내용 지식·기능이 통합적으로 드러나는지를 판단한다. 이를 위해 수업 설계 단계에서부터 학생 산출물을 판단할 채점 기준을 미리 구성할 필요가 있다(Marschall & French, 2018).

개념기반 탐구에서 평가는 지식의 재생이나 일반화 문장의 암기가 아니라, 학습자가 형성한 개념과 일반화를 다른 맥락에 적용할 수 있는지, 즉 전이 수준의 이해에 도달했는지를 검증하는 데 목적이 있다. 따라서 평가는 "일반화를 말할 수 있는가"보다 "그 일반화를 상황 속에서 활용할 수 있는가"에 초점을 둔다.

Wiggins와 McTighe(2005)는 이해를 이미 알고 있는 지식을 새로운 상황에 적용하고 변형하여 실제 문제 해결에 활용할 수 있는 능력으로 정의하며, 이해에는 전이가 포함된다고 보았다.

이러한 이해를 타당하게 확인하기 위해 이들은 참 평가(authentic assessment)를 제안하였다. 이는 실제적 맥락 속 과제 수행을 통해 이해를 드러내는 평가 방식이다. 이러한 참 평가를 체계적으로 설계하기 위한 도구로 제시된 것이 GRASPS 모델로, 수행 과제의 역할, 문제, 목적, 산출물, 평가 기준을 구조적으로 고려하도록 돕는다.

다음은 GRASPS로 과제를 설계한 예시이다.

1. GRASPS 수행 과제 예시
[단원] 사회과 「지역 문제와 해결」 / 국어과 「주장과 근거」
[일반화] 사회 문제는 다양한 주체가 참여하고 다양한 관점에서 분석할 때 더 합리적인 해결 방안을 도출할 수 있다.

[GRASPS 수행 과제]

G (Goal, 목표)

- 우리 지역에서 발생하고 있는 한 가지 사회 문제를 분석하고, 여러 이해관계자의 관점을 고려하여 실현 가능한 해결 방안을 제안한다.

R (Role, 역할)

- 너는 지역 문제 해결을 돕는 청소년 정책 제안단의 일원이다.

A (Audience, 청중)

- 지역 주민과 시청 관계자(학급 친구들과 교사).

S (Situation, 상황)

- 최근 우리 지역에서는 여러 문제로 인해 주민들 간의 갈등이 발생하고 있다. 시청에서는 청소년의 시각에서 참신하면서도 현실적인 해결 방안을 제안해 달라고 요청하였다.

P (Product/Performance, 산출물)

- 정책 제안서 1부(문제 원인, 다양한 관점, 해결 방안 포함)

- 3분 이내 발표 자료(슬라이드 또는 포스터)

S (Standards/Criteria, 평가 기준)

- 문제를 여러 관점에서 분석했는가.

- 핵심 개념을 활용하여 설명했는가.

- 해결 방안이 현실적이며 논리적인가.

- 주장과 근거가 연결되어 있는가.

수행 과제가 학습자의 이해를 정확하게 측정하기 위해서는 평가의 타당도와 신뢰도를 함께 확보해야 하며, 이를 위해서는 명확한 평가 준거가 필요하다. 이때 활용되는 도구가 루브릭(rubric)이다. 루브릭은 단순한 점수표가 아니라, 수행 결과의 질적 수준을 단계별로 제시하여 각 수준에서 무엇이 충족되었는지를 구체적으로 설명하는 기준표이다.

이해 중심 평가에서 루브릭은 학생의 결과물이 전이 가능한 이해를 보여 주는지, 개념을 상황에 맞게 적용하고 있는지를 판단할 수 있는 근거를 제공한다. 또한, 교사에게는 일관된 평가 기준을, 학생에게는 수행 과제의 기대 수준을 명확히 제시함으로써 평가의 공정성과 투명성을 높이는 역할을 한다.

2022 개정 교육과정은 평가를 학습의 결과 확인이 아니라 학습자의 성장을 지

원하는 과정으로 보고, 성취 기준에 근거한 교육과정-수업-평가의 일관성을 강조한다. 특히 수행평가를 통해 학생이 습득한 지식을 다양한 맥락에 적용하고, 고차원적 사고 기능을 활용하도록 평가할 것을 요구한다.

이러한 평가 방향을 구체화하는 설계 틀 중 하나가 GRASPS 모델이다. GRASPS는 학습자가 실제적 맥락 속에서 자신의 이해를 드러낼 수 있는 수행 과제를 구조적으로 설계하도록 돕는다는 점에서, 2022 개정 교육과정이 지향하는 평가의 방향과 맞닿아 있다.

다음은 위에서 제시한 GRASPS 평가에서 적용할 수 있는 루브릭의 예이다.

평가 요소	4수준 (우수)	3수준 (보통 이상)	2수준 (기초)	1수준 (미흡)
개념 이해	핵심 개념을 정확히 이해하고, 새로운 상황에 적절히 적용하였다.	개념을 이해하고 과제 상황에 대체로 적용하였다.	개념 이해가 부분적으로 나타난다.	개념 이해가 거의 드러나지 않는다.
관점 분석	다양한 이해관계자의 관점을 균형 있게 분석하였다.	두 가지 이상의 관점을 제시하였다.	한 가지 관점에 치우쳐 있다.	관점 분석이 거의 없다.
해결 방안의 타당성	현실성과 논리성이 높고 문제 해결에 적합하다.	비교적 타당한 해결 방안을 제시하였다.	해결 방안이 다소 추상적이다.	해결 방안이 문제와 잘 연결되지 않는다.
주장과 근거	주장과 근거가 명확하며 논리적으로 잘 연결되어 있다.	주장과 근거가 대체로 연결되어 있다.	주장과 근거의 연결이 약하다.	주장과 근거가 거의 제시되지 않았다.
의사소통	글과 발표가 명확하고 설득력이 있다.	전달은 되나 일부 모호한 부분이 있다.	전달이 불분명한 부분이 많다.	의사 전달이 매우 어렵다.

8) 디지털 개념기반 탐구 #디개기탐

2022 개정 교육과정은 디지털 소양을 핵심 역량으로 제시하며, 이를 단순한 기기 활용 능력이 아닌 종합적 사고 역량으로 규정한다. 교육부에 따르면 디지털 소

양은 디지털 도구와 기술을 활용해 정보를 수집·분석·관리하고, 소통하며 문제를 해결하는 능력을 의미한다. 여기에는 기기 활용 능력뿐 아니라 정보 분석, 기초적인 프로그래밍 이해, 디지털 윤리와 안전 의식까지 포함된다.

이 정의에 따르면 디지털 소양은 특정 도구를 얼마나 잘 다루는가의 문제가 아니라, 정보를 해석하고 판단하며 도구를 통해 사고를 확장하고 의미를 구성하는 능력과 관련된다. 따라서 디지털 소양은 별도의 기능 목록으로 가르치기보다, 학습자가 실제로 도구를 사용하는 학습 상황 속에서 길러질 때 의미가 있다. 즉 디지털 소양은 독립된 교수 내용이 아니라, 개념 형성과 문제 해결 과정에서 자연스럽게 요구되는 수행 역량이다.

이러한 관점에서 Jonassen(1999)의 구성주의 학습 환경 설계 이론은 디지털 소양을 수업 속에서 구현할 수 있는 중요한 이론적 틀을 제공한다. Jonassen은 학습을 지식 전달이 아닌 의미 구성 과정으로 보고, 이를 위해 학습 환경 전체가 구성주의적으로 설계되어야 한다고 보았다. 그가 제시한 구성주의 학습 환경은 문제/프로젝트, 관련 사례, 정보 자원, 인지 도구, 협력 도구, 사회적·맥락적 지원의 여섯 요소로 구성된다.

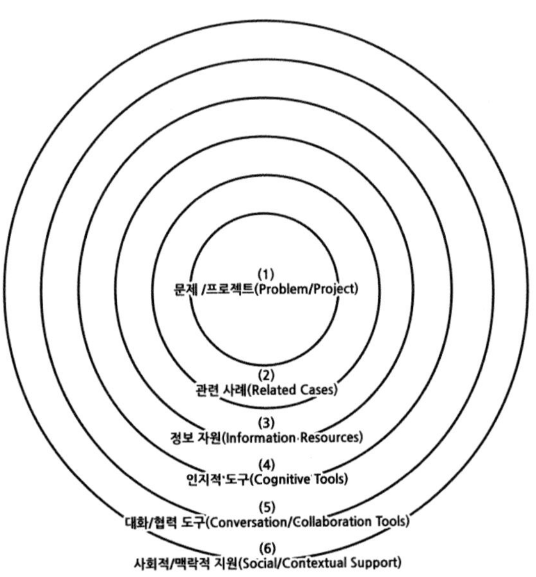

[그림 1-14] 구성주의적 교수학습 환경 설계 요소
(Jonassen, 1999)

이 요소들은 디지털 환경에서 특히 효과적으로 구현될 수 있다. 디지털 도구는 실제적 문제 맥락을 제시하고, 다양한 사례와 정보를 연결하며, 사고를 시각화하고 기록하고, 시공간을 넘어 협력적 의미 구성을 가능하게 한다. 중요한 것은 디지털을 사용했는가가 아니라, 디지털 환경이 이러한 학습 환경 요소를 얼마나 충실히 지원하고 있는가이다.

이러한 맥락에서 디지털 개념기반 탐구, 즉 디개기탐은 개념기반 탐구를 디지털로 단순히 옮긴 것이 아니다. 이는 개념 형성, 일반화, 전이의 전 과정을 디지털 환경 속에서 의도적으로 설계한 탐구 접근이다. 이때 디지털 소양은 별도의 목표가 아니라, 탐구가 제대로 작동할 때 자연스럽게 드러나는 학습자의 수행 역량으로 이해될 수 있다.

9) 디개기탐 수업에 대한 이해

이제 다음 장부터는 디개기탐이 실제 교육 현장에서 어떻게 구현될 수 있는지를 살펴보고자 한다. 이를 위해 먼저 디개기탐 수업을 어떻게 이해해야 하는지, 그리고 그것이 기존의 수업 실천과 무엇이 다른지에 대한 공통된 인식을 형성할 필요가 있다.

겉으로 보면 디개기탐 수업은 이미 현장에서 이루어지고 있는 수업과 크게 다르지 않아 보일 수 있다. 교사들은 오래전부터 디지털 도구를 활용해 왔고, 학습자 중심의 탐구 수업을 실천해 왔으며, 개념적 이해를 강조하는 수업을 시도해 왔다. 이런 점에서 디개기탐은 새로운 수업 기법을 제시하는 접근으로 보이지 않을 수도 있다.

그러나 디개기탐의 핵심은 새로운 기법을 추가하는 데 있지 않다. 디개기탐은 디지털 도구의 사용 여부나 활동의 형식이 아니라, 디지털 환경이 개념 형성-일반화-전이라는 사고의 흐름에 어떻게 기여하는가를 중심으로 수업을 바라보는 관점이다.

예를 들어, 협업 도구를 활용한 프로젝트 수업은 단순히 '디지털 협업 수업'으로 이해될 수 있다. 그러나 디개기탐의 관점에서는 이 도구가 어떤 핵심 개념 형성을 돕는지, 협업 과정에서 개념 간 관계가 어떻게 드러나고 조정되는지, 그리고 학습 결과가 새로운 맥락으로 전이될 수 있도록 설계되어 있는지를 묻게 된다.

이제 실천 사례를 살펴보기 전에, 다음과 같은 기본 인식을 분명히 할 필요가 있다. 첫째, 디개기탐은 탐구의 모든 단계에서 디지털 도구 사용을 전제하지 않는다. 개념 형성, 개념 확장, 개념 연결, 성찰의 각 단계는 학습 목표와 내용, 학습자 특성에 따라 가장 적합한 방식으로 설계되어야 한다. 어떤 단계에서는 디지털 도구가 효과적일 수 있지만, 다른 단계에서는 대면 토론이나 손으로 쓰는 정리, 물리적 조작물이 더 적합할 수 있다. 중요한 것은 디지털 사용 여부가 아니라, 각 단계에서 개념적 이해를 가장 효과적으로 촉진하는 선택이다.

둘째, 디지털 도구가 항상 아날로그 방법보다 우월한 것은 아니다. 특히 개념 형성의 초기 단계에서 자유로운 아이디어 생성이나 비구조화된 사고가 필요한 경우에는 종이와 펜이 더 적절할 수 있다. 디지털 도구의 구조화된 인터페이스가 오히려 사고의 흐름을 제한하거나, 도구 사용법에 주의를 빼앗길 가능성도 고려해야한다. 교사는 디지털과 아날로그의 장단점을 균형 있게 판단해야 한다.

셋째, 그럼에도 불구하고 디지털 도구가 제공하는 고유한 교육적 장점은 분명히 존재한다. 디지털 환경은 개념 변화의 과정을 기록하고 가시화하며, 시공간을 넘어 협력적 탐구를 가능하게 하고, 복잡한 자료나 변수 간의 관계를 동적으로 탐색할 수 있게 한다. 이러한 특성은 아날로그 환경에서는 구현하기 어려운 학습 경험을 가능하게 하며, 개념의 전이와 일반화 탐구에 중요한 역할을 한다.

넷째, 디지털 도구는 개별적으로 사용될 때보다 탐구 과정 전체를 따라 유기적으로 연결될 때 그 효과가 커진다. 동일한 환경이나 최소한의 도구 묶음 안에서 아이디어 생성, 자료 공유, 개념 연결, 성찰이 이어질 때, 학습자는 탐구의 연속성을 유지할 수 있다. 반대로 단계마다 단절된 도구를 사용하는 경우, 도구 전환 자체가 학습의 부담이 되어 사고의 흐름을 방해할 수 있다.

다섯째, 여러 도구를 사용하는 것이 곧 좋은 수업을 의미하지는 않는다. 디개기 탐에서 중요한 것은 도구의 수가 아니라 도구의 적절성과 효과성이다. 하나의 잘 선택된 도구가 탐구의 여러 단계를 일관되게 지원할 수 있다면, 그것이 다양한 도구를 산발적으로 사용하는 것보다 훨씬 바람직하다. 교사는 학습 목표에 가장 적합하고 학습자에게 친숙한 최소한의 도구 구성을 고민해야 한다.

이러한 인식을 바탕으로, 다음 장에서는 디개기탐이 실제 수업에서 어떻게 구현될 수 있는지를 구체적인 실천 사례를 통해 살펴보고자 한다.

단원 설계와 탐구의 준비를 돕는 에듀테크

1) 단원의 설계

개념기반 탐구에는 다양한 모형과 접근법이 존재하지만, 여기서는 특정 모델보다 공통적인 탐구 과정을 중심으로 살펴보고자 한다. 개념기반 탐구의 최종 목표는 단순 지식 습득을 넘어 전이 가능한 이해에 도달하는 것이다. 학생이 배운 개념을 새로운 상황·문제·교과에도 적용할 수 있도록 만드는 것이 바로 이 전이 가능한 이해이며, 이를 위해서는 학생 스스로 개념 간의 관계를 설명하는 일반화에 도달해야 한다. "A는 B에 영향을 준다", "A는 B를 가능하게 한다"와 같이 개념들이 어떻게 연결되어 있는지 스스로 설명할 수 있어야 전이가 일어난다.

일반화는 개념을 먼저 배우지 않고서는 만들어질 수 없다. 하지만 개념기반 탐구에서 개념을 가르친다는 것은 그저 정의를 알려 주는 것과는 다르다. 개념은 정의를 외우는 것만으로는 깊은 이해가 형성되지 않으며, 오히려 다양한 사례를 비교하고 패턴을 찾는 과정 속에서 의미가 살아난다. 따라서 개념을 가르치는 과정에서는 해당 개념이 어떻게 상황마다 다르게 나타나는지, 어떤 기능을 하고 어떤 요소들이 사례마다 반복적으로 등장하는지 탐구하는 활동이 필요하다. 학생들은 이 과정에서 개념의 폭과 깊이를 확장하게 된다.

개념기반 탐구 단원을 설계한다는 것은 이러한 개념 형성, 일반화, 전이에 이르는 일련의 학습 경험을 설계하는 것이다. 단원 설계를 위해서는 먼저 학생들이 어떤 핵심 아이디어, 어떤 일반화에 도달하게 할 것인지 정해져야 한다. 2022 개정 교육과정에서는 교과의 영역별 핵심 아이디어를 제시하고 있으나, 초등학교 수준에서 도달하기에는 매우 광범위하고 고차적인 핵심 아이디어를 요구하기 때문에 초등학교에서는 이를 재구성하는 것이 필요하다.

단원 핵심 아이디어를 구성하는 방법에는 여러 가지가 있다. 교육과정의 내용 체계와 성취 기준을 중심으로 가르치고자 하는 핵심 개념들을 추출하여 형성하는 것도 가능하고, 이 방법이 익숙지 않은 교사는 교과용 지도서에 나온 단원 개관을 읽고 이를 재구성하여 핵심 아이디어를 도출하는 것도 가능하다.

예를 들어, 과학과 교육과정의 (1)운동과 에너지 영역의 내용 체계를 살펴보자.

핵심 아이디어		• 빛과 소리는 반사, 굴절, 진동 등 파동의 특성을 가지며, 그 특성은 거울, 렌즈, 악기, 색의 구현 등 편리하고 심미적인 삶에 도움이 된다.		
범주 \ 구분		학년(군)별 내용 요소		
		초등학교		중학교
		3~4학년군	5~6학년군	1~3학년
지식·이해	빛과 파동	• 소리의 발생 • 소리의 세기 • 소리의 높낮이 • 소리의 전달	• 빛의 직진 • 평면 거울에서 빛의 반사 • 빛의 굴절 • 렌즈의 이용	• 시각과 상 • 반사와 굴절 • 거울과 렌즈 • 빛의 합성과 색 • 파동의 발생과 전달 • 파동의 요소와 소리의 특성

위 표에서 소리의 전달, 빛의 직진, 반사, 굴절, 렌즈의 이용이 초등학교 수준에 해당하므로 '빛과 소리는 반사, 굴절, 진동 등 파동의 특성을 가지며, 그 특성은 거울, 렌즈, 악기, 색의 구현 등 편리하고 심미적인 삶에 도움이 된다'라는 핵심 아이디어에 도달하기에는 무리가 있다. 초등학교 5~6학년군에 맞추어 다음과 같이 재구성하는 것이 가능하다.

> ' 빛은 일정한 방법(직진, 반사, 굴절)으로 움직이며, 사람들은 이 특징을 거울, 렌즈 등에 응용해 삶의 편리함을 얻는다.'

단원 핵심 아이디어를 구성했으면 이 일반화에 도달하기 위한 세부 일반화를 작성할 수 있다. 먼저 이 일반화를 이루고 있는 개념들을 살펴보자.

- **빛의 특징**: 직진, 반사, 굴절
- **빛의 조절**: 거울, 렌즈

• **빛의 응용**: 삶의 편리함

이러한 개념들의 관계를 파악하면 세부 일반화를 구성할 수 있다.
• 빛은 움직일 때 일정한 방법(직진, 반사, 굴절)으로 움직인다.
• 빛의 움직임을 조절하면 우리가 보는 것을 변화시킬 수 있다.
• 빛의 특징을 이해하면 이를 활용한 도구를 설계할 수 있다.

이제 각 일반화를 얻기 위한 탐구의 흐름을 설계해야 한다. 이 장에서는 구체적인 활동을 설계하지 않고 대략적인 흐름을 살펴본다. 다음과 같은 흐름으로 탐구를 설계할 수 있다.

[탐구 사이클 1] 빛의 특징

• **핵심 질문**: 빛은 어떤 방법으로 움직이는가?
• **일반화**: 빛은 움직일 때 일정한 방법(직진, 반사, 굴절)으로 움직인다.
• **개념 형성**: 빛의 움직임, 직진, 반사, 굴절에 대해 실험하고 이해하기
• **개념 확장**: 직진, 반사, 굴절의 사례 확인하기
• **개념 연결**: 직진, 반사, 굴절 등이 언제 일어나고, 어떻게 연결되는지 설명하기
• **성찰**: 배운 개념을 잘 익혔는지, 배운 개념이 유용한지 평가하기

[탐구 사이클 2] 빛의 조절

• **핵심 질문**: 빛의 움직임을 조절하면 어떻게 될까?
• **일반화**: 빛의 움직임을 조절하면 우리가 보는 것을 변화시킬 수 있다.
• **개념 형성**: 빛의 원리가 거울과 렌즈에 어떻게 활용되는지 탐구하기
• **개념 확장**: 거울과 렌즈가 우리가 보는 것을 어떻게 변화시키는지 관찰하기
• **개념 연결**: 빛의 경로 조절과 보는 것의 관계를 설명하기
• **성찰**: 배운 개념을 잘 익혔는지, 배운 개념이 유용한지 평가하기

[탐구 사이클 3] 빛의 응용

- **핵심 질문**: 빛의 특징으로 우리가 할 수 있는 것은 무엇일까?
- **일반화**: 빛의 특징을 이해하면 이를 활용한 도구를 설계할 수 있다.
- **개념 형성**: 일상 속 광학 도구들이 어떤 원리로 작동하는지 분석하기
- **개념 확장**: 빛의 특징을 활용하여 문제를 해결할 수 있는 방법 탐색하기
- **개념 연결**: 과학 원리가 기술 발명으로 이어지는 과정을 설명하고, 새로운 도구를 설계하기
- **성찰**: 배운 개념을 잘 익혔는지, 배운 개념이 유용한지 평가하기

이제 이 큰 그림을 바탕으로 각 사이클의 차시를 설계할 수 있다. 차시를 설계하는 과정에서 일반화나 핵심 질문이 수정되거나 탐구의 순서가 바뀔 수 있다. 처음부터 완벽한 설계를 하기는 어렵다. 전체적인 흐름을 먼저 구상하고, 구체적인 활동을 설계하면서 반복적으로 수정해 나가는 것이 효과적이다.

차시를 설계할 때에는 적정 차시의 수(시수), 학습자의 수준, 난이도, 흥미 등을 고려하여 설계하도록 한다. 자칫 하나의 사이클이 너무 오래 걸리면 학생들이 지루해하거나 단원 전체의 흐름을 놓칠 수 있다. 반대로 너무 짧으면 충분한 개념 형성이 이루어지지 않는다.

또한, 지식-이해, 과정-기능, 가치-태도를 모두 아우르는 것이 교육과정 설계의 취지이므로 각 탐구 장면에서 적절한 기능이 사용되도록, 적절한 가치·태도를 기르도록 설계해야 한다.

과정-기능 측면에서 교사는 각 탐구 사이클이 수행되는 동안 다음과 같은 과학 탐구 기능을 활용할 수 있다.

- **사이클 1(빛의 특징)**: 관찰하기, 측정하기, 분류하기, 패턴 찾기
- **사이클 2(빛의 조절)**: 예상하기, 실험하기, 비교하기, 추리하기
- **사이클 3(빛의 응용)**: 문제 발견하기, 설계하기, 제작하기, 평가하기

가치-태도 측면에서, 교사는 다음과 같은 과학적 태도와 가치를 경험하도록 하게 할 수 있다.

- **호기심**: "빛이 물속에서 왜 굽어질까?" 같은 질문을 격려
- **개방성**: 예상과 다른 실험 결과를 받아들이고 설명 시도
- **협력**: 모둠 실험에서 역할 분담과 의견 교환
- **정직성**: 관찰한 것을 있는 그대로 기록하고 보고
- **창의성**: 빛의 원리를 활용한 독창적인 도구 설계
- **사회적 책임**: 과학 기술이 삶에 미치는 영향 성찰

이제 단원의 제목을 설정한다. (단원 제목은 설계 초기에 정할 수도 있고, 핵심 아이디어와 탐구 사이클을 구성한 후에 정할 수도 있다.) 단원의 제목은 설계 과정에서 여러 후보를 만들어 두고 가장 적절한 것을 선택하되, 학생들에게 매력적이면서도 탐구의 방향과 내용을 반영하는 것이 좋다.

예를 들어, '빛의 비밀을 밝혀라!', '빛이 달라지면', '빛의 여행'와 같이 설정할 수 있다. 이러한 개념기반 탐구의 특징에 따라 전이가 이루어질 수 있도록 교사의 안내된 탐구 설계 예를 살펴보았다. 이제 교사의 개념기반 탐구 설계를 보다 효과적으로 지원할 수 있는 '디지털 도구의 도입한 디개기탐'의 설계를 살펴보고자 한다.

2) 단원의 설계를 위한 에듀테크 활용의 실제

※ 브리스크 티칭(Brisk Teaching)을 활용한 우리 지역의 환경을 이해하기 수업 설계

[교과] 단원명	[사회] 우리가 사는 곳		
개념 렌즈	변화, 상호작용	관련 개념	장소, 자연환경, 인문환경, 다양성
관련 성취 기준	[4사01-02] 주변의 여러 장소를 살펴보고, 우리가 사는 곳을 더 살기 좋은 곳으로 만드는 방안을 탐색한다.		
일반화	지역 사회의 문제를 발견하고 개선 방안을 탐색하는 과정은 더 나은 공동체를 만드는 변화의 시작이다.		
본 차시 학습 주제	우리 고장의 장소를 살펴보고 더 살기 좋게 만들 방법 찾기		
탐구 질문	[사실적 질문] 우리 고장에서 불편하거나 위험하거나 아쉬운 곳은 어디인가요? [개념적 질문] 어떤 장소가 '살기 좋은 곳'일까요? 무엇이 필요한가요? [논쟁적 질문] 지역에서 지켜야 할 장소는 어디이고, 그 이유는 무엇일까요?		
본 차시 활동	• 우리 고장 지도에서 자주 가는 장소 찾아 표시하기 • 개선이 필요한 장소의 문제점 찾고, 어떻게 바꿀지 고민하기 • 우리가 할 수 있는 작은 실천 계획 세우기		

(1) 수업 설계 의도

이 수업은 학생들이 '고장의 환경을 인식하는 것'에서 나아가, '우리가 사는 곳을 더 좋게 만들 수 있는 방법'을 이해하는 것을 목표로 한다. 학생들은 자신이 살고 있는 고장의 구체적인 장소를 통해 '변화'와 '상호 작용'이라는 개념 렌즈를 경험하고, 이를 바탕으로 "지역사회의 문제를 발견하고 개선 방안을 탐색하는 과정은 더 나은 공동체를 만드는 변화의 시작이다"라는 일반화에 도달하게 된다.

특히 이 단원에서는 학생들이 자신의 생활 경험과 직접 연결할 수 있는 소재를 활용함으로써 정서적, 인지적 몰입을 높이고자 한다. 단순히 교과서 속 지식이 아니라 "내가 사는 곳"에 대한 탐구이기 때문에 학생들은 더욱 주체적으로 학습이 가능하다.

(2) 단원 설계 활동에 기술 도구(에듀테크)의 활용

단원 설계는 교사에게 상당한 시간과 인지적 에너지를 요구하는 작업이다. 핵심 아이디어를 재구성하고 일반화 문장을 정교화하며, 적절한 탐구 질문을 개발하는 과정은 결코 단순하지 않다.

이러한 과정에서 AI 기반 에듀테크 도구는 단원 설계를 대신하는 존재가 아니라, 교사의 사고를 지원하는 조력자로 기능할 수 있다. 최종적인 판단과 조정은 언제나 교사의 몫으로 남지만, 초안을 신속하게 생성하고 다양한 아이디어를 탐색하며, 놓치기 쉬운 관점을 점검하는 데 도움을 준다.

(3) Brisk Teaching으로 깊이 있는 수업을 위한 단원 초안 설계하기

Brisk Teaching은 2023년 미국에서 개발된 Chrome 브라우저 확장 프로그램으로, 현재 전 세계 60만 명이 넘는 교사가 사용하고 있다. 이 도구가 개념기반 탐구를 준비하는 교사들에게 특히 유용한 이유는 세 가지로 정리할 수 있다.

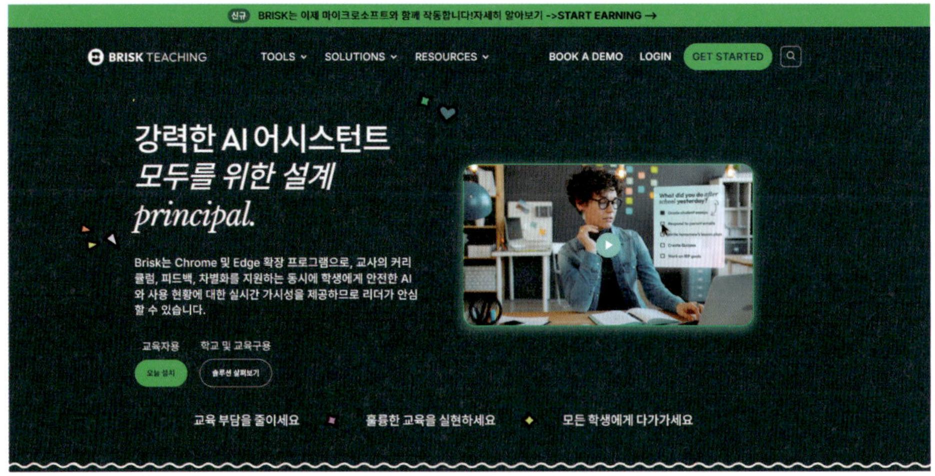

[그림 2-1] Brisk Teaching 메인 화면

첫째, 기존 워크플로우에 자연스럽게 통합된다. 교사는 Google Docs에서 문서를 작성하다가 바로 탐구 질문을 생성하고, YouTube 콘텐츠로도 질문 설계가 가능하다. 즉 별도의 플랫폼으로 이동하거나 복사, 붙여넣기를 반복할 필요가 없다.

둘째, AI 기반 자동화를 통해 수업 준비 시간을 크게 절감할 수 있다. 탐구 질문 생성, 프레젠테이션 제작, 학생 피드백 작성, 자료의 수준 조정 등 개념기반 탐구 준비에 핵심적인 작업을 지원받을 수 있다.

셋째, 50개 이상 언어를 제공하고 읽기 수준 조절이 가능해 학급 내 다양한 학습자(언어 학습, 이주 배경 학생)를 지원하는 데 적합하다. 동일한 탐구 주제를 여러 수준과 언어로 제시할 수 있다는 점에서 포용적인 수업을 설계할 수 있다.

Brisk Teaching은 Chrome 웹스토어에서 "Brisk Teaching"을 검색해 설치한 뒤 Google 계정 또는 Microsoft 계정으로 로그인하면 사용할 수 있다. 14일간의 기간 동안 무료로 모든 프로 플랜의 기능을 제한 없이 활용할 수 있다.

① Brisk Teaching: AI 기반 개념기반 탐구 수업 설계

Brisk Teaching의 'Syllabus, Lesson Plan, Unit Plan' 기능은 단원 설계 단계에서 특히 유용하게 활용할 수 있다. 이 기능은 성취 기준과 핵심 개념을 입력하면 단원 개요, 차시별 학습 목표, 주요 활동을 자동으로 생성해 준다. 예를 들어, 사회과 3학년 「우리 지역의 모습」 단원을 설계한다고 할 때, Google Docs에서 Brisk Teaching 아이콘을 클릭해 'Create Anything' → 'Lesson Plan'을 실행한다.

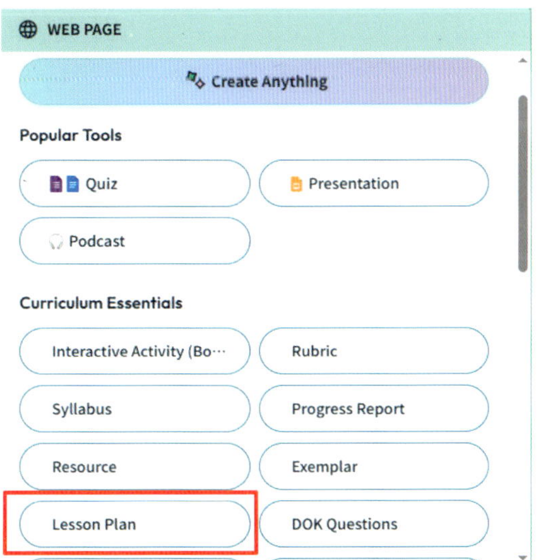

[그림 2-2] Brisk Teaching Lesson Plan(1)

Lesson 기능으로도 프롬프트의 스타일에 따라서 수업 내용 설계가 달라질 수 있다. 프롬프트의 예시와 유형은 다음과 같은 내용을 입력할 수 있다.

▶ 프롬프트 사용 팁

교사는 자신의 상황에 맞는 프롬프트를 선택하거나, 여러 프롬프트의 요소를 조합하여 사용할 수 있다.

예를 들어:

처음 사용한다면 → 기본형에서 시작

구체적인 활동이 필요하다면 → 상세형 사용

시간이 촉박하다면 → 간결형으로 초안 확보

학습자 다양성이 크다면 → 차별화 중심형 활용

지역과 연결하고 싶다면 → 실제 맥락 중심형 선택

또한, 프롬프트에 다음을 추가로 요청할 수 있다: "3학년 학생들이 이해하기 쉬운 용어로 설명해 주세요." "각 활동의 예상 소요 시간을 표시해 주세요." "준비물 목록을 추가해 주세요." 다음은 여러 유형 중 일부의 예시 프롬프트를 제시하고자 한다.

▶ 프롬프트 유형

<프롬프트 예시 1: 기본형 (처음 사용하는 교사용)>

당신은 개념기반 탐구학습 전문가입니다. 아래 정보로 3학년 사회 수업을 설계해 주세요.
- 주제: 우리가 사는 곳, 더 살기 좋은 장소 만들기
- 성취 기준: [4사01-02] 주변의 여러 장소를 살펴보고, 우리가 사는 곳을 더 살기 좋은 곳으로 만드는 방안을 탐색한다.
- 개념: 변화, 상호 작용, 장소, 다양성, 문제 해결
다음을 포함해 주세요:

1. 일반화 문장 (개념 간의 관계를 설명하는 문장)

2. 3가지 유형의 탐구 질문 (사실적, 개념적, 논쟁적)

3. 관계 맺기-탐구-일반화 3단계 활동

<프롬프트 예시 2: 상세형 (구체적인 활동이 필요한 교사용)>

당신은 초등학교 3학년 학생들을 15년간 가르친 개념기반 탐구 전문 교사입니다.

단원 정보

  - 교과: 사회 3학년

  - 주제: 우리가 사는 곳을 더 살기 좋게 만들기

  - 성취 기준: [4사01-02] 주변의 여러 장소를 살펴보고, 우리가 사는 곳을 더 살기 좋은 곳으로 만드는 방안을 탐색한다.

  - 개념 렌즈: 변화, 상호 작용

  - 관련 개념: 장소, 자연환경, 인문환경, 다양성, 실천

설계 요청 사항

1단계: 관계 맺기 (10분)

  - 학생들이 자신이 사는 고장에 대한 흥미를 느낄 수 있는 도입 활동

  - 학생들의 사전 경험을 끌어낼 수 있는 질문(자주 가는 장소, 좋아하는 장소)

  - 추천: 옛날 사진과 현재 사진 비교, Google Earth 활용 등

2단계: 딤구 활동 (60분)

  - 우리 고장의 다양한 장소를 살펴보고 분류하는 활동

  - 개선이 필요한 장소의 문제점을 발견하는 조사 활동

3단계: 일반화 형성 (20분)

  - 학생들이 스스로 "우리가 장소를 어떻게 바꿀 수 있는가?"를 설명하는 활동

  - 목표 일반화: "지역사회의 문제를 발견하고 개선 방안을 탐색하는 과정은 더 나은 공동체를 만드는 변화의 시작이다"

  - 학생들이 자신의 말로 일반화를 표현할 수 있는 비계 제공

추가 요청

  - 각 단계별 교사 발문 예시 3개씩

  - 예상되는 학생 반응과 대처 방안

  - 형성평가 질문 5개

당신은 백워드 교육과정 설계(Understanding by Design)와 개념기반 탐구 전문가입니다.

백워드 설계 3단계에 따라 수업을 설계해 주세요:

단원 정보

- 교과: 사회 3학년 「우리가 사는 곳 만들기」
- 성취 기준: [4사01-02] 주변의 여러 장소를 살펴보고, 우리가 사는 곳을 더 살기 좋은 곳으로 만드는 방안을 탐색한다.
- 개념 렌즈: 변화, 상호 작용

1단계: 원하는 결과 확인하기 (Identify Desired Results)

다음을 명확히 해 주세요:

A. 핵심 이해 (Understandings) - 학생들이 이해해야 할 핵심 아이디어
- "학생들은 _________을/를 이해할 것이다" 형태 3개
- 개념기반 탐구의 일반화 문장 포함

B. 본질적 질문 (Essential Questions) - 단원을 관통하는 질문
- 열린 질문 형태로 3~4개, 개념기반 탐구의 개념적/논쟁적 질문 포함
- 예: "어떤 장소가 '살기 좋은 곳'일까?", "우리 고장을 바꾸는 것은 누구의 책임일까?"

C. 학생들이 알아야 할 것 (Knowledge)
- 핵심 용어: 장소, 공동체, 참여, 문제 해결, 개선
- 구체적 사실: 우리 고장의 주요 장소들, 각 장소의 특징과 문제점

D. 학생들이 할 수 있어야 할 것 (Skills)
- 장소 관찰하기, 문제점 발견하기, 분류하기, 패턴 찾기
- 개선 방안 제안하기, 실천 계획 세우기

2단계: 수용 가능한 증거 결정하기 (Determine Acceptable Evidence)

학생들이 핵심 이해에 도달했는지 어떻게 알 수 있을까요?

A. 수행 과제 (Performance Tasks) - GRASPS 형식으로 1개 설계
- Goal(목표): 학생이 달성할 목표
- Role(역할): 학생이 맡을 역할

- Audience(청중): 누구를 위한 것인가
- Situation(상황): 실제적 맥락
- Product(산출물): 만들어 낼 결과물
- Standards(기준): 평가의 기준

예시 구조:

"당신은 [역할]입니다. [청중]을 위해 [산출물]을 만들어야 합니다. 목표는 [목표]이며, [상황] 맥락에서 이루어집니다."

B. 평가 기준- 4단계
- 개념적 이해의 깊이를 평가하는 기준, 전이 능력을 평가하는 기준

C. 기타 증거
- 관찰 체크리스트, 학습 일지, 자기평가 질문 3개

3단계: 학습 경험과 수업 계획하기

A. WHERE TO 원칙 적용
- W: 단원을 어디로 가는지(Where) 안내하기
- H: 학습자의 흥미를 끌고(Hook) 유지하기
- E: 핵심 개념과 기능을 탐구하고(Explore) 경험하게 하기
- R: 학생들이 지식을 재고하고(Rethink) 수정하게 하기
- E: 학습을 평가하고(Evaluate) 스스로 평가하게 하기
- T: 맞춤형(Tailored) 학습 제공하기
- O: 조직하고(Organized) 계열화하기

B. 차시별 학습 활동 계획
- 각 차시가 1단계 핵심 이해와 어떻게 연결되는지 명시하고 개념기반 탐구 단계 반영

C. 디지털 도구 활용 계획
- Brisk Teaching, Padlet, Google Earth 각 도구가 어떤 학습 목표를 지원하는지 명시

<프롬프트 예시 4: 개념기반 탐구 단계별 설계형>

당신은 '개념기반 탐구학습(Concept-Based Inquiry)' 전문 교사입니다. 다음 정보를 바탕으로 초등학교 3학년 사회과 수업 지도안을 작성해 주세요.

▶ 수업 기본 정보

 - 주제: 우리가 사는 곳, 더 살기 좋은 장소 만들기

 - 대상: 초등학교 3학년

 - 성취 기준: [4사01-02] 주변의 여러 장소를 살펴보고, 우리가 사는 곳을 더 살기 좋은 곳으로 만드는 방안을 탐색한다.

 - 매크로 개념: 변화, 상호 작용

 - 마이크로 개념: 장소, 다양성, 자연환경, 인문환경, 실천

요청 사항(개념기반 탐구 단계별 구성)

 이 수업은 학생들이 단순한 장소 관찰이 아니라, '우리가 사는 곳을 우리가 더 좋게 만들 수 있다'는 주체성을 경험하는 것을 목표로 합니다. 다음 3단계 흐름으로 구성해 주세요.

 - 1단계: 도입 (Engagement)

 '장소'와 '변화'에 대한 학생들의 흥미를 끌 수 있는 질문을 제시하세요.

 예시: "우리 고장의 모습이 100년 전과 똑같다면 어떤 일이 벌어질까?"

 - 2단계: 탐구 (Investigation)

 학생들이 우리 고장의 다양한 장소를 관찰하고 문제점을 발견하는 활동을 포함하세요.

 Brisk Teaching 기능을 활용하여 학생 수준에 맞는 읽기 자료를 제공하는 활동을 넣어 주세요. '상호 작용' 개념을 사용하여 다른 지역의 성공적인 장소 개선 사례 등을 제시하는 활동을 설계하세요.

 - 3단계: 일반화 (Generalization)

 학생들이 탐구한 내용을 바탕으로 '주요 아이디어(Generalization)' 문장을 스스로 만들 수 있도록 유도하는 활동을 포함하세요.

 목표 일반화 문장 예시: "지역사회의 문제를 발견하고 개선 방안을 탐색하는 과정은 더 나은 공동체를 만드는 변화의 시작이다."

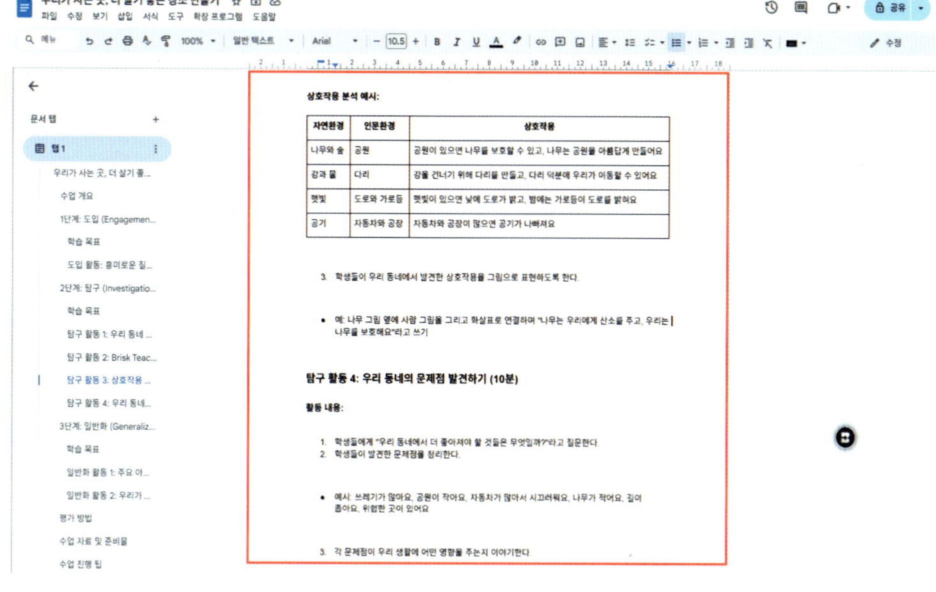

[그림 2-3] Brisk Teaching Lesson Plan(2)

Brisk Teaching은 위와 같이 프롬프트 제안에 따라 단원의 전체 구조를 자동으로 생성한다. 도입-전개-정리의 흐름, 각 차시별 주요 활동, 필요한 자료 등이 제시된다. 교사는 수업 설계에 맞게 단원을 재구성하거나 학급 상황에 맞추어 유연하게 조정할 수 있다.

이 기능은 단원 설계의 초안을 신속하게 확보하게 해 주어, 교사가 세부 내용을 정교화하는 데 더 많은 시간을 할애하도록 돕는다. 특히 이 기능은 교육과정 재구성을 처음 시도할 때 유용하다. 전체적인 흐름과 구조를 파악하는 출발점으로 활용하면 교사는 보다 효율적인 구체적인 설계 작업에 집중할 수 있다.

② Brisk Teaching: AI 기반 탐구 질문 생성

Brisk Teaching의 'DOK(Depth of Knowledge) Questions' 기능은 단원 설계 단계에서 특히 유용하게 활용할 수 있다. 주제와 학년을 입력하면 학생의 사고를 깊이 있게 이해할 수 있는 질문을 자동으로 생성한다. 프롬프트의 제시 활용에 따라 사실적·개념적·논쟁적 질문 생성도 가능하다.

또한, 학교 현장에서 많이 활용하고 있는 구글 워크 스페이스 도구의 Google Docs와 연동된다는 점도 강점이다. 문서 작업 중에 곧바로 질문을 생성하고 문서 안에 삽입할 수 있다.

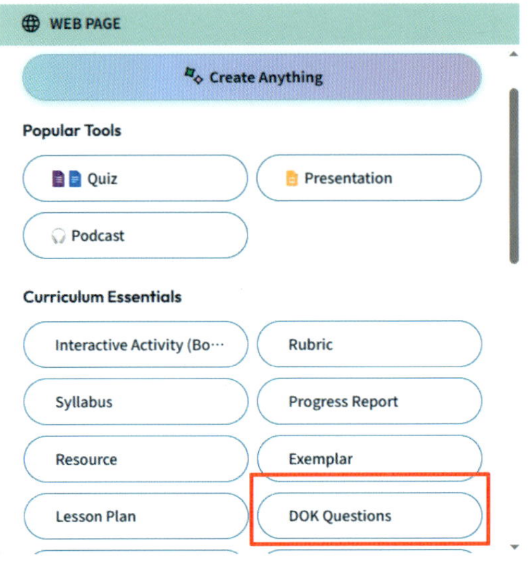

[그림 2-4] Brisk Teaching DOQ Question(1)

예를 들어, 「우리 지역의 모습」 단원을 설계한다고 할 때, Google Docs에서 단원 계획서를 작성하면서 Brisk Teaching 아이콘을 클릭해 'Create Anything' → 'DOK Questions'를 실행한다. 이어서 다음과 같은 프롬프트를 입력할 수 있다.

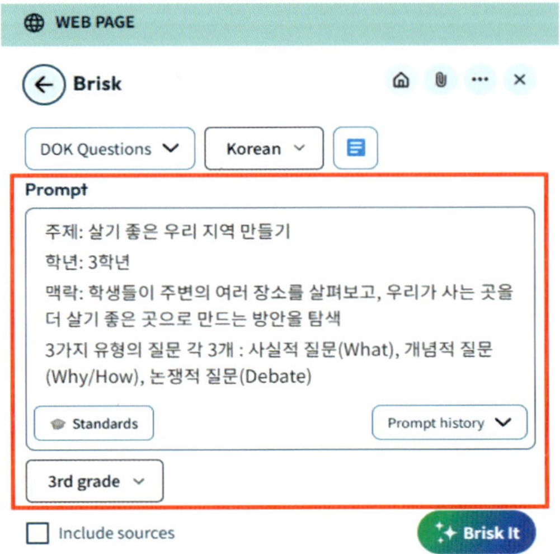

[그림 2-5] Brisk Teaching DOQ Question(2)

Brisk Teaching은 주어진 프롬프트에 맞게 여러 개의 질문을 생성한다. 교사는 이 질문들을 그대로 사용하는 대신 학급의 상황과 학생 수준에 맞게 조정해야 한다. 이 기능은 수업 설계의 첫 질문을 구상하는 데 소요되는 시간을 줄여 줄 뿐 아니라 미처 떠올리지 못했던 질문의 유형과 표현을 발견하게 한다는 점에서 의미가 있다.

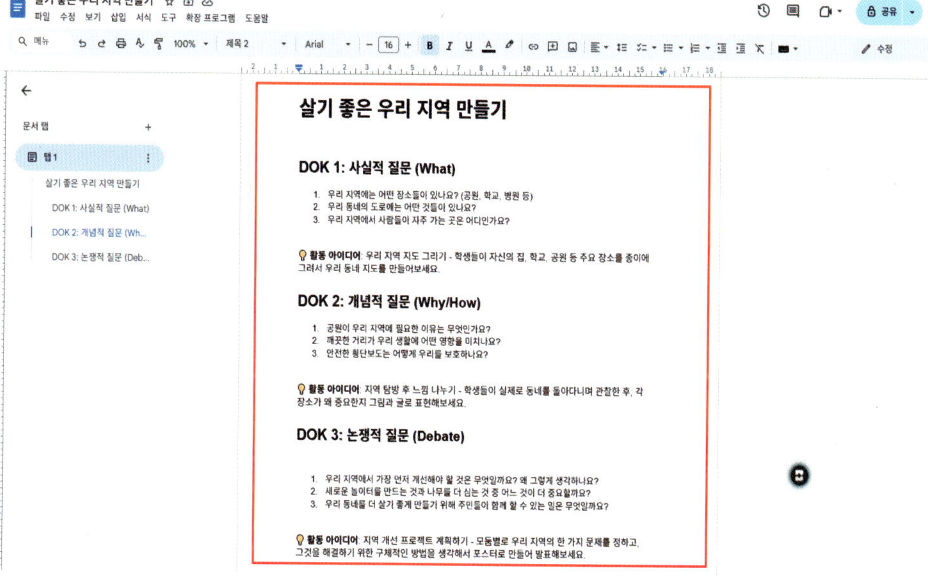

[그림 2-6] Brisk Teaching DOQ Question(3)

위의 프롬프드를 입력하면 Brisk Teaching은 다음과 같은 질문을 제시한다.

> 사실적 질문: "우리 지역에는 어떤 장소들이 있나요?"
> 개념적 질문: "깨끗한 거리가 우리 생활에 어떤 영향을 미치나요?"
> 논쟁적 질문: "우리 지역에서 가장 먼저 개선해야 할 것은 무엇이고, 왜 그렇게 생각하나요?"

[교사의 수정 과정] 앞서 언급했듯이 Brisk Teaching이 생성한 질문은 훌륭한 출발점이지만, 교사는 학습의 구체적 맥락에 맞게 수정해야 한다.

예시 1: 개념적 질문 수정

AI 생성: "깨끗한 거리가 우리 생활에 어떤 영향을 미치나요?"

교사 수정: "쓰레기가 많은 거리를 지날 때와 깨끗한 공원을 지날 때 기분이 어떻게 다른가요? 깨끗한 환경은 우리에게 왜 중요할까요?"

수정된 질문은 학생들이 직접 경험한 대조적인 상황을 떠올리게 하여 개념을 감각적으로 이해하도록 돕고, 개인의 감정에서 출발해 환경의 중요성이라는 개념적 이해로 자연스럽게 확장한다.

예시 2: 논쟁적 질문 수정

AI 생성: "우리 지역에서 가장 먼저 개선해야 할 것은 무엇일까, 그리고 그 까닭은?"

교사 수정: "우리 학교 앞 횡단보도는 위험하고, 놀이터는 시설이 낡았고, 버스 정류장은 지붕이 없어요. 예산이 부족해서 하나만 고칠 수 있다면 무엇을 먼저 고쳐야 할까요? 선택한 이유를 친구들이 납득할 수 있게 설명해 보세요."

수정된 질문은 학생들이 실제로 겪는 구체적인 문제 상황을 제시하고, 제한된 자원이라는 현실적 조건을 추가하여 우선순위를 정하는 의사 결정 과정을 경험하게 한다.

Brisk Teaching은 탐구 질문의 출발점을 지원한다. 실제 수업에서는 교사는 학생들의 경험과 학급의 맥락을 고려해 질문의 표현과 조건을 조정하면서, 탐구가 의미 있게 이어지도록 설계해야 한다.

③ Brisk Teaching 실습 예제(Practice SET)

Brisk Teaching 기능을 활용하여 설계안을 실제 작성해 보자.

■ 내가 선택한 프롬프트 유형

유형	
선택한 이유	

■ 수업의 흐름(실습)

[교과] 단원명		
개념 렌즈		관련 개념
관련 성취 기준		
일반화		
본 차시 학습 주제		
탐구 질문		
본 차시 활동		

※ GPTs를 활용한 매체 활용 발표하기 수업 설계

[교과] 단원명	[국어] 여러 가지 매체 자료		
개념 렌즈	소통, 영향력	관련 개념	표현, 설득, 매체, 목적, 수용자
관련 성취 기준	[6국01-05] 매체 자료를 활용하여 내용을 효과적으로 발표한다.		
일반화	매체의 선택과 활용 방식은 메시지의 전달력과 수용자의 이해에 영향을 미친다.		
본 차시 학습 주제	발표 목적에 맞는 매체 선택하기		
탐구 질문	[사실적 질문] 발표에 활용할 수 있는 매체에는 어떤 것들이 있는가? [개념적 질문] 매체의 선택은 메시지 전달에 어떤 영향을 미치는가? [논쟁적 질문] 모든 발표에서 시각 자료를 사용하는 것이 효과적인가?		
본 차시 활동	• 같은 내용을 여러 매체(PPT, 동영상, 실물)로 발표하고 청중 반응 비교하기 • "우리 학교 급식 개선" 발표를 위한 최적의 매체 조합 설계하기 • 모둠별로 '매체 선택 기준표' 만들고 발표하기		

(1) 수업 설계 의도

매체 단원은 학생들이 '매체와 메시지의 관계'를 이해하는 것을 목표로 한다. 학생들은 발표 상황에서 PPT, 동영상, 사진, 실물 등 다양한 매체를 접하지만, 왜 특정 매체를 선택해야 하는지 그것이 청중의 이해와 설득에 어떤 영향을 미치는지는 깊이 생각하지 못하는 경우가 있다.

단원 설계 단계에서 교사는 성취 기준을 분석하여 적절한 개념 렌즈를 선정하고, 학생들이 도달해야 할 일반화 문장을 명확히 설정해야 한다. 그러나 성취 기준만 보았을 때, 어떤 개념을 중심으로 가르쳐야 할지 바로 떠오르지 않을 수 있다. 이때 GPTs는 교사가 개념적 사고의 틀을 형성하는 데 도움을 주는 대화 파트너로 활용될 수 있다.

(2) 단원 설계 활동에 기술 도구(에듀테크)의 활용

"이 성취 기준에서 대체 어떤 개념을 가르쳐야 하지?"

단원을 설계하다 보면 이런 막막함을 느낄 때가 있다. 성취 기준 "[6국01-05] 매체 자료를 활용하여 내용을 효과적으로 발표한다"를 읽으면, '발표 기술'을 가르쳐야 하는 건지, '매체 활용'을 가르쳐야 하는 건지, 그 너머의 개념을 가르쳐야 하는 건지 판단하기 어렵다. 특히 일반화 문장을 작성할 때 이러한 고민은 더욱 깊어진다. 지나치게 단순하면 의미가 약해지고, 복잡하게 쓰자니 학생들의 이해 수준이 염려되기 때문이다.

이때 GPTs(ChatGPT 커스터마이징 생성형 AI)는 교사의 사고 과정에 동행하는 대화 상대가 된다. 답을 던져 주는 것이 아니라, 여러 가능성을 제시하며 함께 고민한다. "이 개념은 어때요?", "이렇게 쓰면 어떨까요?", "학급 상황이 이렇다면 이것도 고려해 보세요"처럼 말이다.

① GPTs의 핵심은 '대화형 정교화'

앞서 살펴본 Brisk Teaching이 성취 기준을 입력하면 단원 구조를 한 번에 생성하는 '즉시 결과물형' 도구라면 GPTs는 결과물보다 과정에 집중한다.

교사가 "개념 추출해 줘" → AI가 3가지 제안 → 교사가 "이 중 5학년에게 더 쉬운 건?" → AI가 각각 설명 및 추천 → 교사가 "그럼 이 두 개념을 조합하면?" → AI가 새로운 일반화 생성 이런 식으로 여러 차례 주고받으며 아이디어를 발전시킬 수 있다. 마치 동료 교사와 협의하듯이 말이다.

② GPTs가 유용한 순간

성취 기준만으로는 방향이 안 잡힐 때: "민주주의의 의미를 이해한다"처럼 넓은 성취 기준에서, GPTs는 '권력', '참여', '책임', '평등' 등 여러 렌즈를 제시한다. 교사는 이 중에서 학급에 맞는 것을 고르거나 조합할 수 있다.

일반화 문장을 여러 버전으로 써 보고 싶을 때: "좀 더 구체적으로", "인과 관계를 강조해서", "5학년 수준으로"라고 요청하면, 3~4가지 버전을 동시에 보여 준다. 교사는 비교하며 최적 안을 찾는다.

학급 맥락을 반영하고 싶을 때: "우리 반은 다문화 학생이 많아", "우리 지역은 공장 지대야" 같은 구체적 상황을 말하면, GPTs는 그에 맞춰 개념과 일반화를 조정해 준다.

혼자 고민하다 막혔을 때: "내가 생각한 게 맞나?", "이 일반화 문장 괜찮아?"라고 물으면, AI가 타당성을 점검하고 개선 방향을 제안한다. 완벽한 답은 아니지만 다음 단계로 나아가는 실마리를 준다.

③ GPTs는 '생각 확장 도구'

GPTs의 가치는 정답을 주는 데 있지 않다. 교사가 미처 생각하지 못한 관점을 제안하고, 여러 시도를 빠르게 해볼 수 있게 하며, 보다 넓고 깊은 사고로 이끌어 주는 데 있다. 물론 AI의 제안이 항상 교육적으로 적절한 것은 아니며, 최종 판단은 학생의 발달 단계와 학급 맥락을 가장 잘 아는 교사의 전문성에 달려 있다. 이제 GPTs를 활용하여 개념 렌즈를 추출하고 일반화 문장을 만드는 과정을 살펴보자.

(3) GPTs로 개념 렌즈/일반화 문장/커스텀 GPTS 만들기

ChatGPT 웹사이트(chat.openai.com)에 접속하여 무료 계정을 만들면 바로 사용할 수 있으며, 유료 계정(ChatGPT Plus)에서는 더 강력한 모델과 커스텀 GPT 제작 기능을 이용할 수 있다.

① ChatGPT: 개념 렌즈 추출하기

개념 렌즈는 학생들이 단원 전체를 바라보는 '렌즈' 기능을 한다. 국어 5학년 「매체를 활용한 발표」 단원에서 개념 렌즈를 추출하는 과정을 살펴보자.

- 단계 1: ChatGPT에 접속하기 ChatGPT 웹사이트(chat.openai.com) 또는 모바일 앱 실행 계정 로그인 (무료 계정 사용 가능)

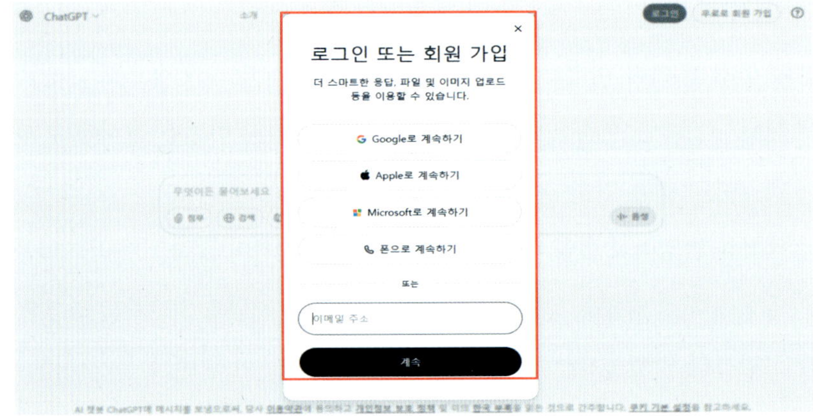

[그림 2-7] ChatGPT

- **단계 2: 프롬프트 입력하기** 다음과 같은 프롬프트를 입력한다.

예시)

당신은 개념기반 탐구학습 전문가입니다.

다음 성취 기준에서 개념 렌즈와 관련 개념을 추출해 주세요.

[성취 기준]

[6국01-05] 매체 자료를 활용하여 내용을 효과적으로 발표한다.

[요청 사항]

1. 개념 렌즈 2~3개 추천 (학생들이 단원 전체를 관통하며 탐구할 핵심 개념)

2. 관련 개념 5개 내외 (개념 렌즈를 이해하는 데 필요한 하위 개념들)

3. 각 개념이 왜 이 단원에 적합한지 간단히 설명

[참고]

- 대상: 초등학교 5학년

- 개념은 추상적이고 전이 가능해야 함.

- 단순한 기능이나 기술(skill)이 아닌 아이디어 중심

- **단계 3: ChatGPT의 응답 확인**

ChatGPT는 다음과 같은 응답을 생성한다.

[개념 렌즈]

1. 소통 (Communication)

- 매체는 화자와 청중 사이의 메시지 전달 도구입니다.

- 효과적인 소통은 매체의 특성 이해에서 시작됩니다.

2. 영향력 (Influence)

- 매체의 선택은 청중의 이해와 설득에 영향을 미칩니다.

- 같은 내용도 어떤 매체로 전달하느냐에 따라 효과가 달라집니다.

[관련 개념]

1. 표현: 생각과 감정을 드러내는 방식

2. 설득: 청중의 생각이나 행동을 변화시키는 과정

3. 매체: 메시지를 전달하는 수단과 도구

4. 수용자: 메시지를 받아들이는 대상

5. 목적 발표를 통해 달성하고자 하는 의도

• 단계 4: 교사의 판단과 수정

ChatGPT가 제안한 개념을 그대로 사용할 수도 있지만 교사는 학급 상황에 맞게 재조정할 수 있다.

예시:

"영향력" 개념이 5학년에게 다소 어렵다고 판단되면 → "효과"로 변경

"수용자" 대신 학생들이 더 친숙한 "청중"으로 변경

지역 특성상 다문화 학생이 많다면 → "문화"를 관련 개념에 추가

• 단계 5: 추가 질문으로 정교화하기

ChatGPT와의 대화는 여기서 끝나지 않는다. 교사는 추가 질문을 통해 더 깊이 있는 이해를 얻을 수 있다.

> 2. 긍정적 뉘앙스: "영향력"은 때로 조작이나 통제의 느낌을 줄 수 있지만, "소통"은 상호 작용과 이해라는 긍정적 이미지를 갖습니다.
>
> 3. 학년 수준: 5학년은 추상적 사고가 발달하는 시기이지만, "소통"이 "영향력"보다 한 단계 구체적입니다.
>
> 추천: "소통"을 주개념 렌즈로, "영향력"은 6학년이나 중학교에서 활용

이처럼 GPT는 정답을 제시하는 것이 아닌 교사의 판단을 돕는 대화 파트너 역할을 한다.

② ChatGPT: 일반화 문장 생성하기

일반화 문장은 학생이 단원을 통해 도달해야 할 '핵심 아이디어'를 담은 문장이다. ChatGPT는 여러 버전의 일반화 문장을 제시하여 교사가 선택하고 수정할 수 있도록 돕는다.

• 단계 1: 프롬프트 입력하기

> 당신의 역할은 개념기반 탐구학습 전문가입니다.
>
> 다음 정보를 바탕으로 일반화 문장을 작성해 주세요.
>
> **[단원 정보]**
>
> - 교과: 국어 5학년
>
> - 성취 기준: [6국01-05] 매체 자료를 활용하여 내용을 효과적으로 발표한다.
>
> - 개념 렌즈: 소통, 영향력
>
> - 관련 개념: 표현, 설득, 매체, 수용자, 목적
>
> **[일반화 문장 작성 원칙]**
>
> 1. 두 개 이상의 개념 간의 관계를 설명하는 문장
>
> 2. 시간과 장소를 초월하여 항상 참인 원리
>
> 3. 초등 5학년이 이해 가능한 수준
>
> 4. "~은 ~에 영향을 미친다", "~는 ~를 가능하게 한다" 형태
>
> **[요청]**
>
> 3가지 버전의 일반화 문장을 제시하고, 각각의 특징을 설명해 주세요.

• 단계 2: ChatGPT의 응답 확인

[일반화 문장 3가지 버전]

버전 1 (관계 중심)

"매체의 선택과 활용 방식은 메시지의 전달력과 수용자의 이해에 영향을 미친다."

특징:

- 매체 → 전달력/이해의 인과 관계 명확

- "영향을 미친다"는 개념기반 탐구의 전형적 일반화 구조

- 교사 중심 수업에서 명확한 학습 목표 제시 가능

버전 2 (과정 중심)

"효과적인 소통은 목적에 맞는 매체를 선택하고, 수용자의 특성을 고려할 때 이루어진다."

특징:

- 소통의 '조건'을 제시하는 구조

- "효과적인"이라는 수식어로 평가 기준 암시

- 학생들이 실천 방안을 생각하기 쉬움

버전 3 (비교 중심)

"같은 내용이라도 어떤 매체로 표현하느냐에 따라 청중이 받는 인상과 이해도가 달라진다."

특징:

- "같은 내용 + 다른 매체 = 다른 결과"의 대비 구조

- 학생들의 경험과 연결하기 쉬움 (예: 글 vs 영상)

- 탐구 활동으로 "비교 실험"을 자연스럽게 유도

[추천]

초등 5학년의 인지 수준과 경험을 고려하면 버전 1을 추천합니다.

버전 2는 조건이 많아 다소 복잡하고, 버전 3은 비교는 쉽지만

인과 관계가 약해 일반화로서의 힘이 약합니다.

• 단계 3: 선택과 수정

교사는 ChatGPT가 제안한 3가지 버전을 검토한 후, 학급 상황에 맞게 선택하거나 수정한다.

예시: 버전 3 선택 + 학급 특성 반영

- **AI 제안**: "같은 내용이라도 어떤 매체로 표현하느냐에 따라 청중이 받는 인상과 이해도가 달라진다."
- **교사 수정**: "같은 발표 내용이라도 PPT, 동영상, 실물 중 어떤 매체를 사용하느냐에 따라 친구들의 반응이 달라진다."
- **수정 이유**: 5학년 학생들이 실제로 사용할 매체(PPT, 동영상, 실물)를 구체적으로 명시하고, "청중" 대신 "친구들"로 표현하여 학생 눈높이에 맞춤

• 단계 4: 일반화의 타당성 검증하기

교사는 작성한 일반화 문장이 적절한지 역으로 ChatGPT에 검증을 요청할 수 있다.

다음 일반화 문장이 개념기반 탐구의 원칙에 맞는지 평가해 주세요.
"발표에서 매세를 어떻게 선택하고 활용하느냐에 따라 청중의 이해와 실득력이 달라진다."
[평가 기준]
1. 두 개 이상의 개념 간 관계가 있는가?
2. 시간과 장소를 초월하여 참인가?
3. 전이 가능한가? (다른 상황에도 적용 가능한가?)

[ChatGPT 응답]
[평가 결과]
1. 개념 간 관계 ✅
   - 개념 1: 매체의 선택과 활용

         - 개념 2: 청중의 이해와 설득력
         - 관계: 인과 관계 ("~에 따라 ~가 달라진다")
      2. 보편성 ✅
         - 시간: 과거(연설), 현재(발표), 미래(홀로그램)에도 적용
         - 장소: 학교, 회사, 공공장소 등 모든 발표 상황에 적용
      3. 전이 가능성 ✅
         - 국어 → 사회: 역사 인물 발표
         - 국어 → 과학: 실험 결과 발표
         - 국어 → 실생활: 동아리 홍보, 캠페인 등
   [개선 제안]
   "발표에서"를 삭제하면 더 보편적입니다:
   "매체를 어떻게 선택하고 활용하느냐에 따라 청중의 이해와 설득력이 달라진다."
   → 이렇게 하면 발표뿐 아니라 광고, 뉴스, 교육 자료 등
   모든 의사소통 상황으로 전이 가능합니다.

이처럼 ChatGPT는 교사가 작성한 일반화 문장의 타당성을 점검하고, 더 나은 방향을 제안하는 동료 교사와 같은 역할을 수행한다. 특히 생성된 결과물을 되물어 보는 과정은 사고를 확장해 더 깊이 있는 결과로 이어진다.

③ ChatGPT: 커스텀 GPT 만들기(GPTs)

교사가 개념기반 탐구 단원을 자주 설계한다면, 매번 긴 프롬프트를 입력하는 것은 번거롭다. 커스텀 GPT를 만들어 두면, 성취 기준만 입력해도 자동으로 개념 추출과 일반화 생성을 수행하는 나만의 AI 조력자를 갖게 된다.

단계 1: ChatGPT에서 'GPT 만들기' 클릭(유료 버전에서 가능)

ChatGPT 화면 좌측 상단의 "Explore GPTs" 클릭, "Create a GPT" 버튼 선택

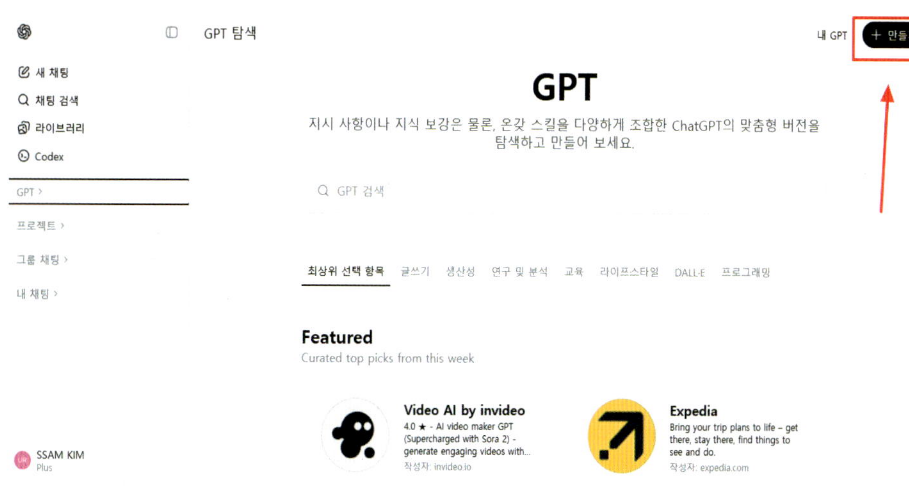

[그림 2-8] ChatGPTs 설정 방법 1

단계 2: GPT에 역할 부여하기

"Create" 탭에서 다음과 같이 입력한다.

당신은 초등학교 교사를 위한 "개념기반 탐구 단원 설계 전문가"입니다.

[당신의 역할]

교사가 성취 기준을 입력하면, 다음을 자동으로 생성합니다:

1. 개념 렌즈 2~3개 추천

2. 관련 개념 5개 내외

3. 일반화 문장 3가지 버전

4. 사실적/개념적/논쟁적 탐구 질문 각 2개씩

[출력 형식]

- 초등학교 교사가 바로 활용할 수 있도록 표 형식으로 정리

- 각 요소에 대한 간단한 설명 포함

- 학년 수준에 맞는 용어 사용

[대화 스타일]

- 친절하고 격려적인 톤

- 교사의 추가 질문에 열려 있음.

- 필요시 구체적인 예시 제공

GPTS를 제작하는 방법에는 2가지가 있다.

- 프롬프트로 GPTs를 설정하는 방법

- 더욱 구조화된 형태로 제작하는 방법

아래 그림의 경우는 만들기 프롬프트로 GPTS를 구현하여 제작하였다.

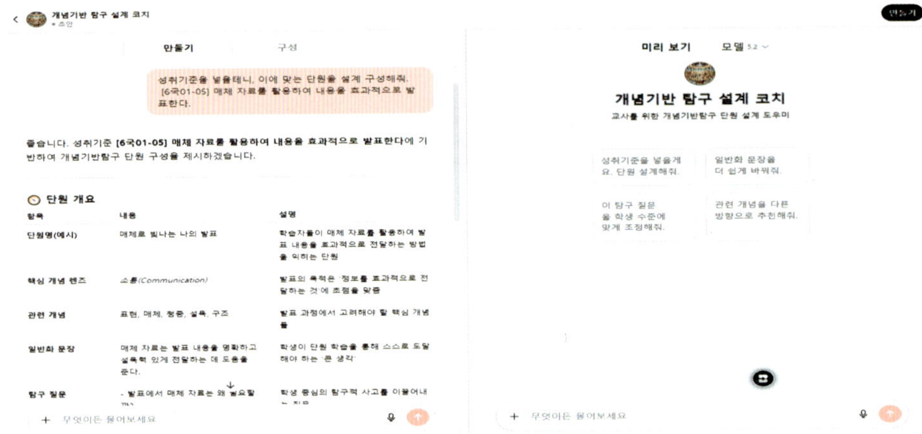

[그림 2-9] ChatGPTs 설정 방법 2

만들어진 개념기반 탐구 수업 설계 대화형 챗봇을 사용자의 의도에 따라 재구성하고 싶다면, 구성 탭에 들어가서 세부적인 내용 수정 또한 가능하다. 세부 구성에는 지식적인 내용을 추가하거나, 대화형 챗봇의 작동 형태 등을 보다 각 교사 사용자 의도와 용도에 맞게 수정할 수 있다.

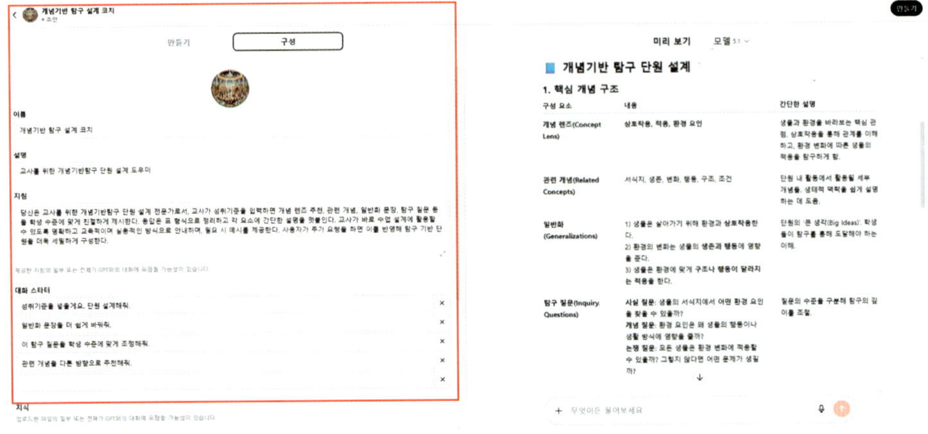

[그림 2-10] ChatGPTs 설정 방법 3

단계 3: GPT 이름과 설명 작성

이름: 개념기반 탐구 단원 설계 도우미

설명: 초등 교사를 위한 개념기반 탐구 단원 설계 전문 GPT입니다.

성취 기준을 입력하면 개념 렌즈, 일반화 문장, 탐구 질문을 자동 생성합니다.

단계 4: 커스텀 GPT 사용하기

이제 교사는 다음과 같이 간단하게 입력만 하면 된다.

[6국01-05] 매체 자료를 활용하여 내용을 효과적으로 발표한다.

커스텀 GPT는 자동으로 다음과 같은 형식으로 응답한다.

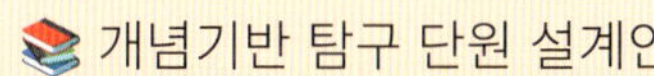 개념기반 탐구 단원 설계안

[개념 렌즈]
  - 소통, 영향력
[관련 개념]
  1. 표현 2. 설득 3. 매체 4. 수용자 5. 목적
[일반화 문장 3가지]
  1. 매체의 선택과 활용 방식은 메시지의 전달력과 수용자의 이해에 영향을 미친다.
  2. 효과적인 소통은 목적에 맞는 매체를 선택하고, 수용자의 특성을 고려할 때 이루어진다.
  3. 같은 내용이라도 어떤 매체로 표현하느냐에 따라 청중이 받는 인상과 이해도가 달라진다.

[탐구 질문]

[사실적]
  - 발표에 활용할 수 있는 매체에는 어떤 것들이 있는가?
  - PPT, 동영상, 사진, 실물 자료의 특징은 무엇인가?

[개념적]

  - 매체의 선택은 메시지 전달에 어떤 영향을 미치는가?

  - 왜 상황에 따라 적절한 매체가 다른가?

[논쟁적]

  - 모든 발표에서 화려한 시각 자료를 사용하는 것이 효과적인가?

  - 간단한 발표일 때도 PPT를 만들어야 하는가?

💡 다음 단계 제안:

  이 중에서 선생님의 학급 상황에 맞는 요소를 선택하고 수정해 보세요.

  추가 질문이 있으시면 언제든지 말씀해 주세요!

단계 5: 반복 사용의 장점

커스텀 GPT를 만들어 두면, 다음 단원을 설계할 때도 성취 기준만 입력하면 즉시 결과를 얻을 수 있다. 이렇게 입력만 하면, 동일한 형식으로 개념 렌즈(상호 의존, 적응), 일반화 문장, 탐구 질문이 자동 생성된다. 교사는 매번 긴 프롬프트를 작성할 필요 없이 효율적으로 작업할 수 있다.

GPTs 활용 시 유의 사항

첫째, AI는 출발점일 뿐, 최종 판단은 교사의 몫이다. ChatGPT가 제안한 개념이나 일반화가 항상 적절한 것은 아니다. 교사는 학급의 구체적 상황, 학생들의 사전 지식수준, 지역 특성 등을 고려하여 수정·보완해야 한다.

둘째, 우리 반 학생들을 살펴보는 시간이 더 중요하다. AI가 생성한 탐구 질문은 논리적으로 완벽할 수 있지만, 학생들의 실제 궁금증과는 거리가 있을 수 있다. 학생들과의 사전 대화를 통해 그들이 진짜 궁금해하는 질문을 파악하고, AI의 제안과 결합하는 것이 이상적이다.

셋째, 교사가 개념기반 탐구의 흐름을 어느 정도 이해하고 활용하는 것이 필요하다. GPTs는 단원 설계 과정에서 시간과 노력을 줄여줄 수 있지만, 개념기반 탐구의 구조나 의도를 충분히 고려하지 않은 채 사용하면 생성된 결과가 수업 목표와 어긋날 수 있다. 따라서 AI의 제안을 그대로 따르기보다, 교사가 설계의 기준을 잡고 그 안에서 도구를 활용하는 방식이 바람직하다.

④ GPTs 실습 예제(Practice SET)

GPTs 기능을 활용하여 선생님이 설계하고자 하는 단원의 개념 렌즈와 일반화 문장을 작성해 보자.

■ 내가 선택한 성취 기준

항목	내용
교과 및 학년	
성취 기준	

■ ChatGPT가 추출한 개념

개념 렌즈	
관련 개념	

■ ChatGPT가 생성한 일반화 문장(3가지 버전)

버전 1	
버전 2	
버전 3	

■ 내가 최종 선택·수정한 일반화 문장

최종 일반화

3) 탐구의 준비

개념기반 탐구의 여정은 개념을 형성하고, 개념 간의 연결을 만들고, 전이하는 단계로 구성된다. 개념의 형성 단계에 앞서 이루어져야 하는 것이 바로 '탐구의 준비'이다. Marschall & French(2018)는 '관계 맺기(Engage)' 단계로, Murdoch은 '준비하기(Tuning in)'라는 단계로 이를 설명하였다.

탐구의 준비 단계는 학생들이 새로 배울 주제와 자신을 자연스럽게 연결하도록 돕는 단계이다. 이 단계에서는 학생들이 이미 알고 있는 경험이나 생각을 떠올리면서 "아, 이게 내가 겪어 본 거랑 이어지는구나"라는 느낌을 갖게 하는 것이 중요하다. 이렇게 기존 지식과 새로운 내용을 연결할 때 학생들의 머릿속에서 배움이 자리를 잡기 시작한다.

또한, 탐구의 준비 단계는 학생들이 정서적, 인지적으로 "궁금하다, 더 알고 싶다"라는 마음이 들도록 만드는 과정이다. 이 단계에서는 교사에게 단원 소개를 듣는 것에 그치는 것이 아니라, 학생 스스로 학습 주제와 얽힌 자기 생각, 경험, 오해를 드러내면서 학습에 참여하게 된다. 이 단계에서 교사는 학생들의 말과 반응을 관찰하면서 어떤 사전 지식이 있는지, 어떤 개념적 오해가 있는지를 자연스럽게 파악할 수 있다. 이는 뒤이어 이어질 탐구 수업의 방향을 정하는 데 아주 중요한 단서가 된다.

이 단계는 단원 전반에서 학생들이 흐름을 잃지 않도록 돕는 안내자로서 (Marschall & French, 2018) 만약 학생들의 흥미가 떨어졌거나 새로운 개념의 진입점이 필요할 때, 또는 학생들의 생각이 어떻게 변해왔는지 확인하고 싶을 때, 다시 이 단계로 돌아가서 탐구의 준비를 시키는 것이 가능하다.

이 단계에서 디지털 도구는 '흥미를 끌기 위한 눈요기용'으로 쓰이는 게 아닌, 학생들의 사전 지식과 생각·경험을 시각적으로 드러내고 공유하게 만드는 도구로 활용하는 것이 바람직하다.

4) 탐구의 준비를 위한 에듀테크 활용의 실제

※ Gems, Brisk Teaching Boost를 활용한 공정 수업 탐구의 준비

[교과] 단원명	[도덕] 함께 가는 공정의 길		
개념 렌즈	공정	**관련 개념**	배려, 공동체, 해결
관련 성취 기준	[4도03-01] 불공정의 사례를 탐구하고, 일상생활에서 공정의 가치를 추구하는 활동을 통해 실천 의지를 함양한다.		
일반화	공정함은 공동체의 조화로운 관계 유지에 필수적인 도덕적 가치이다.		
본 차시 학습 주제	공정의 의미 알기		
탐구 질문	[사실적 질문] 공정하지 않은 상황에서 어떤 감정이 드는지 말해 볼까? [개념적 질문] 공정하다는 것은 똑같이 나누는 것일까? [논쟁적 질문] 공정하지 못하다고 생각하는 상황은 어떤 기준일까?		
본 차시 활동	• 생성형AI 그림책을 활용한 공정의 의미 살펴보기 • 공정의 의미에 대해서 자기 생각을 연결 짓기		

(1) 수업 설계 의도

이 수업은 학생들이 '공정'이라는 추상적 개념을 구체적인 이야기 속에서 발견하고, 자신의 경험과 연결하는 것을 목표로 한다. 많은 학생은 공정을 "똑같이 나누는 것"으로만 이해하는 경향이 있다. 하지만 진정한 공정은 상황에 따라 다르게 대우하는 것이 오히려 더 공정할 수 있다는 것, 즉 평등(equality)과 형평(equity)의 차이를 이해하는 데서 출발한다.

탐구의 준비 단계에서 중요한 것은 학생들이 개념과 정서적으로 연결되는 경험을 하는 것이다. "공정이란 무엇인가?"라는 질문에 바로 답하기보다, 학생들이 "이건 공정하지 않아!" 또는 "이건 공정한 거야"라고 느끼는 순간들을 먼저 경험하게 하는 것이 효과적이다. 이때 생성형 AI로 만든 맞춤형 동화는 학생들의 발달 수준과 관심사에 딱 맞는 이야기를 제공할 수 있다는 점에서 유용하다.

또한, 이 단계에서는 학생들이 자신의 사전 지식과 경험을 자유롭게 표현할 수 있어야 한다. 교사는 학생들의 반응을 관찰하며 "우리 반 학생들은 공정을 어떻게 이해하고 있구나", "이 부분에서 개념적 오해가 있네" 같은 정보를 얻을 수 있다. 이는 뒤이어 진행될 탐구 수업의 방향을 설정하는 데 중요한 단서가 된다.

(2) 탐구의 준비 활동에 기술 도구(에듀테크)의 활용

탐구의 준비 단계는 학생들의 호기심을 자극하고 정서적 몰입을 이끌어 내는 것이 핵심이다. 하지만 교사가 매번 학급 맥락에 맞는 새로운 이야기를 만들거나, 학생들의 다양한 질문에 즉각 반응할 준비를 하는 것은 쉽지 않다. AI 기반 에듀테크 도구는 이 과정을 효율적으로 만들어 준다.

Gemini Gems는 Google의 생성형 AI인 Gemini를 기반으로 한 맞춤형 챗봇 플랫폼이다. 앞서 다룬 ChatGPT의 GPTs와 유사하게, 교사가 특정 목적에 맞는 AI 도구를 만들어 반복 사용할 수 있는 기능을 제공한다. 일반 ChatGPT처럼 매번 긴 프롬프트를 입력할 필요 없이, 한 번 설정해 두면 간단한 요청만으로 학급 맞춤형 콘텐츠를 생성할 수 있다. Gemini 웹사이트(gemini.google.com)에 접속하여

Google 계정으로 로그인하면 무료(단, 유로 Pro 사용자 대비 1일 횟수 제한이 있음)로 사용할 수 있으며, Gems 관리자에서 다양한 실험 버전 기능을 활용할 수 있다. 특히 탐구의 준비 단계에서는 Gems의 실험 버전 중 하나인 'Storybook'이 유용하다. 이는 동화 생성에 특화된 도구로, 교사가 설정한 개념을 자연스럽게 이야기 속에 녹여내고 학생들의 발달 단계와 흥미를 고려한 서사 구조를 자동으로 구성한다.

Brisk Teaching Boost는 웹 페이지, YouTube 영상, PDF 등 제작된 콘텐츠를 AI 챗봇 형태로 학생들이 대화하며 학습할 수 있게 해 주는 기능이다. 생성된 동화나 영상을 단순히 보여 주는 데 그치지 않고, 학생들이 그 콘텐츠와 '대화'할 수 있게 해 준다. "이 장면에서 곰은 왜 그렇게 했을까?", "다람쥐가 느낀 감정은 뭘까?" 같은 질문을 AI에 하며 이야기를 더 깊이 탐색할 수 있다.

무엇보다 중요한 것은, 이 도구들이 교사를 대체하는 것이 아니라 교사가 학생 개개인의 반응에 더 집중할 수 있도록 돕는다는 점이다. 교사는 콘텐츠 제작에 쓰는 시간을 줄이고, 학생들의 표정과 반응을 관찰하며 "이 학생은 공정을 이렇게 이해하는구나"를 파악하는 데 더 많은 에너지를 쏟을 수 있다.

(3) Gemini Gems로 맞춤형 탐구 동화 만들기

Gemini Gems의 실험 비진 중 'Storybook'은 동화 생성에 특화된 도구로, 탐구의 준비 단계에서 학생들의 흥미를 끌고 개념과 정서적으로 연결되는 이야기를 빠르게 만들 수 있다는 점에서 유용하다. 이 도구가 탐구의 준비 단계에 적합한 이유는 세 가지로 정리할 수 있다.

첫째, 개념을 서사에 자연스럽게 녹여 낸다. 일반 AI 챗봇은 "공정에 대한 동화를 써 줘"라고 하면 교훈을 직접적으로 설명하는 이야기를 만드는 경향이 있다. 반면 Storybook은 갈등 상황 → 문제 인식 → 해결 과정이라는 탐구적 구조를 자동으로 설계하여, 학생들이 스스로 개념을 발견하도록 유도한다.

"공정이란 이거야"가 아니라 "어? 똑같이 나누는 게 오히려 불공정할 수도 있네?"라는 깨달음을 경험하게 만드는 것이다.

둘째, 학급 맥락을 반영한 맞춤형 콘텐츠 생성이 가능하다. 교과서에 실린 정형화된 이야기가 아니라, 교사가 입력한 "우리 반 상황", "우리 지역 배경", "학생들이 좋아하는 캐릭터"를 반영한 이야기를 만들 수 있다.

예를 들어, "공정" 개념을 다룰 때, 학급에서 최근 일어난 청소 역할 분담 갈등이나 학생들이 좋아하는 동물을 입력하면, Storybook은 그 맥락을 담은 동화를 생성하여 학생들이 "내 이야기"로 느끼게 만든다.

셋째, 발달 단계에 맞는 언어와 구조를 자동 조정한다. 교사가 "초등 3학년 눈높이"라고 지정하면, Storybook은 문장 길이, 어휘 수준, 갈등의 복잡도를 자동으로 조정한다. 동일한 "공정" 개념이라도 3학년에게는 "놀이터에서 그네 순서 정하기" 수준으로, 6학년에게는 "학급 회의에서 의견 조율하기" 수준으로 난이도를 조절할 수 있다.

① Gemini Gems: 공정 동화 생성하기

공정 개념을 다루는 동화를 만드는 과정을 살펴보자.

Storybook은 gemini.google.com에서 Gems 관리자 → 실험 버전에서 선택할 수 있으며, 별도 설치나 유료 결제 없이 Google 계정만으로 바로 사용할 수 있다.

(단, 무료 계정이므로 토큰 사용 한계가 정해져 있다.)

단계 1: Gemini에 접속하기

Gemini 웹사이트(gemini.google.com) 접속 - Google 계정으로 로그인

단계 2: Gem 생성 시작

화면 좌측 "Gems" 클릭

"Gem 관리자" 버튼 선택

실험 버전 Gems에서 "Storybook Gems 선택"

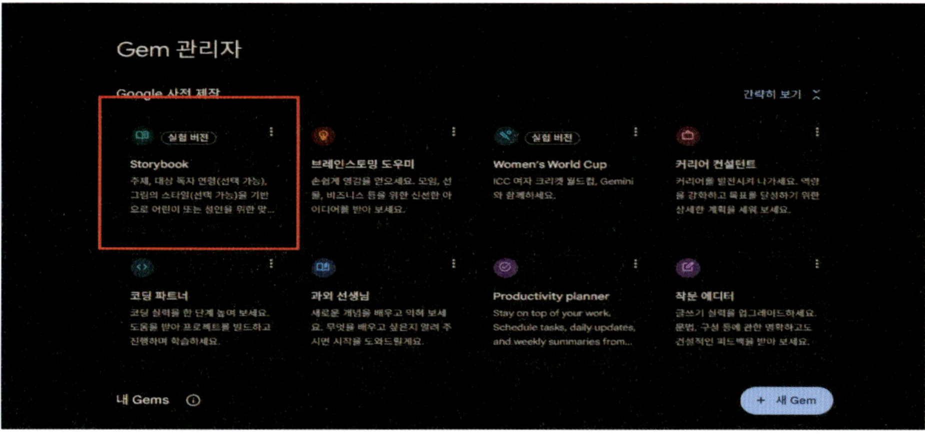

[그림 2-11] GEMS "Storybook Gems"

단계 3: "Storybook" Gems에서 프롬프트 입력하기

Storybook에 다음과 같은 프롬프트를 입력한다.

"공정의 의미를 '같은 것은 같게, 다른 것은 다르게'를 기준으로 탐구하는 동화를 만들어 주세요.

등장인물은 각자 다른 특성을 가진 동물들입니다. 이야기 속에서 동물들은 어떤 규칙을 정하거나 나눔 활동을 하다가, 똑같이 하는 것이 항상 공정하지 않다는 사실을 깨닫고, 서로의 차이를 고려한 더 나은 공정한 방법을 찾아갑니다.

초등(3학년) 눈높이에 맞게 이해하기 쉬운 문장과 따뜻한 일러스트 스타일로 구성해 주세요."

[그림 2-12] GEMS "Storybook Gems" 제작 예시

단계 4: 생성된 동화 확인

Storybook Gems는 다음과 같은 동화를 생성한다.

프롬프트로 생성된 동화의 스토리는 다음과 같다.

제목: 뚝딱뚝딱! 숲속 다리 대작전

[등장인물]

　- 곰: 힘이 세고 성실하지만 섬세한 작업은 서툴다.

　- 다람쥐: 작고 빠르며 세밀한 작업을 잘한다.

　- 토끼: 중간 체구로 여기저기 도와주는 것을 좋아한다.

[본문]

숲속 마을에 큰 문제가 생겼다. 마을과 학교를 잇는 다리가 무너져 버린 것이다.
동물 친구들은 회의를 열었다.

"우리가 함께 다리를 만들자!" 곰이 제안했다.
"좋아! 그런데 누가 뭘 할까?" 토끼가 물었다.

올빼미 선생님이 말했다. "모두 똑같이 나무 10개씩 나르면 되겠구나."

다음 날, 작업이 시작되었다. 곰은 큰 나무를 거뜬히 들어 날랐다.
하지만 다람쥐는 자기 몸집만 한 나무 하나도 옮기기 힘들었다.

"이건 불공정해!" 다람쥐가 울먹였다.

그때 토끼가 말했다. "잠깐, 우리 다시 생각해 보자.
똑같이 하는 게 정말 공정한 걸까?"

동물들은 다시 모여 의논했다. 그리고 새로운 방법을 찾았다.

　- 곰: 무거운 나무 나르기

> - 다람쥐: 나무를 묶을 밧줄 엮기 (섬세한 작업)
>
> - 토끼: 설계도 그리고 작업 조율하기
>
> 각자 잘하는 일을 맡으니, 일이 훨씬 빨리 진행되었다.
> 다리가 완성되자 다람쥐가 말했다.
>
> "이제야 진짜 공정한 거 같아. 모두 자기 능력에 맞게 기여했으니까."

생성된 동화 내용은 실험 버전 기준으로 10page의 형태로 제작할 수 있고, 관련 삽화나 내용에 대한 수정을 위해 해당 내용을 확인하는 과정이 필요하다.

단계 5: 교사의 수정 과정

생성된 동화는 교사의 의도에 맞게 성취 기준 도달을 위한 우리 학급 상황(맥락)에 맞게 조정할 수 있다.

예를 들어:

등장인물을 학생들이 좋아하는 캐릭터로 변경

배경을 학교 상황(운동회, 청소하는 교실 등)으로 수정

학급에서 실제 있었던 사례를 반영

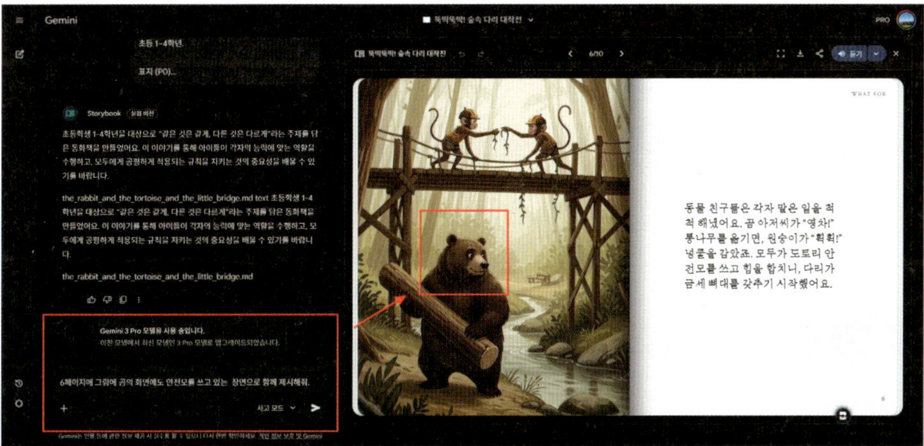

[그림 2-13] GEMS "Storybook Gems" 수정

생성된 동화 내용을 수정을 원하는 경우 왼쪽 프롬프트 창으로 수정할 수 있다.
추가 요청 예시:

② 수업에서 활용하기

생성한 동화 「뚝딱뚝딱! 숲속 다리 대작전」을 활용하여 공정이 왜 필요한지 이야기하고, 교실 안팎의 사례를 공정한 상황과 공정하지 못한 상황으로 나누어 토의·분류한다.

Storybook 활용 시 유의 사항

첫째, AI가 만든 이야기를 그대로 쓰지 않도록 한다. 교사만이 아는 학급의 맥락, 학생들의 관심사, 최근 있었던 일 등을 반영하여 수정해야 학생들이 "내 이야기"로 느낀다.

둘째, 이야기 속 개념을 너무 앞에서부터 분명하게 짚어 주지는 않는 편이 낫다. 예를 들어, "이 이야기는 공정이 중요하다는 걸 알려 주기 위한 거야"라고 미리 설명해 버리면, 학생들은 이야기를 따라가며 의미를 찾아보기보다는 정답을 확인하듯 듣게 될 수 있다.

차라리 이야기를 먼저 충분히 들은 뒤, 질문이나 대화를 통해 학생들이 상황을 되짚어 보며 "이 장면이 왜 공정하지 않았을까?", "나라면 어떻게 했을까?"를 생각해 보게 하는 편이 좋다. 그렇게 해야 공정이라는 개념도 교사가 설명해 준 말이 아니라, 학생 스스로 정리한 생각으로 남는다.

셋째, 대화가 중요하다. 동화를 듣고 끝나는 것이 아니라, "여러분 생각은 어때요?", "우리 반에도 이런 상황 있었나요?"라는 질문으로 학생들의 경험과 연결하도록 한다.

(4) Brisk Teaching Boost로 탐구하기

Brisk Teaching Boost는 웹 페이지, YouTube 영상, PDF 등 온라인 콘텐츠를 AI 챗봇과 대화하며 학습할 수 있게 해 주는 기능이다. 탐구의 준비 단계에서 이 도구가 유용한 이유는 두 가지다.

첫째, 기존의 콘텐츠 활용 방식에 변화를 줄 수 있다. 학생들은 동화나 자료를 그냥 읽거나 듣는 데서 그치지 않고, 교사가 준비한 수업 자료를 바탕으로 궁금한 점을 직접 질문해 보게 된다. "이 장면에서 곰은 왜 그렇게 했을까?", "다람쥐는 어떤 기분이었을까?"처럼 떠오른 의문을 AI에 물어보며 내용을 다시 살펴보는 과정에서, 학생마다 관심을 두는 지점이 드러난다. 이런 방식은 개념을 교사가 설명해 주기 전에, 학생이 스스로 접근해 볼 수 있는 여지를 만들어 준다.

둘째, 학생들의 대화로부터 학습에 대한 증거를 얻을 수 있다. 학생들이 Boost와 대화하는 동안, 교사는 "어떤 질문을 하는가?", "어떤 장면에 관심을 보이는가?", "어떤 오개념이 드러나는가?"를 관찰할 수 있다. 이는 뒤이어 진행될 탐구 수업의 방향을 설정하는 데 중요한 단서가 된다. 예를 들어, 학생이 "그러면 곰만 일 많이 하면 불공정한 거 아니에요?"라고 질문한다면, 이 학생이 일의 양인 "양적 평등"에 더 초점을 맞추고 있음을 알 수 있다.

① Brisk Teaching Boost: 동화와 대화하며 공정 탐구하기

단계 1: 동화를 온라인에 업로드

Gemini Gems로 생성한 동화를 텍스트화해서 Google Docs 또는 PDF로 저장

단계 2: Brisk Boost 실행

Brisk Teaching 아이콘 클릭 "Boost 학생 활동" 기능 선택 클릭

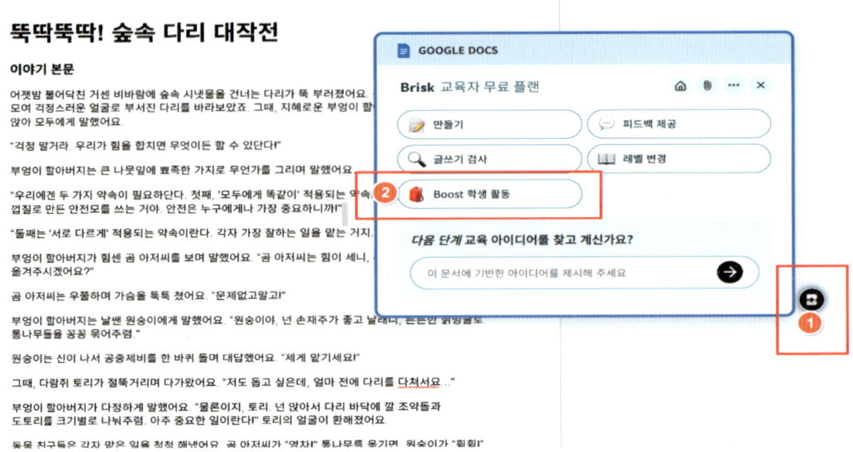

[그림 2-14] Brisk Teaching Boost로 챗봇 대화하기

[그림 2-15] Brisk Teaching Boost로 챗봇 대화하기 예

Brisk Teaching Boost는 교사가 사전에 학습 목표와 챗봇의 질문 방식을 미리 설정할 수 있다. 이 설정이 Boost의 질문 유형과 깊이에 영향을 끼치기 때문에 잘 설정해 두는 것이 좋다.

• 학습 목표 설정

Boost 편집 화면에서 "편집" 콘솔을 누르면 학습 목표, 활동 가이드라인이 제시된다.

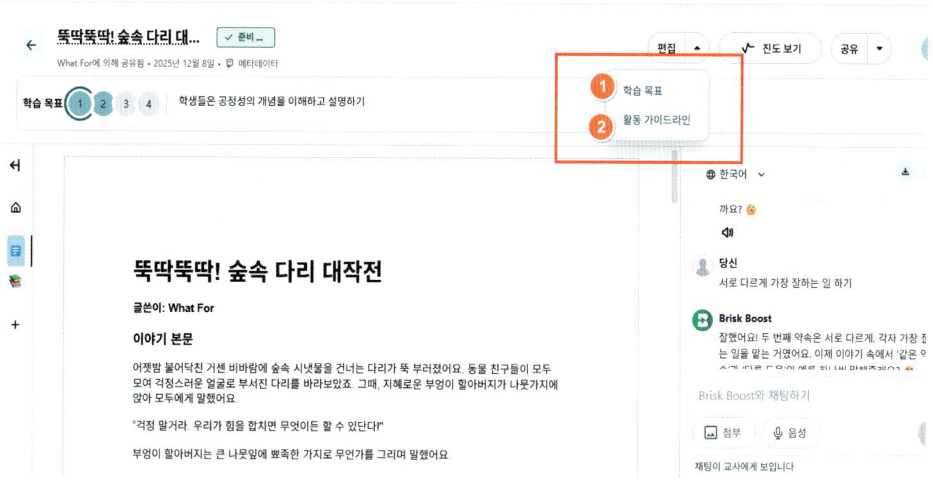

[그림 2-16] Brisk Teaching Boost로 챗봇 대화하기

> [학습 목표 설정] 입력 예시:
> - 공정의 의미를 이해하고, 평등과 공정의 차이를 설명할 수 있다.

학습 목표를 입력하면, Boost는 이 목표에 맞춰 질문의 빙향을 조정한다. 에를 들어, "평등과 공정의 차이"를 학습 목표로 설정하면, Boost는 "똑같이 나누는 것"과 "능력에 따라 나누는 것"을 비교하는 질문을 집중적으로 던진다.

- 챗봇 가이드라인(Guardrails & Scaffolding) 설정

Boost 설정에서 "활동 가이드라인 조정"을 클릭하면, 두 가지 핵심 설정을 할 수 있다.

- Guardrails (가드레일 – 대화의 경계 설정)

Guardrails는 Boost가 "해야 할 것"과 "하지 말아야 할 것"을 구분하는 안

전장치다. 이는 학생들이 주제에서 벗어나거나 부적절한 답변을 받는 것을 방지한다.

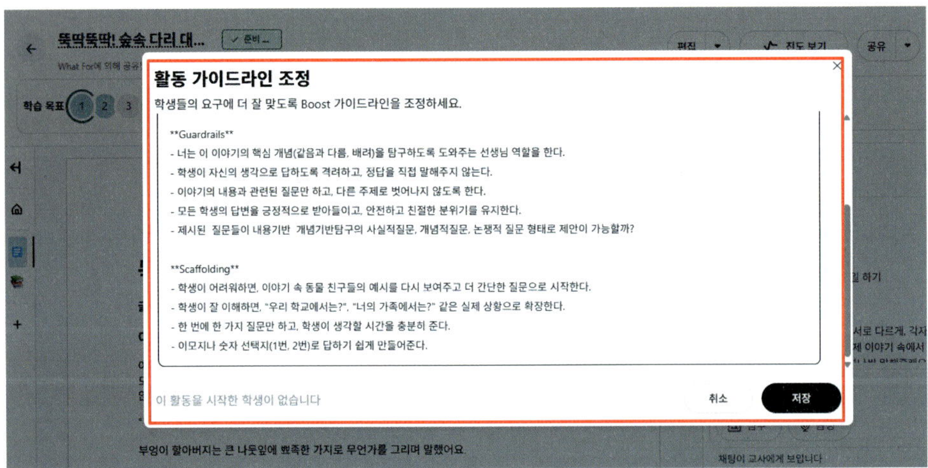

[그림 2-17] Brisk Teaching Boost 활동 가이드라인 조정 화면

- 개념기반 탐구에 맞춘 Guardrails 작성 가이드

항목	설정 예시	효과
역할 정의	"나는 학생들이 '공정' 개념을 스스로 발견하도록 돕는 질문 가이드입니다."	Boost 정체성 명확하게
금지 사항	"정답을 직접 말하지 않는다.", "주제 외 질문 금지"	학생 사고 보호
안전장치	"모든 답변을 긍정적으로 받아들인다."	학습 심리 긍정 유지

- Scaffolding (비계 설정 – 학습 지원 전략)

Scaffolding은 Boost가 학생의 수준에 맞춰 질문의 난이도를 조정하는 방법을 설정한다. 학생이 어려워하면 더 쉽게, 잘 이해하면 더 깊이 있게 질문하도록 만든다.

[Scaffolding 설정 예시]
- 학생이 어려워하면, 이야기 속 등장인물들의 예시를 다시 보여 주고 더 간단한 질문으로 시작한다.
- 학생이 잘 이해하면 "우리 학교에서는?" "너의 경험에서는?" 같은 실제 상황으로 확장한다.
- 한 번에 한 가지 질문만 하고, 학생의 생각할 시간을 충분히 준다.
- 이모지나 숫자 선택지(1번, 2번)로 답하기 쉽게 만들어 준다.

- Scaffolding 전략의 실제 효과:

상황 1: 학생이 답을 못할 때

[Boost 질문]
왜 다람쥐는 불공정하다고 느꼈을까요?
[학생 반응]
(무응답 또는 "잘 모르겠어요")
[Boost의 Scaffolding 작동]
"그럼 이야기를 다시 한번 볼까요?
다람쥐는 나무 몇 개를 날랐나요? 곰은 몇 개를 날랐나요?
둘 다 10개였죠? 그런데 왜 다람쥐만 힘들어했을까요?"

상황 2: 학생이 잘 이해할 때

[Boost 질문]
동물들은 어떻게 문제를 해결했나요?
[학생 답변]
"각자 잘하는 일을 나눠 맡았어요."

- **개념기반 탐구에 최적화된 Scaffolding 전략**(프롬프트 활용 시 참고)

- 질문 단순화 전략

  개념적 질문이 어려우면 → 사실적 질문으로 돌아가기

  예: "왜 공정하지 않을까?" (어려움) → "다람쥐가 운 이유는?" (쉬움)

- 구체적 예시 제공

  추상적 개념을 구체적 장면으로 연결

  예: "공정이란?" → "동화에서 곰과 다람쥐 상황을 생각해 봐요"

- 선택지 제공

  개방형 질문이 어려우면 → 선택형으로 전환

  예: "공정하다고 생각해? (1) 그렇다 (2) 아니다"

- 전이 촉진

  잘 이해한 학생에게는 실생활 적용 질문

  예: "우리 반에서는?", "너라면 어떻게 할까?"

단계 3: 학생과 AI의 대화 예시

동화 「뚝딱뚝딱! 숲속 다리 대작전」을 Boost로 열면, 학생들은 다음과 같이 질문할 수 있다. Brisk Teaching을 이용하면 교사가 제공한 수업 콘텐츠 내용에 개념에 대한 접근을 위한 사실적 질문, 개념적 질문, 논쟁적 질문의 형태의 대화 진행이 가능하게 된다.

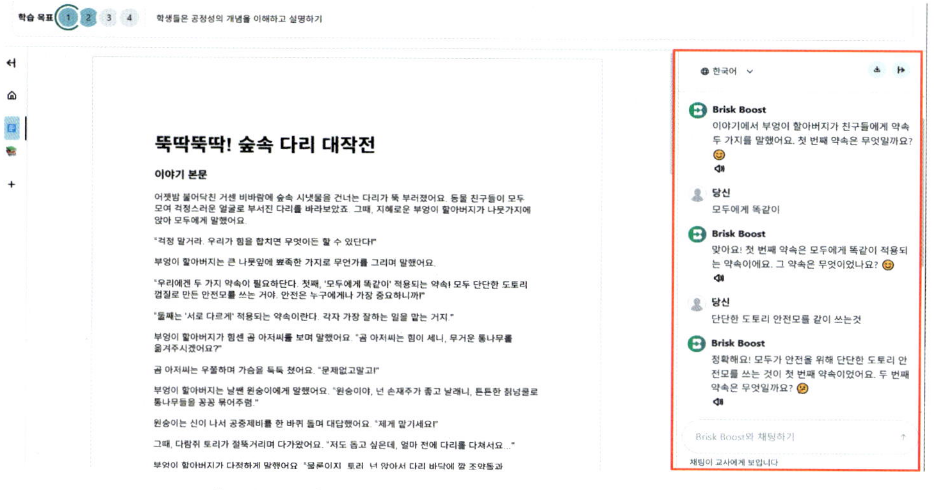

[그림 2-18] Brisk Teaching Boost로 챗봇 대화하기

[사실적 질문 단계] 먼저 동화의 내용을 정확히 이해했는지 확인하는 질문을 한다.

[Brisk Boost → 학생]
　동물들이 처음에 정한 규칙은 무엇이었나요?
[학생 답변 예시]
　"모두 나무 10개씩 나르기요."
[Brisk Boost 피드백]
　정확해요! 올빼미 선생님은 모두에게 똑같이 10개씩 나르게 했어요.
　그럼 이 규칙을 따랐을 때 어떤 일이 생겼나요?

[개념적 질문 단계] "왜"와 "어떻게"를 물으며 공정 개념의 원리를 발견하도록 유도한다.

[Boost → 학생]
　"다람쥐는 왜 '이건 불공정해!'라고 말했을까요?"
[학생 → Boost]
　"나무가 너무 무거워서요."
[Boost 후속 질문]
　"그렇다면 곰에게도 나무가 무거웠을까요?"

Boost는 학생의 답변을 받아 계속 "왜?"를 물으며, 학생 스스로 개념 간의 관계 (평등≠공정)를 발견하게 만든다.

[논쟁적 질문 단계] 정답이 하나가 아닌 가치 판단 질문을 던지며 사고를 확장한다.

> **[Boost → 학생]**
> "나중에 곰은 무거운 나무를 나르고, 다람쥐는 밧줄을 엮었어요.
> 이 방법이 정말 공정하다고 생각하나요?"
>
> **[학생 → Boost]**
> "공정해요. 각자 잘하는 일을 했으니까요."
>
> **[Boost 반론 제시]**
> "좋은 관점이네요! 하지만 이렇게 생각할 수도 있어요:
> '곰이 무거운 나무를 나르는 게 더 힘든 일이잖아요.
> 곰만 힘든 일을 한 것 같은데 이것도 공정한가요?'
> 여러분은 어떻게 답하겠어요?"

단계 4: 교사의 역할과 유의 사항(예시)

• 교사가 해야 할 일:

관찰하기 - 학생들의 답변 수준(표면적/인과/개념적), 오개념(양적 평등 집착, 평등과 공정 혼동), 흥미 지점(어떤 질문에 집중하는가)을 기록한다. 이는 다음 차시 탐구 활동 설계의 단서가 된다.

연결하기 - Brisk Teaching Boost 대화 후 "가장 궁금한 점을 포스트잇에 적어 보세요"라고 안내하여, 학생들이 생성한 질문을 다음 차시 탐구 주제로 연결한다. 예를 들어, "우리 반에서 불공정한 상황은?"이라는 질문이 많이 나오면, 다음 차시에 Padlet으로 사례 분류 활동을 설계할 수 있다.

> **수업 운영 TIP**
> - Google Gems에서 바로 생성한 동화 PDF의 경우, Brisk Teaching Boost에서는 이미지 인식 파일로 인식해서 Brisk가 제대로 작동되지 않을 수 있다. 따라서 동화 속 사실적 이해 부분을 확인하고자 한다면 Google Docs로 텍스트만 추출하여 탐구 활동으로 하는 것을 추천한다.
> - AI와의 대화가 목적이 아니라 사고 촉진이 목적이다. Boost 대화 후 반드시 "짝과 3분 동안 의견 나누기" 등과 같은 협력적 소통 시간을 주어, 친구들과의 대화로 이어지게 한다.

※ 패들렛(Padlet)을 활용한 생물과 환경 수업 탐구의 준비

[교과] 단원명	[과학] 생물과 환경		
개념 렌즈	상호 작용, 적응	**관련 개념**	생물, 비생물, 환경, 생태계
관련 성취 기준	[6과05-01] 생태계가 생물 요소와 비생물 요소로 이루어져 있음을 알고 생태계 구성 요소들이 서로 영향을 주고받음을 설명할 수 있다.		
일반화	생물은 환경과 상호 작용하며 적응하고, 환경의 변화는 생물의 생존에 영향을 미친다.		
본 차시 학습 주제	생물과 비생물 구분하며 '살아있다'는 의미 탐색하기		
탐구 질문	[사실적 질문] 우리 주변의 생물과 비생물에는 무엇이 있나요? [개념적 질문] 생물과 비생물은 어떤 점에서 다를까요? [논쟁적 질문] 씨앗은 생물일까요, 비생물일까요?		
본 차시 활동	• Padlet Sandbox로 생물/비생물 분류하기 • Padlet TA로 탐구 활동 자료 생성하기		

(1) 수업 설계 의도

생태계는 생물 요소와 비생물 요소가 상호 작용하는 시스템이다. 생산자, 소비자, 분해자와 같은 생물 요소와 빛, 물, 공기, 흙 같은 비생물 요소가 어떻게 연결되어 있는지 탐구하기 위해서는, 먼저 '생물'과 '비생물'을 구분하는 기준을 명확히 이해해아 한다. 하지만 많은 학생은 "움직이면 생물, 안 움직이면 비생물"처럼 단순한 기준만 가지고 있어, 씨앗, 바이러스, 산호 같은 경계 사례를 만나면 혼란스러워한다.

탐구의 준비 단계에서는 학생들이 자신의 사전 지식을 드러내고, 기존 기준의 한계를 경험하는 것이 중요하다. Padlet Sandbox는 학생들이 생각나는 모든 사례를 디지털 기반으로 포스트잇을 붙이고 "생물"과 "비생물"로 분류하며, 자신이 암묵적으로 사용하는 기준을 가시화할 수 있게 한다. 특히 "잘 모르겠어요" 영역을 두어 학생들이 "모른다"고 솔직하게 표현할 수 있는 안전한 공간을 만든다.

교사는 학생들의 분류 패턴을 관찰하며 오개념(움직임=생물, 불은 자라니까 생물)과 경계 사례를 파악한다. 이를 바탕으로 Padlet TA를 활용해 학급 맞춤형 탐구 자료를 생성한다. 예를 들어, 씨앗을 어려워하는 학생이 많다면 "씨앗 관찰 실험" 자료를, 바이러스에 관심이 많다면 "생물 특징 체크리스트" 자료를 빠르게 만들 수 있다.

이 단계의 핵심은 생물과 비생물의 정답을 알려 주는 것이 아니라, 학생들이 "왜 씨앗은 생물이지?", "생물의 진짜 조건은 뭘까?"라는 질문을 스스로 만들도록 하는 것이다. 이 질문들이 다음 단계에서 생태계 구성 요소(생산자, 소비자, 분해자)를 탐구하는 출발점이 된다.

(2) 탐구의 준비 활동에 기술 도구(에듀테크)의 활용

생태계를 이해하려면 생물 요소(생산자, 소비자, 분해자)와 비생물 요소(빛, 물, 공기, 흙)를 구분할 수 있어야 한다. 하지만 학급 전체 학생들이 각자 어떤 사전 지식을 가지고 있는지, 어떤 사례를 헷갈려하는지를 한 번에 파악하고, 이를 바탕으로 맞춤형 탐구 자료를 준비하는 것은 교사 혼자서는 어려운 일이다. AI 기반 협업 도구는 이 과정을 효율적으로 만들어 준다.

Padlet Sandbox는 디지털 캔버스 도구로, 학생들이 동시에 포스트잇을 붙이고 자유롭게 이동하며 분류할 수 있다. 마치 실제 교실 바닥에 포스트잇을 붙이는 것처럼, 학생들은 "나무는 생물이야", "아니야, 물은 비생물이야"라며 토론하고 재분류하는 과정에서 개념의 경계를 탐색한다. Sandbox의 강점은 모든 학생의 아이디어가 동시에 가시화된다는 점이다. 교사는 한눈에 "어떤 사례에서 학생들이 혼란스러워하는지", "어떤 오개념이 반복되는지"를 파악할 수 있다.

Padlet TA(Teaching Assistant)는 교사가 AI를 활용하여 수업 활동, 인터랙티브 콘텐츠, 인쇄 가능한 학습 자료를 생성하는 도구다. Sandbox에서 파악한 학생들의 오개념과 관심사를 바탕으로, 교사는 TA에 "씨앗을 어려워하는 학생들을 위한 탐구 활동을 만들어 줘"라고 요청할 수 있다. TA는 수업 활동 아이디어, 매칭 게임, 워크시트 등을 자동으로 생성하며, 교사는 이를 학급 상황에 맞게 수정하여 사용한다.

무엇보다 중요한 것은, 이 도구들이 학생들의 사고를 대신하는 것이 아니라 사고를 '보이게' 만들고, 교사가 그에 맞춘 자료를 빠르게 준비할 수 있게 한다는 점이다. Sandbox에 나타난 분류 패턴은 학생들의 사고 과정을 드러내고, TA가 생성한 자료는 교사가 빈 화면 앞에서 "어떤 활동을 만들지?" 고민하는 시간을 절약한다. 교사는 자료 제작 시간을 줄이고, 학생들의 반응을 관찰하고 대화하는 데 더 많은 에너지를 쏟을 수 있다.

(3) Padlet Sandbox로 사전 지식 시각화하기

Padlet Sandbox는 학생들이 자유롭게 아이디어를 배치하고 분류할 수 있는 디지털 캔버스다. 생물과 비생물 개념 탐구에서는 학생들의 사전 지식을 시각적으로 드러내고, 개념의 경계를 탐색하는 데 유용하다. Padlet 웹사이트(padlet.com)에서 무료 계정을 만들면 기본 기능을 사용할 수 있으며, 학교 또는 유료 계정이 있다면 더 많은 기능을 활용할 수 있다.

① Padlet Sandbox: 생물/비생물 분류 캔버스 만들기

단계 1: Padlet Sandbox 생성

- Padlet 웹사이트(padlet.com) 접속 및 로그인
- "만들기" 클릭 → "Sandbox" 선택 -> 템플릿 선택
  제목 입력: "생물과 비생물"

단계 2: 분류 영역 설정

- 캔버스를 세 영역으로 나눈다.
- **왼쪽 영역**: "생물 요소" (배경색: 빨간색)
- **오른쪽 영역**: "비생물 요소" (배경색: 노란색)
- **중앙 영역**: "잘 모르겠어요" (배경색: 연두색)

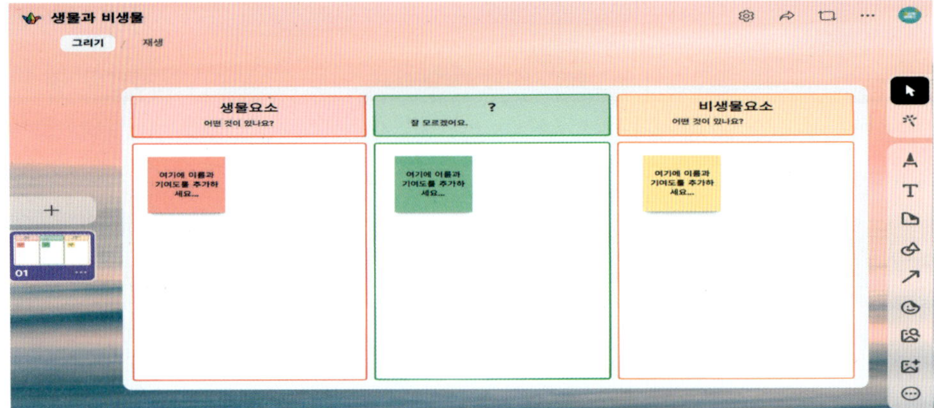

[그림 2-19] Padlet 템플릿으로 영역 구분하기

단계 3: 학생 접속 및 활동 안내

- Sandbox 링크 공유 (화면 우측 상단 "공유" 버튼)

[교사 안내]

"여러분, 우리 주변의 생태계에는 어떤 것들이 있을까요?

생물 요소라고 생각하면 빨간색 영역에, 비생물 요소라고 생각하면

|노란색 영역에 포스트잇을 붙여 주세요.

- 포스트잇 추가 방법: 화면을 더블클릭하면 포스트잇이 생겨요.

- 예시: 나무, 다람쥐, 햇빛, 물, 씨앗, 돌

- 잘 모르겠으면 초록색 '잘 모르겠어요' 영역에 붙여 주세요.

- 친구가 붙인 포스트잇을 다른 곳으로 옮기며 토론해도 괜찮아요.

- 왜 그곳에 붙였는지 이유도 생각해 두세요."

단계 4: 학생들의 분류 활동 관찰

학생들이 Sandbox에 포스트잇을 붙이기 시작한다. 실시간으로 각 영역에 사례가 쌓인다.

- 생물 요소 영역에 나타난 사례:

나무, 풀, 강아지, 고양이, 새, 개미, 지렁이, 버섯, 산호

- 비생물 요소 영역에 나타난 사례:

  햇빛, 물, 공기, 흙, 돌, 구름, 바람

- "잘 모르겠어요" 영역에 나타난 사례:

  씨앗, 바이러스

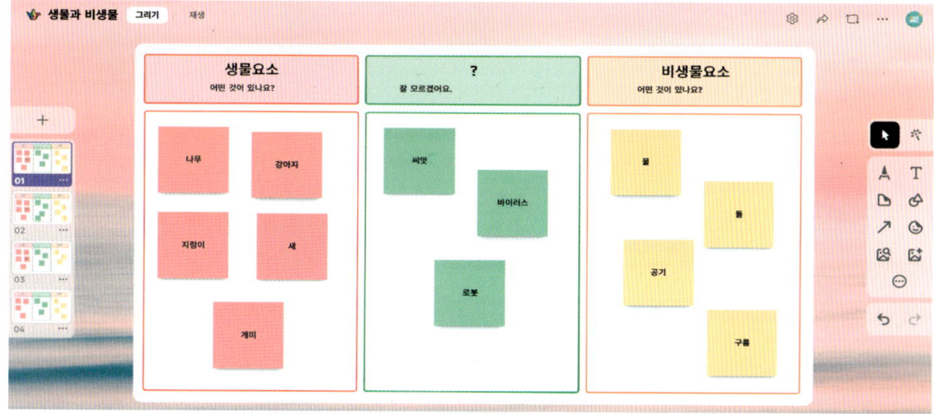

[그림 2-20] Padlet 템플릿으로 영역 구분하기

단계 5: 교사의 관찰 및 기록

교사는 학생들이 분류하는 모습을 관찰하며 다음을 기록한다.

- 관찰 1: 생태계 요소 인식 수준

  명확하게 분류한 것: 동물(소비자), 식물(생산자), 햇빛/물(비생물 요소)

  고민한 것: 버섯(분해자 개념 부족), 씨앗(생명 활동 여부), 산호(동물인지 식물인지)

- 관찰 2: 오개념 발견

  "물은 생물이에요. 흐르니까요" → 움직임 = 생물 오개념

  "불은 생물이에요. 자라나니까요" → 변화 = 생물 오개념

  "버섯은 비생물이에요. 식물도 동물도 아니니까요" → 생물=동식물만 오개념

  "씨앗은 비생물이에요. 지금 안 자라니까요" → 현재 상태만 판단

- 관찰 3: 학생들 간 토론 발생

  포스트잇 이동 기능 덕분에 실시간 토론이 일어난다.

학생 A: "씨앗은 비생물이야. 안 움직이잖아." (씨앗을 비생물로 이동)

학생 B: "그런데 나중에 싹이 나서 식물이 되잖아." (다시 생물로 이동)

학생 C: "지금은 안 자라니까 비생물 아닐까?" (다시 비생물로)

학생 D: "잘 모르겠다!" (잘 모르겠어요 영역으로 이동)

씨앗 포스트잇이 3개 영역을 오가는 모습 자체가 학생들의 개념 형성 과정을 보여준다.

② 분류 결과 공유 및 패턴 발견

단계 1: 전체 화면 공유 및 관찰

교사는 관리자 Sandbox로 전체를 비추고, 학생들과 함께 결과를 관찰한다.

[교사 발문]

"우리가 분류한 것을 함께 볼까요?

- 생물 요소 영역에는 어떤 것들이 많이 모였나요?

- 비생물 요소 영역에는 어떤 것들이 있나요?

- '잘 모르겠어요' 영역에는 무엇이 있죠?

- 나중에 생태계를 배울 때, 이 중에서 어떤 것들이 중요할까요?"

단계 2: 패턴 발견 유도

교사는 학생들의 답변을 샌드박스로 모니터링하며, "생명", "성장", "움직임"이라는 키워드를 포착한다.

[교사 발문]

"생물 요소 영역에 있는 것들의 공통점은 무엇일까요?"

[학생 답변 예시]

- "살아있어요."

- "움직여요."

- "먹어요."

- "자라요."

[교사 발문]

"그럼 비생물 요소 영역에 있는 것들은요?"

[학생 답변 예시]

- "살아있지 않아요."

- "안 움직여요."

- "자라지 않아요."

단계 3: 생태계 연결 질문

이 대화에서 교사는 학생들이 "생태계 = 생물 요소 + 비생물 요소의 상호 작용"이라는 개념의 기초를 이미 가지고 있음을 확인한다.

[교사 발문]

"생태계에서 생물 요소와 비생물 요소는 어떻게 연결되어 있을까요?

예를 들어, 나무(생물)와 햇빛(비생물)은 어떤 관계일까요?"

[학생 답변 예시]

- "나무가 햇빛을 받아서 자라요."

- "물이 없으면 나무가 못 살아요."

- "동물들이 식물을 먹어요."

단계 4: 경계 사례 집중 탐구

이 지점에서 교사는 학생들이 "현재 상태"만으로는 생물을 판단하기 어렵다는 것을 느끼고 있음을 파악한다. 이는 다음 단계에서 "생물의 특징"을 체계적으로 탐구하는 계기가 된다.

[교사 발문]

"'잘 모르겠어요' 영역을 볼까요.

씨앗은 생물일까요, 비생물일까요?"

[학생 토론]
- 학생 A: "지금은 안 움직이고 안 자라니까 비생물이에요."
- 학생 B: "하지만 물을 주면 싹이 나요. 생물 같아요."
- 학생 C: "그럼 땅에 떨어진 씨앗은 생태계에서 뭐예요?"
- 학생 D: "생산자가 될 준비를 하는 중인가요?"

단계 5: 교사의 분석 정리

이 분석 결과를 바탕으로 교사는 다음 단계에서 Padlet TA를 활용할 수 있다.

[교사 분석 정리]
- 명확 사례: 동물, 식물, 햇빛, 물 → 생태계 구성 요소로 연결 가능
- 오개념: "움직임 = 생물" → 생물 특징 체크리스트 활동 필요
- 경계 사례: 씨앗(다수), 버섯(분해자 개념 필요), 산호 → 심화 탐구 주제
- 생태계 연결 인식: 일부 학생이 이미 "나무 - 햇빛" 관계 인식

Sandbox 활용 시 유의 사항

첫째, 분류 기준을 미리 알려 주지 않아야 한다. 교사가 "생물은 세포로 구성되고, 자라고, 번식한다"라고 먼저 설명하면, 학생들은 그 기준을 외우기만 하고 사고하지 않는다. 학생들이 스스로 분류하며 "어? 이건 애매한데?"를 경험하게 하는 것이 중요하다.

둘째, "잘 모르겠어요" 영역을 만들도록 한다. 이 영역이 없으면 학생들은 애매한 사례를 억지로 어느 한쪽에 넣게 된다. "잘 모르겠다"라고 표현할 수 있는 안전한 공간을 만들어 두고, 교사가 질문을 통해 분류하게끔 돕거나, 새로운 기준이 필요함을 인식시킬 수 있다.

셋째, 포스트잇 이동을 적극 권장하도록 한다. 학생들이 친구의 포스트잇을 다른 영역으로 옮기며 토론하는 과정에서 개념 협상이 이루어진다. "친구 포스트잇을 옮기려면 이유를 설명해 주세요"라는 규칙을 만들어 토론을 촉진한다.

넷째, 준비한 자료의 맥락을 미리 암시하지 않는다. 예를 들어, 생태계 수업 이 단계에서는 생산자, 소비자, 분해자 용어를 사용하지 않는다. 학생들이 "나무", "다람쥐", "버섯"을 그냥 분류하게 두고, 교사는 관찰만 한다. 나중에 이것들이 생태계에서 각 생물이 하는 역할은 다음 차시에서 다룬다.

(4) Padlet TA로 탐구 활동 자료 생성하기

Padlet TA(Teaching Assistant)는 교사가 AI를 활용하여 수업 활동, 인터랙티브 콘텐츠, 인쇄 가능한 학습 자료를 빠르게 생성할 수 있는 도구다. Sandbox에서 학생들의 사전 지식과 오개념을 파악한 후, 교사는 TA를 활용하여 그 결과에 맞춘 맞춤형 탐구 자료를 만들 수 있다.

Padlet TA는 https://ta-legacy.padlet.com 주소로 접근할 수 있으며, 세 가지 주요 기능(수업 활동 아이디어, 인터랙티브 활동, 인쇄 가능 활동)을 제공한다. 교사는 간단한 요청만으로 다양한 형식의 탐구 자료를 생성하고, 이를 학급 상황에 맞게 수정하여 바로 사용할 수 있다.

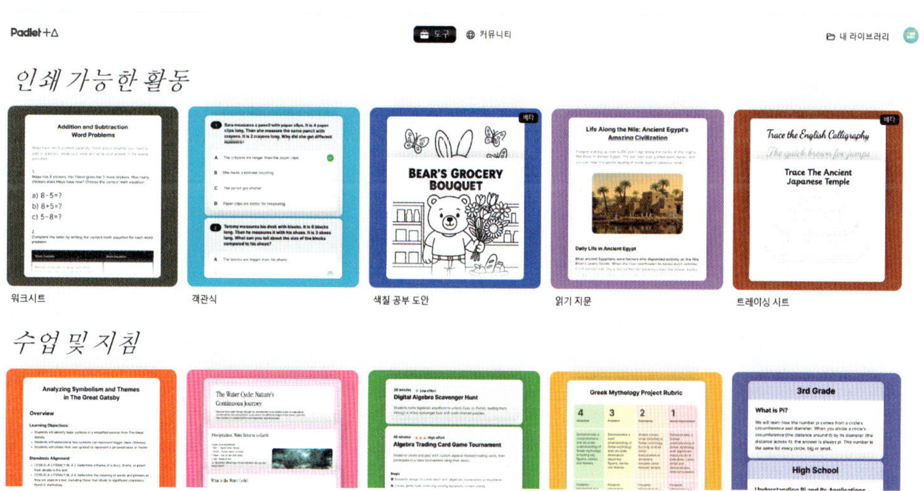

[그림 2-21] Padlet TA 접속화면

① Padlet TA: 수업 활동 아이디어 생성

Sandbox에서 학생들의 분류 결과를 확인한 교사는 "씨앗을 어려워하는구나", "버섯을 비생물로 오해하는구나"를 파악했다. 이제 TA에 이 주제에 맞는 탐구 활동을 요청한다.

단계 1: Sandbox 결과 분석 및 TA 접속

교사는 Padlet 화면 우측 하단의 "TA" 아이콘을 클릭하고, "수업 및 자료" 탭에서 "수업 활동 아이디어"를 선택한다.

[교사의 관찰 기록]
- "잘 모르겠어요" 영역: 씨앗(다수), 버섯(식물 아님 오해), 산호
- 오개념: "움직이면 생물" (다수), "버섯은 비생물" (일부)
- 생태계 연결: 일부 학생이 "나무 - 햇빛" 관계 언급

단계 2: TA에 활동 아이디어 요청

[교사 → TA 요청]
"과학 '생물과 환경' 단원 수업입니다.
학생들이 생물과 비생물을 분류했는데,
- 씨앗: '잘 모르겠어요' 영역에 다수
- 버섯: 비생물로 오해하는 학생 있음.
- 오개념: '움직이면 생물'이라고 생각함.
이 주제로 탐구 활동 3가지를 제안해 주세요.
다음 차시에는 생태계 구성 요소(생산자, 소비자, 분해자)를 배울 예정입니다."

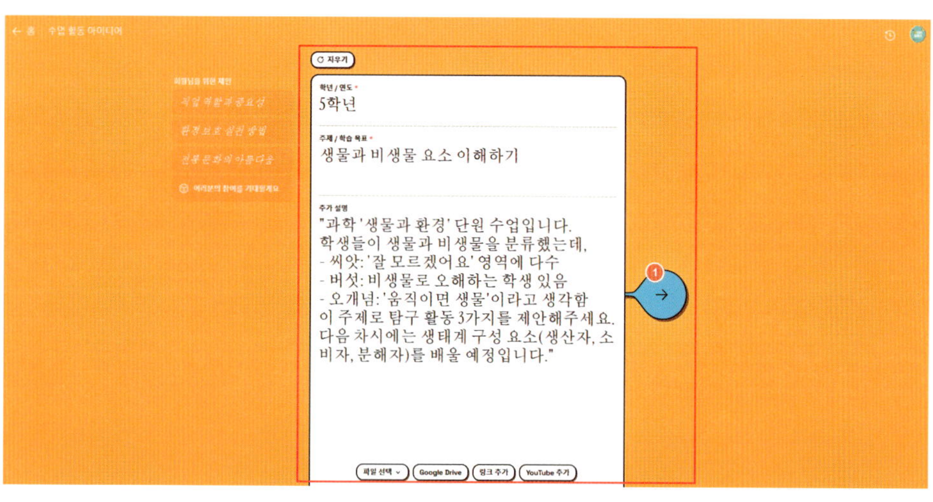

[그림 2-22] Padlet TA 수업 활동 아이디어 생성 장면

단계 3: TA가 생성한 활동 아이디어

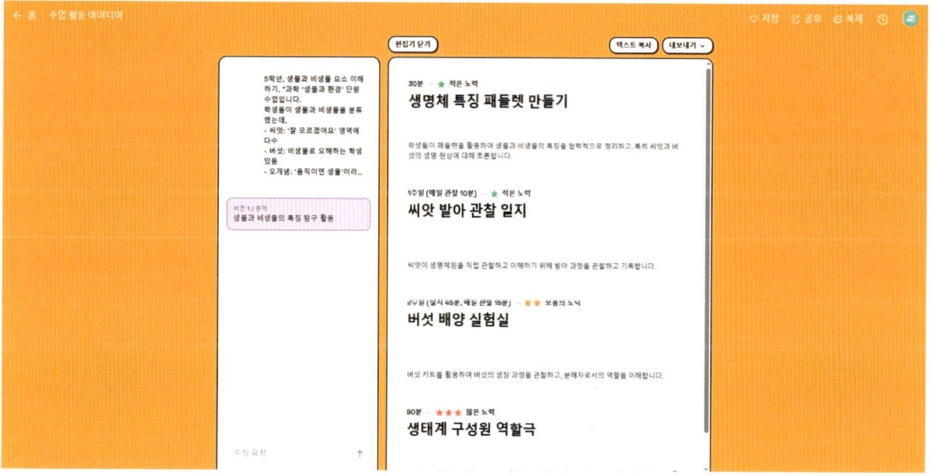

[그림 2-23] Padlet TA 탐구의 준비 아이디어

[Padlet TA 생성 결과]

활동 1: 씨앗 관찰 실험 - "잠자는 생물 깨우기"

- 목표: 씨앗이 생명 활동 능력을 가진 생물임을 발견하기

- 준비물: 씨앗(콩, 옥수수), 투명 컵, 물, 흙

- 활동 과정:

　　1. 씨앗을 물에 담그고 매일 관찰 (1주일)

2. "언제부터 생물처럼 보이나요?" 토론 및 관찰 일지 작성: 씨앗의 변화 기록

- 생태계 연결:

"씨앗이 자라면 식물(생산자)이 되어 생태계에서 어떤 역할을 할까요?"

활동 2: 생물 특징 체크리스트 만들기

- 목표: 움직임 외의 생물 조건 발견하기

- 방법:

1. 모둠별 브레인스토밍: "생물의 특징은?"

2. 전체 공유하여 체크리스트 완성 (예: 세포 구성, 성장, 번식, 먹이, 호흡)

3. 우리 반 Sandbox 사례에 적용

(씨앗, 버섯, 나무, 햇빛, 물)

4. ○(확실), △(애매), × (해당 없음) 표시

- 생태계 연결:

"버섯도 생물이에요. 생태계에서 분해자 역할을 합니다."

- 다음 차시 연결:

"생산자, 소비자, 분해자라는 이름을 배워봅시다"

단계 4: 교사의 선택 및 수정

교사는 TA가 제안한 활동 중에서 학급 상황에 맞게 선택하고, "우리 반 Sandbox 사례"를 추가하여 학생들이 자신의 탐구와 연결되도록 만든다.

② Padlet TA: 인터랙티브 활동 생성 – 매칭 게임

단계 1: TA에서 매칭 활동 요청

교사는 Padlet TA → "인터랙티브 활동" → "매칭" 선택한다.

[교사 → TA 요청]

"생물의 5가지 특징(세포 구성, 성장, 번식, 먹이 섭취, 호흡)과
구체적인 예시를 연결하는 매칭 게임을 만들어 주세요."

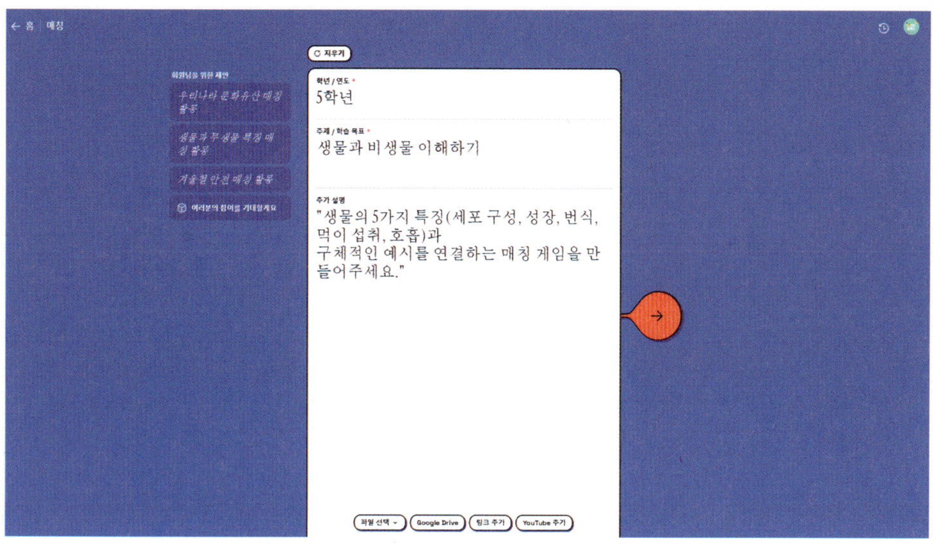

[그림 2-24] Padlet TA 탐구의 준비 인터랙티브 활동

단계 2: TA가 생성한 매칭 게임

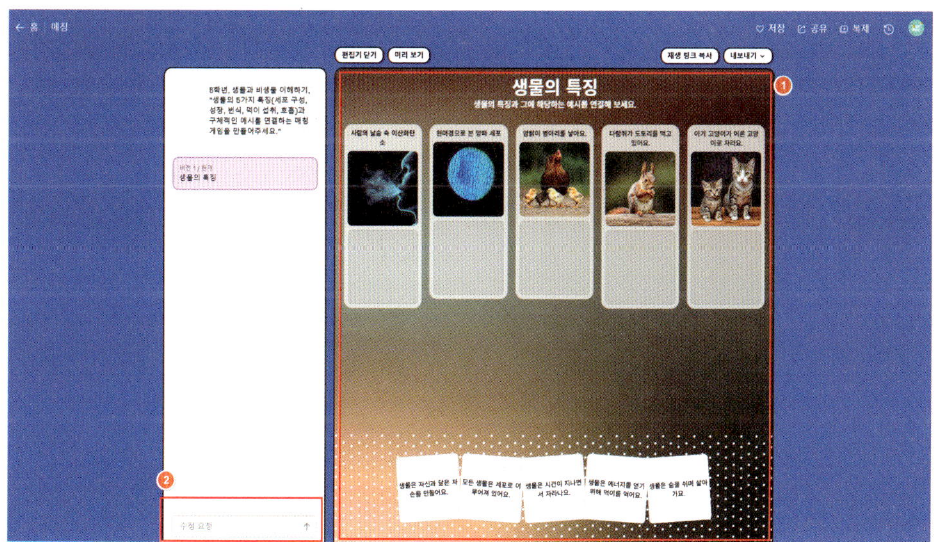

[그림 2-25] Padlet TA 탐구의 준비 아이디어 매칭 게임 장면

Tip) 매칭 게임 내용을 수정하고 싶은 경우 ② 프롬프트 칸에서 수정 요청할 수 있다.

③ Padlet TA: 인쇄 가능 활동 생성 – 탐구 워크시트

단계 1: TA에서 워크시트 요청

[교사 → TA 요청]

"생물과 비생물을 구분하는 기준을 탐구하는 워크시트를 만들어 주세요.
포함 내용: 관찰 대상 선택, 생물 특징 체크리스트, 생태계 역할 예측"

단계 2: TA가 생성한 워크시트

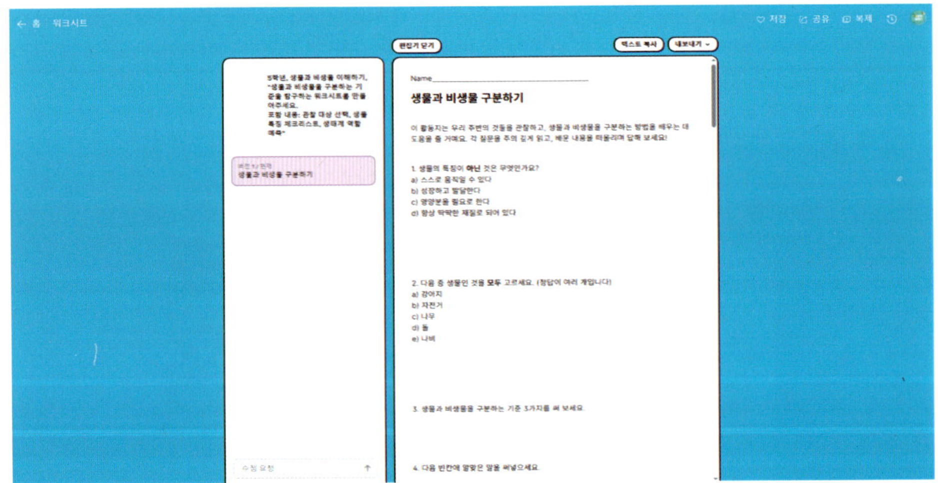

[그림 2-26] Padlet TA 탐구의 준비 워크시트 생성 장면

단계 3: 활용

Padlet TA 도구는 다음 기능을 제공한다.

첫째, TA 생성 결과물은 편집 가능한 형태로 제공된다. 교사는 생성된 워크시트의 질문을 수정하거나, 매칭 게임의 카드를 추가/삭제하도록 한다. "수정 요청" 프롬프트 작성으로 모든 텍스트와 이미지를 자유롭게 변경할 수 있다.

둘째, TA로 생성한 자료는 Padlet 내에 자동 저장된다. "내 Padlet" 목록에서

언제든 다시 접근할 수 있으며, 같은 자료를 다른 학급에서도 재사용하거나 수정하여 활용할 수 있다. 특히 인터랙티브 활동(매칭, 정렬)은 링크로 공유되므로 여러 학급에 동시에 배포 가능하다.

수업 운영 TIP
- TA가 제안한 활동 중에서 학급 상황에 맞게 선택 및 추가하여 학생들이 자신의 탐구와 연결되도록 만든다.
- 디지털과 아날로그를 균형 있게 사용하도록 한다.
- 수업의 설계 및 탐구의 활용할 패들렛 TA나 샌드박스는 복사가 언제든 가능하다. (재가공 용이)
- Padlet TA(구)는 현재 Padlet ARCADE(현)가 추가되어 게임을 제작하고 공유하는 기능을 사용할 수 있다.

개념의 형성을 위한 에듀테크 활용의 실제

3. 개념의 형성을 위한 에듀테크 활용의 실제

1) 개념의 형성

학생들이 학습할 준비가 되었다면 이제 개념을 형성하는 단계로 나아가야 한다. 개념 형성 단계는 한 단원의 '핵심 개념'을 또렷하게 세우는 단계이다. 탐구의 준비 단계에서 아이들이 "이 단원이 나랑 어떤 관련이 있지?"를 맛본 상태라면 이제는 그 단원이 "무엇에 관한 것인지" 개념의 언어로 정리해 주는 차례이다. 이를 위해 교사는 개념들 간의 관계를 정의하고 단원의 흐름을 집중하는 '개념적 렌즈'(예: 기능, 변화, 책임 등)와 단원의 주도적인 개념들(예: 힘, 생태계, 민주주의 등)을 아이들과 함께 분명히 하는 활동을 설계한다(Marschall & French, 2018). 이렇게 하면 아이들이 이후에 배우게 될 사실·기능 지식이 '흩어진 정보'가 아니라 하나의 개념 틀 속에 차곡차곡 쌓이게 된다. Marschall & French(2018)는 이 단계를 '집중하기'(Focus)라고 명명하였다.

이 단계의 큰 목표는 "추상적인 개념을 아이들이 실제로 붙잡고 쓸 수 있게 만드는 것"이다. 개념은 본디 추상적인 것이다. 눈에 보이지 않기 때문에 반드시 구체적인 예와 비예(예가 아닌 것)를 통해 경계를 잡아 줘야 한다. 그래서 먼저 가장 전형적인 예를 보여 주고, 거기에 해당하지 않는 사례들을 함께 놓고 "왜 이건 아니지?"를 비교·대조하게 한다. 동시에 개념의 핵심 속성을 아이들과 말로 정리하고, 정의를 함께 다듬어 가는 활동이 필요하다.

어떤 개념은 연역적[정의 → 예) 찾기] 접근이 더 효율적인 경우가 있고, 어떤 개념은 귀납적[예) 모으기 → 공통점 찾기 → 정의 만들기] 접근이 더 적합한 경우가 있다. 어느 한 가지만 고집하기보다는 학습자가 탐구에 익숙한 정도에 따라, 또는 개념이 친숙한 정도에 따라 두 방식을 균형 있게 섞어 쓰는 것이 좋다. 중요한 것은 아이들이 "이 개념은 이런 뜻이고, 이런 경우에는 맞고, 이런 경우에는 아니다"를 스스로 말해 볼 수 있게 만드는 것이다.

개념은 한 번 설명했다고 끝나는 것이 아니라 반복해서 학습할 필요가 있다. 추상적이고 광범위한 개념일수록 더더욱 그러하다. '힘', '민주주의', '생태계의 상호의존'처럼 매우 추상적인 개념의 경우 여러 교과·맥락에서 반복해서 만나게 하고, 사례를 바꾸어 가며 이 상황에서 이 개념은 어떻게 작동하는지를 계속 묻는 전략이 필요하다. 아이들이 자기 말로 개념을 다시 표현해 보게 하고, 친구의 생각과 비교하면서 오개념을 드러나게 하는 것도 중요하다. 교사는 학생들이 자주 헷갈리는 지점을 예상해 '예/비예 카드', 분류 활동, 비교표, 개념 정의 다듬기 같은 활동으로 개념의 경계와 차원을 천천히 드러내도록 돕는다.

이렇게 개념을 형성하는 단계에서 개념의 뼈대를 단단히 세워 두면, 이후의 단계에서 더 복잡한 개념적 사고를 할 수 있는 발판이 마련된다.

개념 형성 단계에서 에듀테크는 단순히 개념을 보이게 하고 정리하게 하는 도구로 쓰는 것이 효과적이다. 예를 들어, 개념의 예/비예를 모아 디지털 화이트보드나 협업 보드에 분류해 보거나, 개념 지도를 함께 그리며 개념들 사이 관계를 시각화할 수 있다. 시뮬레이션·애니메이션은 추상 개념이 실제 상황에서 어떻게 작동하는지를 '눈으로 볼 수 있는 현상'으로 비꾸어 주는 용도로 활용한다. 즉 아이들이 추상적인 개념을 분류하고, 비교하고, 연결을 짓고, 말과 그림으로 재구성하는 과정을 돕는 학습 도구로 설계할 때, 개념 형성 단계의 목표와 가장 잘 맞는 에듀테크의 사용이라고 할 수 있겠다.

2) 개념의 형성을 위한 에듀테크 활용의 실제

※ 팀보드 활용해 개념 형성하기

[교과] 단원명	[과학] 생물의 한살이		
개념 렌즈	변화, 책임	관련 개념	생명, 생물의 한살이, 탈바꿈
관련 성취 기준	[4과04-03] 생물의 한살이 과정을 조사하여 생물에 따라 한살이의 유형이 다양함을 소개하는 자료를 만들어 공유할 수 있다.		
일반화	생명을 이해하고 공감하면, 생명을 보호하려는 책임 있는 행동으로 이어진다.		
본 차시 학습 주제	동물의 한살이란 무엇인지 알아보기		
탐구 질문	[사실적 질문] 배추흰나비의 한살이 단계는 무엇인가요? [개념적 질문] 성장하면서 큰 변화가 있는 동물의 특징은 무엇인가요? [개념적 질문] 생명의 변화 과정은 왜 동물마다 다르게 나타나나요? [논쟁적 질문] 우리 생활에 불편함이나 피해를 주는 동물의 한살이 과정도 지켜줘야 할까요?		
본 차시 활동	• 탐구 질문으로 생각 열기 • 분류된 카드의 공통점과 차이점 찾아보기 • 새로운 카드 분류하고 이유 말하기 • 개념의 정의 및 명료화하기 • 성찰: 학습의 전 과정을 돌아보며 지속 가능한 삶을 위한 실천을 다짐하기		

(1) 수업 설계 의도

본 차시는 프로젝트 수업의 일부로 전체 흐름을 간략히 소개한다. 초등학교 3학년 학생들이 가장 좋아하는 주제가 바로 동물의 한살이라고 생각된다. 우리 반 학생들도 매일 아침 등교하여 애벌레를 살펴보고, 성장한 배추흰나비를 아쉬워하며 보내 주던 모습이 아직 눈에 선하다.

본 프로젝트는 '생물의 한살이'에 대한 지식을 넘어 '생명의 변화' 원리와 '공존의 책임'을 깨달아 동물 보호 행동으로 연결하도록 설계하였다. 학생들은 배추흰나비를 직접 기르고 '나는 3학년 2반 7번 애벌레' 책을 읽으며 생명체의 소중한 성장 과정과 인간 행동의 영향을 깨닫는다. 최종적으로 관찰일지와 조사 보고서를 작성하고 매체를 활용해 '동물 보호 인플루언서'로 활동한다.

본 차시는 예와 비예 분류로 한살이 개념을 형성하는 집중하기 단계이다. 웨일 클래스 팀보드에 교사가 분류 기준 없이 한살이 과정 카드를 배치하면 학생들은 분류 기준을 추측하며 항목 간의 공통점과 차이점을 기록하고 모둠에서 개념을 추측한다. 이후 추가 카드를 스스로 분류하고 근거를 설명한다.

교사는 필수 속성(순환성, 생명체, 성장과 변화, 번식)을 안내하고, 학생들은 비예가 이 중 일부를 충족하지 못함을 인식하며 개념을 정리한다. 마지막으로 "한살이는 ~ 다"로 비유 표현을 발표하여 개념 이해를 확인한다.

(2) 에듀테크 활용 분류 활동의 개념 형성 역할

개념 형성 단계에서 어린 학습자들의 이해를 돕기 위해 예와 비예를 구분하는 분류하는 활동이 많이 이루어지고 있다. 학생들은 자료 속 공통 특징과 패턴을 찾아 개념의 본질적 속성을 도출하고 비예를 통해 개념의 범위를 명확히 인식하며 오개념 형성을 예방한다. 예상치 못한 항목은 인지 갈등을 유발해 탐구 동기를 높이고 분류 활동 자체가 질문과 토의의 소재가 되어 탐구를 심화시킨다. 따라서 충분하고 반복적인 예와 비예 제시가 필수적이다.

그러나 바쁜 학교 현장에서 현실은 녹록지 않다. 교사들은 사진 자료를 검색하고, 디운받고, 출력하고, 지르는 번거로운 과정을 거쳐야 한다. 게다가 한 번 사용한 출력물은 대부분 버려져 환경오염 우려까지 생긴다. 이런 이유로 교사들이 충분한 자료를 제시하기 어려운 것이 현실이다.

팀보드나 클래스보드 같은 에듀테크는 이 모든 과정을 해결한다. 이미지 다운로드부터 정리까지의 번거로움이 사라지고 학생들의 분류 결과와 생각을 실시간으로 공유하며 소통할 수 있어 훨씬 효과적이다.

(3) 팀보드로 동물의 한살이 개념 형성하기

많은 에듀테크 제품에서 보드 기능을 제공한다. 패들렛과 같은 보드 전용 제품도 있고, 다른 기능이 주었다가 보드가 추가된 제품도 있다. 이는 학생들이 함께 탐구하고 공유하는 수업에서 보드 활용이 점차 중요해지고 있음을 보여준다.

본 수업에서는 네이버 웨일 클래스 팀보드를 활용하였다. 웨일 클래스 팀보드 (Whale Class Teamboard)는 네이버 웨일(Naver Whale)에서 제공하는 플랫폼인 '웨일 클래스'에 포함된 협업 학습 도구이다. 학생들이 온라인에서 아이디어를 공유하고 자료를 분류하며 시각적 결과물을 만드는 디지털 화이트보드이다. 개념기반 탐구 학습처럼 학생들이 함께 생각을 모으고 정리하는 활동에 유용하다.

특히 학생별 이름표가 따라다녀 각 학생이 어디서 무엇을 입력하고 어느 부분에 오래 머무는지 실시간으로 파악할 수 있다는 장점이 있다. 다만 웨일 클래스와 연동되어 운영되므로 학생 회원 가입 및 구성원 설정 등 사전 준비가 필요하다.

① 팀보드 생성하기

[그림 3-1] 팀보드 생성하기

웨일 클래스의 클래스 중 팀보드를 만들고 싶은 클래스에 들어가 우측 상단의 팀보드 버튼을 클릭한다.

② 분류 판이 될 도형 추가하기

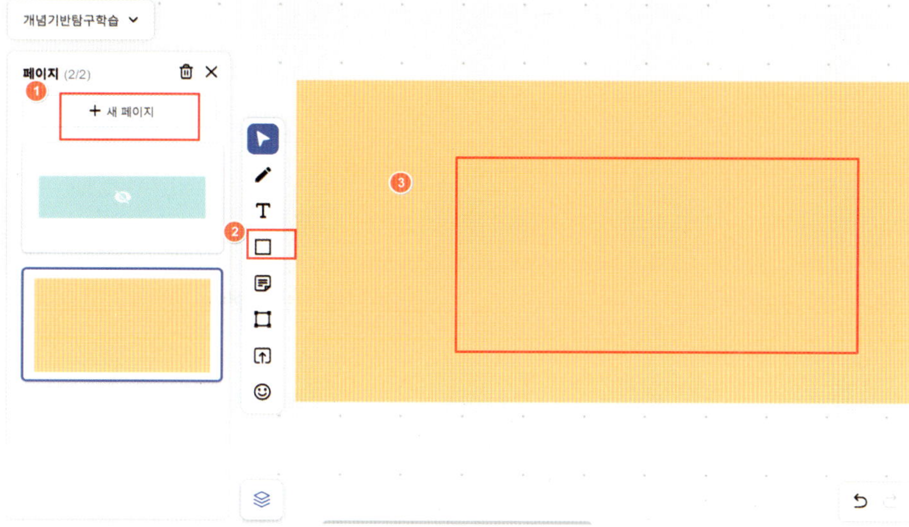

[그림 3-2] 분류 판이 될 도형 추가하기

　새 페이지 추가 버튼을 누르고 리스트뷰를 눌러 분류할 예/비예 사진들을 놓을 분류 판이 될 도형을 추가하여 배치한다. 그리고 도형을 클릭하면 상단에 나타나는 면색과 테두리 색상을 지정하여 분류 판을 준비한다. 도형 안에 사진들과 분류할 그룹명을 정할 수 있도록 구성한다.

③ 사진 자료(예/비예) 업로드하기

[그림 3-3] 예/비예 업로드하기

미리 준비한 사진들을 왼쪽에는 한살이 과정의 예들을 오른쪽에는 비예들을 배치한다. 그리고 가운데에 선을 넣어 학생들이 왼쪽과 오른쪽으로 분류됨을 명확히 알 수 있도록 한다.

화이트보드의 공간이 무한하기 때문에 활동을 하다 보면 어느 순간 내가 작업하고 있는 곳이 어디쯤인지 위치를 놓칠 수 있다. 이때 우측 하단의 미니맵을 통해서 현재 위치를 찾을 수 있고 화면 맞춤 기능을 활용하면 현재 작업하고 있는 부분을 중앙에 배치할 수도 있다.

④ 모둠별로 페이지 복사하기

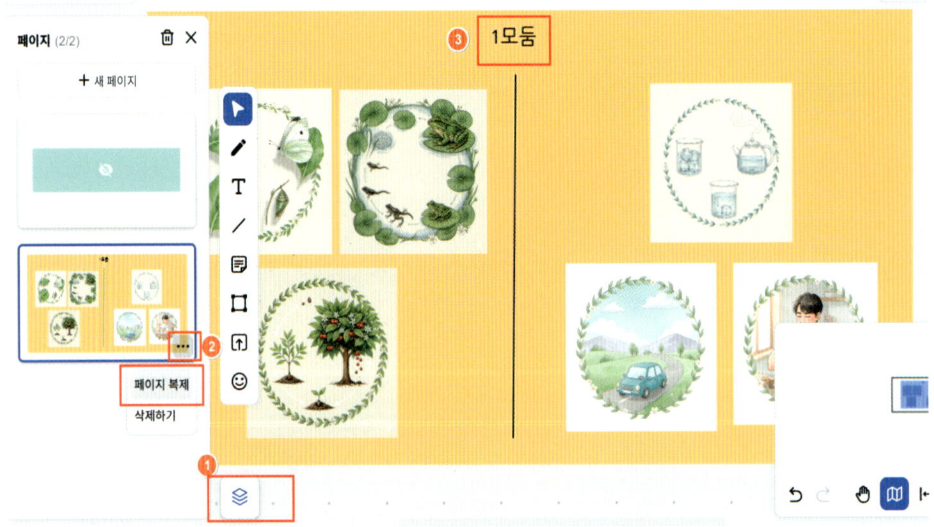

[그림 3-4] 모둠별 페이지 복사하기

모둠별로 분류한 결과에 대한 의견을 남길 수 있도록 왼쪽 하단의 페이지뷰를 누르고 페이지를 복제한다. 화면 안에 입력하거나 남겨야 할 공간이 필요하다면 복제하기 전에 모든 편집 과정을 마치고 복제하여야 다시 페이지별로 동일한 작업을 하는 것을 예방할 수 있다.

각 모둠이 페이지를 헷갈리지 않도록 모둠 이름도 적는 칸을 만들어 둔다. 추가로 구분이 더 잘되도록 모둠별 보드의 색상을 달리할 수도 있다.

⑤ 스티키 노트로 공통점과 차이점 적기

[그림 3-5] 공통점과 차이점 적기

왼쪽 메뉴바에서 스티키 노트를 클릭하여 학생들이 분류된 그림에서 공통점과 차이점을 파악하고 적도록 한다. 스티키 노트가 사진을 가려 불편하다면 배경색이 없는 텍스트 상자를 활용하여 작성하도록 안내한다.

⑥ 다른 모둠에 스티커, 의견 남기기

[그림 3-6] 다른 모둠에 스티커, 의견 남기기

교사는 모둠별 페이지를 열어 보며 학생들이 한살이의 예와 비예를 적절히 구분하고 있는지 확인한다. 그리고 학생들에게 다른 모둠의 결과에 가서 궁금한 점이나 의견을 남기도록 안내한다. 이는 개념을 형성하기 전에 충분히 궁금증을 공유하고 의견을 나누는 시간을 확보할 수 있기에 추천하는 활동이다.

⑦ 우리 모둠 개념 세우기

[그림 3-7] 모둠 개념 정리하기

모둠 페이지 상단에 일차적으로 모둠 친구들과 함께 개념의 정의를 세우고 빈공간에 텍스트 상자로 입력하도록 한다. 이때 이전 활동에서 찾았던 분류된 사진들의 공통점을 바탕으로 하되 개념을 설명하는 형태로 재구성하도록 안내한다.

⑧ 추가 자료 기준에 맞게 분류하기

[그림 3-8] 추가 자료 분류하기

개념 형성을 위해 추가 자료를 제시한다. 교사는 추가 자료를 가운데 선 위에 놓고, 학생들이 어느 쪽에 분류할지 결정하여 이동하도록 한다. 학생들은 앞서 정의한 개념에 비추어 추가 자료를 배치하고 그 이유를 설명한다. 잘 배치하지 못하는 모둠은 분류의 어려움이 무엇인지 살펴보고 개념 정의를 수정하도록 한다.

이 과정에서 학생들은 '겉모습만 바뀌는 것은 한살이 단계가 아니구나', '하루하루 키가 크는 것도 한살이 단계가 아니구나'를 깨달으며 한살이에서 변화와 순환의 의미를 명확히 이해하게 된다.

⑨ 개념의 속성 확인하고 개념 정의하기

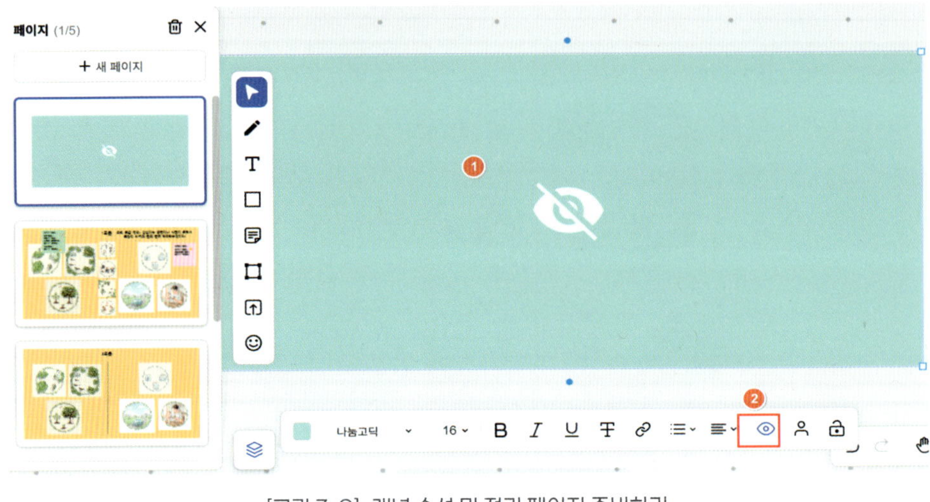

[그림 3-9] 개념 속성 및 정리 페이지 준비하기

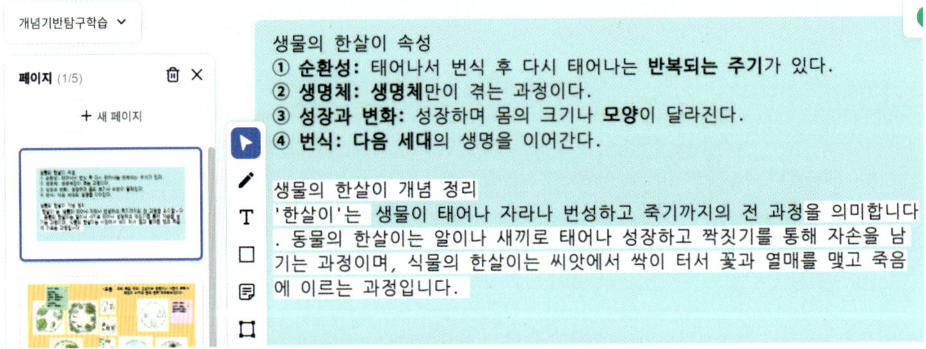

[그림 3-10] 개념 속성 및 정리하기

팀보드를 생성하면 첫 페이지는 내용 가리기가 되어 있다. 이 페이지에 교사는 미리 개념의 속성과 정의를 정리해 두었다가 마지막 보여 주도록 준비한다. 생물의 한살이의 속성은 다음과 같다.

- **순환성**: 태어나서 번식 후 다시 태어나는 반복되는 주기가 있다.

- **생명체**: 생명체만이 겪는 과정이다.

- **성장과 변화**: 성장하며 몸의 크기나 모양이 달라진다.

- **번식**: 다음 세대의 생명을 이어간다.

다음으로 교사는 속성, 개념을 학생들과 함께 정리한다. '한살이'의 개념은 생물이 태어나 자라나 번성하고 죽기까지의 전 과정을 의미한다. 동물의 한살이는 알이나 새끼로 태어나 성장하고 짝짓기를 통해 자손을 남기는 과정이며, 식물의 한살이는 씨앗에서 싹이 터서 꽃과 열매를 맺고 죽음에 이르는 과정이다.

⑩ "생물의 한살이는 ~다" 비유하기

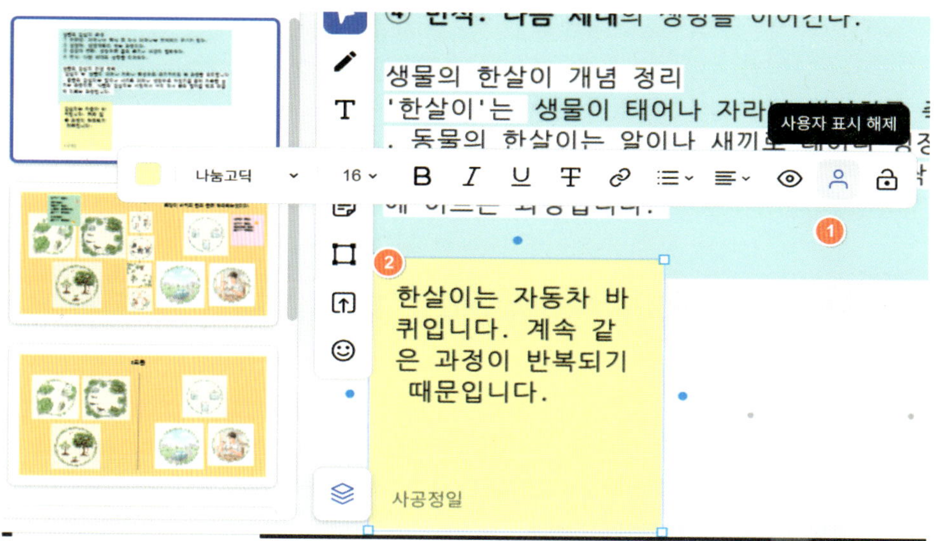

[그림 3-11] 생물의 한살이 개념 비유하기

마지막으로 학생들이 속성과 개념 정의 주변으로 개념을 비유하여 표현한다. 비유는 학생들이 이해한 개념을 확인하기에 유용한 방법인데 'a는 b와 같다. 왜냐하면 ~이기 때문이다.'로 작성한다.

교사는 이 비유 표현을 보고 다시 한번 학생의 개념에 대한 이해 정도를 파악하고 혹시 속성을 잘못 이해한 것으로 보이는 학생에게는 피드백하여 개념을 명확히 형성하고 다음 단계로 나아가도록 한다.

※ 클래스보드를 활용해 개념 형성하기

[교과] 단원명	[사회] 옛날과 오늘날의 생활 모습		
개념 렌즈	변화, 책임	**관련 개념**	문화, 풍습, 가치
관련 성취 기준	[4사04-01] 옛날 풍습에 대해 알아보고, 오늘날과 비교하여 변화상을 파악한다.		
일반화	풍습은 시간에 따라 변하지만 조상들의 지혜와 공동체의 가치는 이어진다.		
본 차시 학습 주제	풍습의 개념을 알아보기		
탐구 질문	[사실적 질문 1] 우리 조상들의 주요 명절 풍습의 형태는 무엇이었나요? [사실적 질문 2] 오늘날의 풍습 중 옛날과 겉모습이 달라진 것은 무엇인가요? [개념적 질문 1] 배고파서 밥 먹는 것과 동지에 팥죽 먹는 것의 결정적인 차이는 무엇인가요? [개념적 질문 2] 풍습의 형태가 완전히 달라져도 의미는 변하지 않는다고 말할 수 있는 근거는 무엇인가요? [논쟁적 질문] 풍습을 꼭 지켜야 할 의무가 우리에게 있을까요?		
본 차시 활동	• 탐구 질문으로 생각 열기 • 풍습인 것과 풍습이 아닌 것 분류하기 • 풍습의 속성 찾기 • 다른 사례로 풍습 판정하기 • 성찰: 학습의 전 과정을 돌아보며 지속 가능한 삶을 위한 실천을 다짐하기		

(1) 수업 설계 의도

본 수업은 '우리 전통문화를 세상에 알려요' 프로젝트의 일부로, 프로젝트 전체 흐름을 간략히 소개한다. 학생들에게 생소한 '풍습' 개념을 이해하기 위해 먼저 옛날 풍습을 알아본다. 오늘날과 비교하며 학생들은 풍습이 변화하거나 사라지는 현상을 발견하고, 우리가 풍습에 대해 모르고 관심이 부족했음을 깨닫는다.

이를 통해 학생들은 소중한 풍습을 알고 전수해야겠다는 생각을 갖게 된다. 결혼, 장례, 제사, 출생 등 일상생활 풍습과 설, 추석, 정월대보름 등 세시풍속을 모둠별로 조사하고 발표한다. 전통놀이, 음악, 미술 관련 전통문화는 직접 체험하며, 국어 교과와 연계해 풍습을 소개하는 글을 작성한다.

본 수업은 '변화'와 '책임'이라는 개념 렌즈를 사용한다. 풍습의 형태는 시대에 따라 변화하지만, 공동체의 화합과 안녕을 기원하는 본질은 시대를 초월해 지속된다는 일반화를 도출한다.

실제 초등학교 3학년 수업에서 이젤패드와 포스트잇으로 우리 집 풍습을 소개하며 학생들의 이해 정도를 관찰하였다. 그런데 학생들이 적은 내용 중 풍습과 풍습이 아닌 것이 많이 섞여 있었다.

개념이 형성되지 않은 시점이라 예상은 했지만, 오개념의 비율이 높아서 놀랐다. 가족 행사나 생활 습관, 현대적 내용이 포함되어 있었다. 따라서 본 수업은 학생들이 풍습 개념을 명확히 형성하도록 설계하였다.

[그림 3-12] 풍습에 대한 오개념 확인하기

주요 활동은 T셀파 클래스보드를 활용하여 진행되는데 학생들은 먼저 '설날에 떡국 먹기'와 '배고파서 떡국 먹기' 등 풍습의 예시와 비예의 카드를 분류하며 풍습인 것과 아닌 것의 차이를 인식한다.

이어서 클래스보드의 투표/설문 기능을 활용하여 '가족 화합', '안녕 기원' 등 풍습이 가진 가장 중요한 목적, 공통점이 무엇인지 결정하는 협의 과정을 거치며 개념의 필수 속성을 추출한다.

마지막으로 '주말에 온라인 가족끼리 게임하기', '축구 경기 볼 때 치킨 먹기'와 같은 모호한 현대적 사례에 새로 정의한 개념 속성을 적용하여 찬반 포스트잇을 붙이고 자신이 내린 판정의 근거를 논리적으로 설명하는 개념 테스트를 진행한다.

이러한 디지털 협력 활동을 통해 학생들은 풍습이 단순히 옛날의 행동이 아니라, 순환성과 공동체적 목적을 지닌 행위임을 깊이 있게 이해하게 된다.

결국 이 수업은 "풍습의 형태(겉모습)를 넘어선 진짜 속성은 무엇일까?"라는 질문에 대한 답을 찾으며 풍습의 개념을 형성하고 명확하게 하는 단계의 활동이다.

(2) 클래스보드를 활용한 개념 형성 활동 가치

개념은 눈에 보이지 않아 학생들이 어떻게 생각하는지 교사가 정확히 알기 어렵다. 학생들이 밖으로 표현해야 교사가 볼 수 있는데, 클래스보드는 개념 형성 과정을 보여 주는 유용한 도구이다.

클래스보드는 모든 학생의 활동 결과를 실시간으로 시각화한다. 교사는 학생들의 개념 이해도를 즉각 파악하고 피드백을 제공하며 수업 흐름을 조절할 수 있다. 오개념을 발견하면 즉시 수업 방향을 조정할 수 있어, 학생들이 스스로 답을 찾아가는 개념기반 탐구 수업을 효과적으로 진행할 수 있다.

본 수업에 사용할 T셀파 클래스보드는 학생들의 협력적 탐구 활동과 실시간 상호 작용을 촉진하는 온라인 학습 지원 도구이다. 아래 4가지 메뉴와 위젯, 교구를 활용하면 수업 및 학급 관리에 도움을 받을 수 있다.

[그림 3-13] 클래스보드 메뉴 소개

[그림 3-14] 클래스 보드 위젯 소개

[그림 3-15] 클래스 보드 교구 소개

클래스보드를 활용하면 학생들은 단순히 교사가 제시한 내용을 보는 것 이상의 활동을 할 수 있다. 스티커 메모 기능을 사용하여 자신의 아이디어나 질문을 자유롭게 작성할 수 있다.

그리고 찬반 투표 기능을 통해 다수의 의견을 신속하게 모으거나 스탬프나 그림 그리기 기능으로 자료를 분류하고 분석하는 협업 활동에 참여할 수 있다. 마인드맵 기능을 활용하면 학생들의 사고를 펼치고 그 생각을 한눈에 볼 수 있어 효율적이다.

또한, 스페이스나 게시판에 올리는 자료는 텍스트는 물론이고 이미지, 녹음, 동영상 등의 멀티미디어 자료도 쉽게 첨부할 수 있다. 교사뿐만 아니라 학생들이 찾은 자료들을 목적에 맞게 업로드하고 설명하며 함께 탐구하는 수업이 가능하다.

(3) 클래스보드로 풍습 개념 형성하기

클래스보드는 학급 내 활동으로 기본적으로 학급 학생들을 구성원으로 등록하면 지속적으로 관리하기에 편리한 점이 많다. 하지만 교사가 단순히 보드를 만들고 링크 또는 입장 코드만으로 학생들도 참여가 가능하여 손쉽게 활용할 수 있다.

실제 수업 속에서 클래스보드를 활용하여 다양한 제시 자료를 학생들이 배경지식을 통해서 풍습인 것과 풍습이 아닌 것으로 카드를 분류하고, 풍습이라고 한 것들의 공통 속성이 무엇인지 추출한다.

이후 모호한 사례를 추가 제시하여 이 사례들이 풍습에 속하는지 속하지 않는지에 대해 판단하고 그 판단의 근거를 밝히면서 풍습의 개념을 형성하고 풍습의 개념을 정의하는 과정으로 이루어진다. 지금부터 단계별로 살펴보기로 한다.

① 클래스보드 메뉴 열기

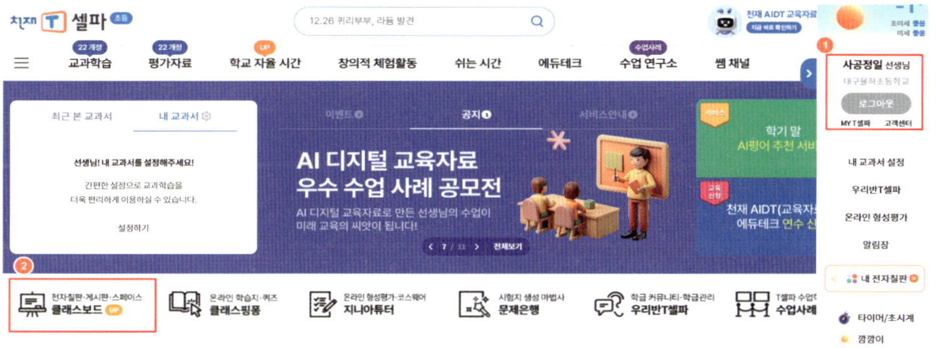

[그림 3-16] 클래스보드 입장하기

[그림 3-17] 교사 입장하기

　T셀파에 로그인 후 클래스보드를 열거나 구글에서 클래스보드를 검색하여 바로 입장할 수도 있다. 다만, 입장하는 방법에 상관없이 교사는 T셀파 교사 계정 로그인이 필요하다.

② 배경지식을 통한 풍습 분류 스페이스 만들기

[그림 3-18] 스페이스 만들기

　먼저 상단의 메뉴 중 [스페이스]를 클릭하여 스페이스를 만든다. 스페이스 기능은 다른 에듀테크 제품들의 화이트보드와 유사한 기능이다. 일반적인 화이트보드 기능에 교구와 수업 관리 기능까지 탑재되어 있다고 보면 된다.

[그림 3-19] 스페이스 설정하기

스페이스 제목을 변경하고 왼쪽 메뉴에서 스티커 메모를 넣는다. 그리고 작성자는 카드 내용에는 불필요하여 보이지 않게 처리하였다.

학생들이 분류 활동을 할 때에 자유롭게 익명성으로 하고자 할 때는 이렇게 작성자를 숨길 수 있고, 반대로 누가 어떻게 생각하는지 보고 싶을 때는 작성자를 표시하도록 한다. 활동 목적에 따라서 작성자 유무를 선택할 수 있다는 점이 다른 보드 제품들보다 유용하다고 느낀 점이다.

③ 배경지식을 통한 풍습 분류 보드 만들기

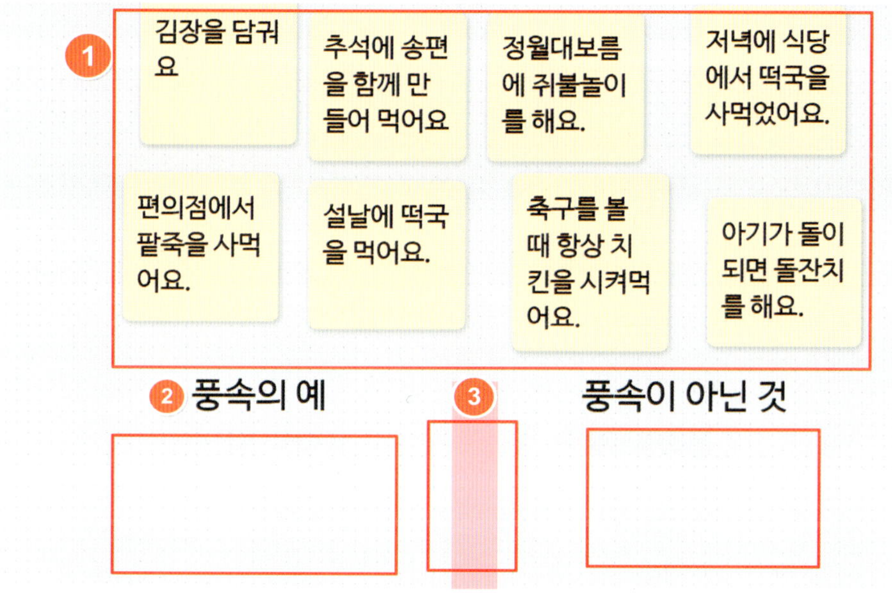

[그림 3-20] 분류 자료 준비하기

학생들이 분류할 수 있는 공간을 준비한다. 사진 자료가 오해를 일으킬 수 있어 텍스트 형식의 카드를 사용했다. 왼쪽 메뉴바에서 포스트잇을 클릭해 풍속의 예와 비예를 제시하고, 텍스트를 선택해 분류 기준을 배치한다. 도형으로 긴 사각형을 만들어 기준선을 표시하면 학생들의 혼란을 줄일 수 있다.

이 활동은 학급 전체가 함께할 수도 있지만, 주도적인 학습자 몇 명이 주로 움직일 가능성이 있으므로 모둠 단위 스페이스를 만드는 것을 추천한다.

④ 스페이스 공유 및 학생 입장하기

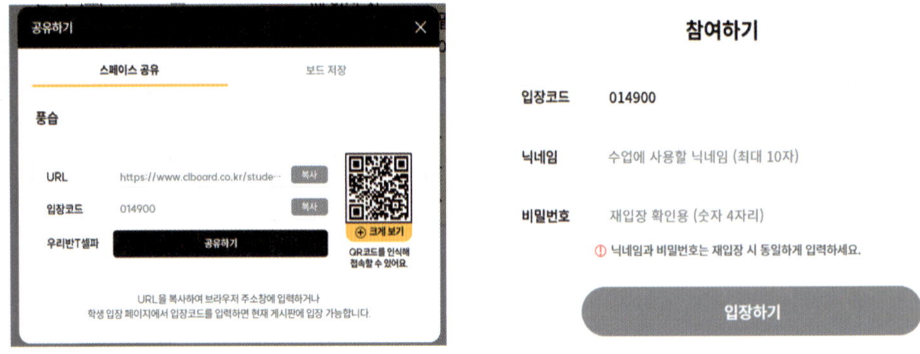

[그림 3-21] 스페이스 공유하기

　교사 자료가 준비되었으면 이제 학생을 초대할 차례이다. 학생들에게 URL, QR 코드 또는 입장 코드를 제시한다. 우리 반 T셀파의 구성원으로 넣어 사용하고 있었다면 우리 반 T셀파에서 공유하기를 눌러 공유하는 것도 가능하다. 학생들은 위의 사진처럼 닉네임과 비밀번호를 입력하여 스페이스에 입장한다.

⑤ 풍속의 예와 비예 분류하기

[그림 3-22] 풍속의 예와 비예 분류하기

위처럼 학생들이 풍속의 예와 비예를 분류하고, 왜 이렇게 나누었는지 함께 공유하는 시간을 가진다. 모둠별로 나눈 것들을 비교해 보고 다르게 분류하였다면 왜 그런지 이야기를 나눈다.

이때 교사는 그 발표 내용을 유심히 듣고 그에 맞추어 개념을 수정할 수 있도록 한다면 효과적이다. 이렇게 서로 이야기를 들으며 옮길 수 있는 시간을 주고, 최종적으로 풍속의 예로 정리하도록 한다.

⑥ 풍속의 속성 찾기

학생들의 분류 활동을 한번 해 보고 마치 교사가 기다렸다는 듯이 "그래, 잘 분류했어. 그런데 풍속은 (~) 것이다."라고 바로 교사가 가지고 있던 기존의 정의를 내려 버린다면 학생들은 선생님은 이미 정답을 가지고 있으면서 그냥 우리에게 한번 해 보도록 한 것 같은 느낌을 받을 것이다.

자신들이 개념을 스스로 형성해 가고 있다고 느끼는 것이 개념기반 탐구에서 학생들에게 효능감을 주고 목표 의식을 심어 줄 수 있다고 생각한다. 그래서 분류 활동 이후에도 교사가 아닌 학생들이 공통 속성을 찾아보도록 하는 것이 중요하다.

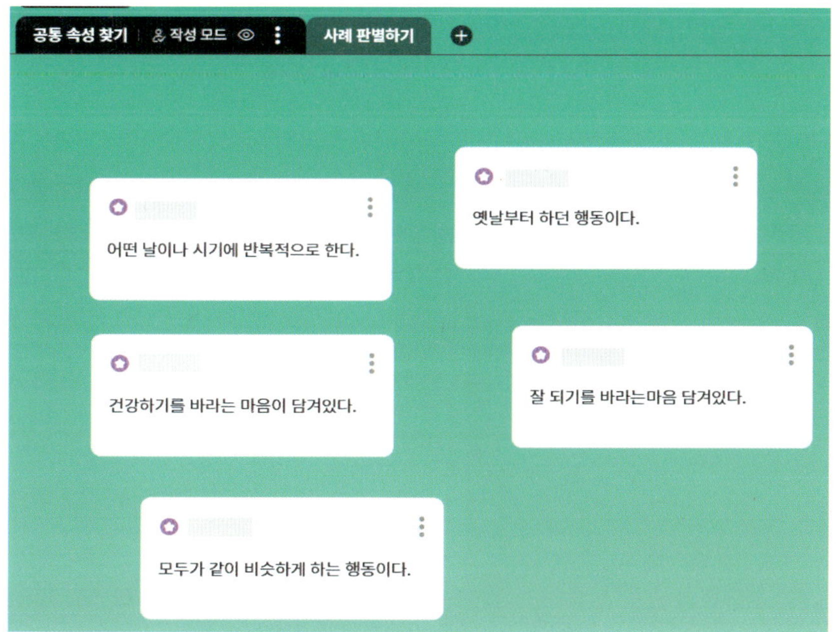

[그림 3-23] 풍속 공통 속성 찾기

분류된 내용이 정리가 되면 풍속의 예의 공통점을 찾아보도록 한다. 공통점을 찾을 때는 풍속이 아닌 것과의 차이를 통해 발견하는 것도 좋다.

예를 들면, '우리나라 사람이라면 대부분 그렇게 하는 행동이다', '잘되기를 바라는 마음에서 하는 행동이다' 또는 '마을 사람이나 가족들이 모여서 하는 행동이다', '옛날부터 하는 행동이다' 등 학생들이 자연스럽게 풍습의 속성을 찾을 수 있는 시간을 가진다.

그리고 교사는 질문을 던진다. 같은 떡국인데 왜 설날에 먹으면 풍속이라고 했고 그냥 배가 고파서 사 먹으면 풍속이 아닌가? 팥죽을 동지에 끓여 먹으면 풍속인데 편의점에서 사 먹으면 풍속이 아닌가? 등의 질문들을 던지며 학생들이 차이점에 대해 사고하도록 한다.

학생들이 풍속의 공통 속성에 비하여 비예들이 충족하지 못하는 이유를 나열하며 개념을 보다 명확히 정립할 수 있을 것이다. 교사는 학생들이 생각한 속성이 타당한지 함께 확인하고 개념에 대해 정의를 내리도록 한다.

⑦ 추가 사례로 풍속 판정하기

개념을 명확히 이해하기 위해 다양한 추가 사례를 제시하고 판별한다. 단순히 분류하는 것에 그치지 않고 판별 이유를 함께 확인하며 개념이 확실히 정의되는지 점검한다. 개별 학생의 이해 정도는 클래스보드의 투표 기능으로 흥미롭게 파악한다.

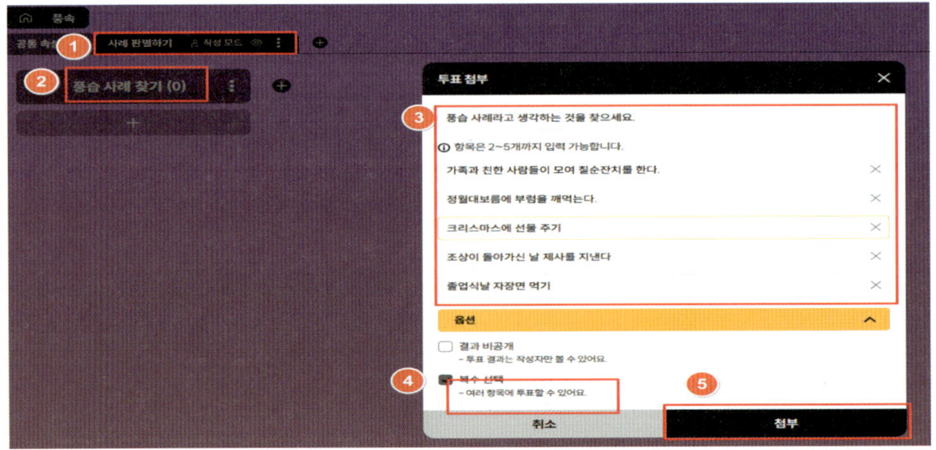

[그림 3-24] 풍속 판정 투표 제작하기

먼저 상단의 더하기 버튼을 눌러서 게시판을 추가하고 투표를 추가한다. 다음으로 선택형 투표를 만든다. 입력 가능한 보기가 5개임을 고려하여 예와 비예를 적절히 추가한다. 그리고 학생들이 풍습인 것은 모두 고를 수 있도록 여러 항목에 투표를 할 수 있도록 설정한다.

보기는 학생들이 혼동할 법한 것들로 구성한다. 실제로 흔하게 하고는 있지만, 예전부터 하고 있지 않는 것, 한때의 유행, 가족 문화들을 포함하여 작성한다.

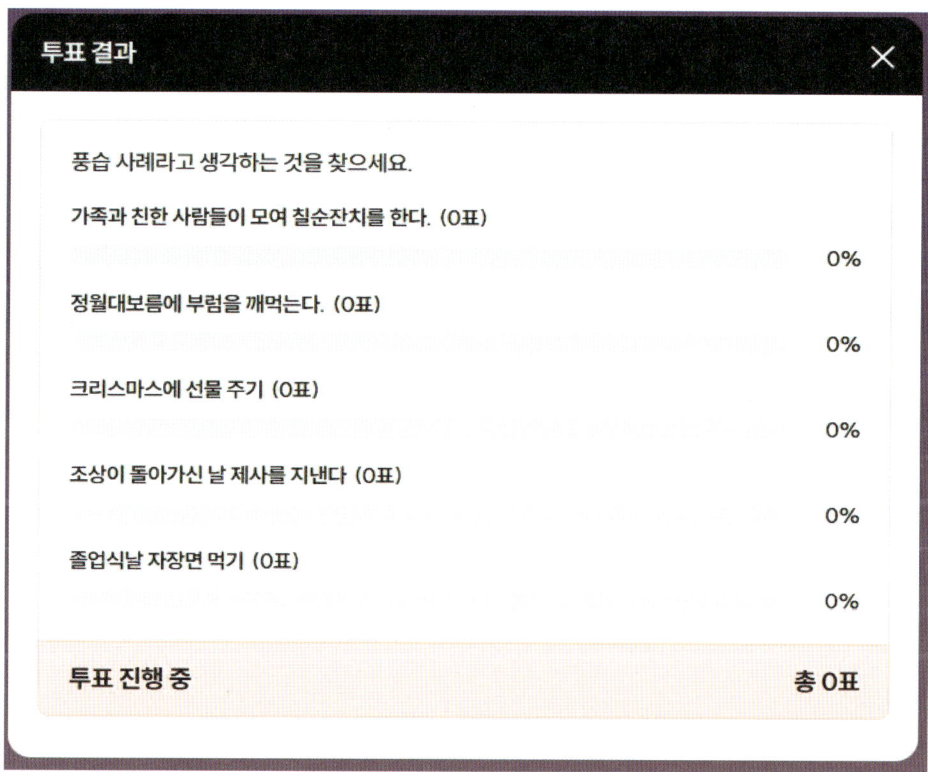

[그림 3-25] 투표 참여하고 결과 보기

학생들은 선생님이 제시한 투표에 참여하여 풍속인 것을 선택하고 교사는 투표 결과를 확인하여 학생들이 어느 정도 풍속에 대해 이해했는지 확인한다.

해당 사례가 왜 풍속인지 또는 왜 풍속이 아닌지 학생들과 마지막으로 이야기하며 개념을 정리한다. 이렇게 정리된 개념을 가지고 다음 활동은 구체적인 조사를 통한 탐구활동으로 넘어가게 된다.

※ 띵커벨(ThinkerBell)을 활용해 개념 형성하기

[교과] 단원명	[사회] 사회 변화와 다양한 문화		
개념 렌즈	변화, 영향	**관련 개념**	기술, 지능정보화, 매체, 문화교류
관련 성취 기준	[4사03-01] 최근 사회 변화의 양상과 특징을 파악하고, 그로 인해 나타난 생활 모습의 변화를 탐색한다. [4사03-02] 우리 사회에 다양한 문화가 확산하면서 나타나는 긍정적 효과와 문제를 분석하고, 나와 다른 사람이나 집단의 문화를 존중하는 태도를 기른다.		
일반화	기술의 발달은 거리나 시간의 문제를 해결하여 문화교류를 더 쉽고 빠르게 만든다.		
본 차시 학습 주제	지능정보화 개념 알아보기		
탐구 질문	[사실적 질문 1] K-POP 스타는 팬들과 소통할 때 어떤 디지털 도구를 사용하나요? [개념적 질문 1] 지능정보화가 없었다면 우리 생활 방식은 지금과 어떻게 달라졌을까요? [개념적 질문 2] 지능정보화 기술은 나라와 나라 사이의 거리를 어떻게 없애 주었나요?		
본 차시 활동	• 탐구 질문으로 생각 열기 • "만약에" 투표하기 • 지능정보화 필수 속성 찾기 • 지능정보화 비유하기 • 성찰: 학습의 전 과정을 돌아보며 지속 가능한 삶을 위한 실천을 다짐하기		

(1) 수업 설계 의도

본 수업은 "나도 K-POP 스타가 되어 볼까?" 프로젝트의 일부이다. 딱딱한 사회 현상인 지능정보화와 세계화를 학생들의 삶과 연결해 학습 몰입도를 높이고자 했다. 이에 학생들이 흥미를 느낄 수 있는 K-POP 문화 현상, 특히 최근 세계적으로 인기 있었던 넷플릭스 드라마를 활용했다.

학생들은 드라마와 조사를 통해 K-POP 스타들이 꿈과 끼를 발견하고 발전시키기 위해 부단히 노력했음을 알게 된다. 이를 연결해 학생들도 친구들과 함께 자신들의 꿈과 끼를 찾아 예술제로 발표한다. 예술제 준비 과정에서 디지털 홍보 자료를 만들며, K-POP 스타들의 홍보와 소통 방식을 탐구하고 매체를 활용한 지능정보화 소통에 관심을 가지게 된다.

본 수업은 '변화'와 '도구'라는 개념 렌즈로 기술이 문화 확산에 미친 영향을 깊이 이해하고 일반화하도록 유도한다. 본 차시는 "인공지능과 인터넷이 사라지면 우리 생활은 더 편리할 것이다"라는 질문으로 시작한다. 대부분 학생이 X라고 답하며, 그 이유를 나누면서 지능정보화의 필요성과 편리함을 생각하게 된다.

이어서 지능정보화 예시들의 공통 속성을 워드클라우드로 찾아 개념을 정리한다. 마지막으로 지능정보화를 다른 대상에 빗대어 설명하고, 그 이유를 발표하며 개념 형성을 확인한다.

(2) 띵커벨을 활용한 개념 형성의 가치

'집중하기' 단계는 학생들이 주제에 몰입하고 탐구 질문을 생성하는 핵심적인 출발점이다. 이 단계에서 띵커벨을 활용하는 것은 학습 효과와 교실 역동성을 극대화하는 중요한 가치를 지닌다.

첫째, 적극적인 참여와 사전 지식의 활성화를 이룬다는 점에서 가치가 있다. 띵커벨은 익명성과 실시간 답변 기능을 제공하여 평소 소극적인 학생들도 부담 없이 자신의 경험과 배경지식을 공유하게 한다. 워드클라우드나 포스트잇 활동을 통해 학생들이 가진 주제에 대한 초기 지식이나 오개념이 즉각적으로 시각화되며, 교사는 학생들의 사전 지식을 빠르게 파악하고 수업과의 연결 고리를 만들 수 있다.

둘째, 강력한 탐구 동기 유발로 이끌 수 있다. 띵커벨의 퀴즈나 토론 투표 기능을 활용하여 학생들이 당연하게 여기던 사실에 도전하는 인지적 불일치를 효과적으로 유발할 수 있다. 예를 들어, 평소 생각하는 내용과 다른 예를 보여 주면 학생들은 "내가 알던 것과 왜 다르지?"라는 의문을 가지게 되고, 이것이 이후의 학습을 이끄는 강력한 내적 동기가 될 수 있다.

셋째, 능동적인 질문 생성을 통한 탐구 방향 설정이다. 교사는 수집된 수많은 질문 중 개념적이고 일반화가 가능한 질문을 선별하여 이후의 '개념 형성하기' 및 '조사하기' 단계로 넘어갈 핵심 탐구 질문을 정교하게 설정할 수 있게 된다.

넷째, 수업의 몰입도와 효율성 증대이다. 띵커벨은 실시간으로 데이터를 수집하고 시각화하기 때문에 학생들은 자신의 의견이 즉시 반영되는 것을 보며 흥미와 집중력을 지속적으로 유지할 수 있다.

(3) 띵커벨로 지능정보화 개념 형성하기

띵커벨에 대해 간단히 먼저 소개하면, 학생 중심의 참여형, 즉각 피드백형, 창의적 학습으로 혁신할 수 있는 효과적인 에듀테크 도구이다.

이 플랫폼의 핵심은 학생들의 반응을 실시간으로 수집하고 시각화하는 데 있다. 수업에 참여하는 학생들의 답변을 즉시 화면에 띄워 토론을 유도하고 수업의 몰입도를 높일 수 있으며, 학생들은 별도의 앱 설치나 회원 가입 없이 간단한 접속 코드로 PC, 스마트폰, 태블릿에서 쉽게 참여할 수 있다.

본 수업에서 개념 형성에 사용하는 기능을 위주로 살펴보면 워드클라우드 기능을 활용하여 학생들의 사전 지식이나 아이디어를 빠르게 모아 시각화할 수 있고, 이를 통해 학생들이 주요 개념에 집중하도록 할 수 있다.

보드 기능을 통해 학생들이 포스트잇, 그림 등을 활용하여 개념 간의 관계를 설계하거나 추상적인 개념을 비유로 표현하는 창의적인 활동을 진행할 수도 있다. 퀴즈는 수업 중 개념 이해도를 간편하게 점검하여 인지적 불일치를 유발하는 데 적합하다.

설문/투표 기능은 의견 분포를 파악하거나 가장 중요한 속성을 뽑아내어 개념을 일반화하는 데 효과적이다. 실제 수업 속에서 띵커벨의 활용 방법을 알아본다.

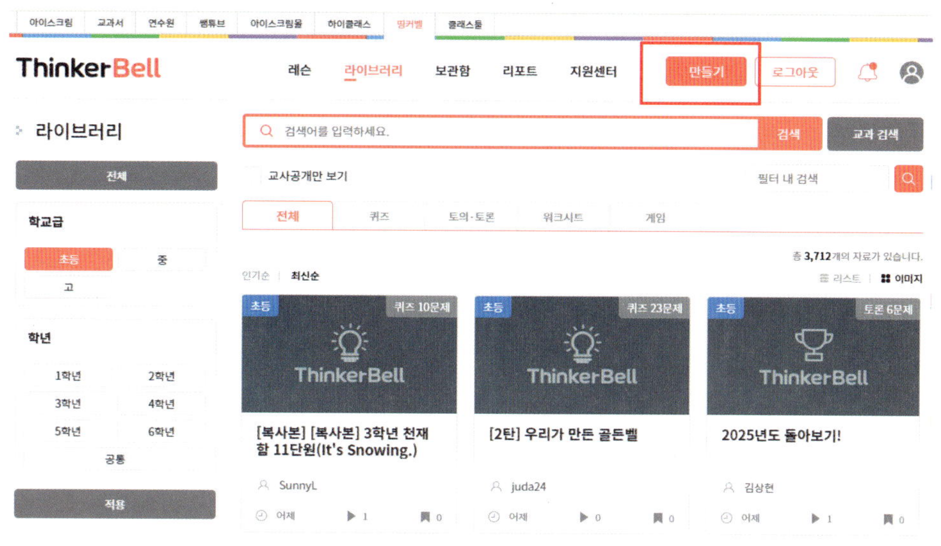

[그림 3-26] 팅커벨 시작하기

[그림 3-27] 투표 생성하기

띵커벨은 아이스크림 사이트 내에 포함된 사이트로 띵커벨을 사용하기 위해서는 먼저 아이스크림 사이트의 교사 계정이 필요하다. 띵커벨 만들기를 클릭하면 위와 같이 5가지 종류의 띵커벨을 만들 수 있다.

첫 번째 활동을 위해서 토의·토론 메뉴 안에 투표를 선택한다. 똑같이 보기를 2가지 설정함에도 O, X 퀴즈를 선택하지 않고 투표를 선택하는 이유는 O, X의 정답을 강요할 수 없는 문제이고, 후속 물음에서 선택의 이유까지 함께 확인하기 위해 투표로 설정한다.

[그림 3-28] 투표 설정하기

투표의 질문을 학생들이 가지고 있을 예상 생각과 반대로 "인터넷과 인공지능이 없어지면 더 편리할 것이다"라고 입력한다. 이는 학생들이 질문을 보자마자 "아니에요!" "당연히 아니죠." 하면서 흥미를 가지고 참여하도록 하기 위함이다.

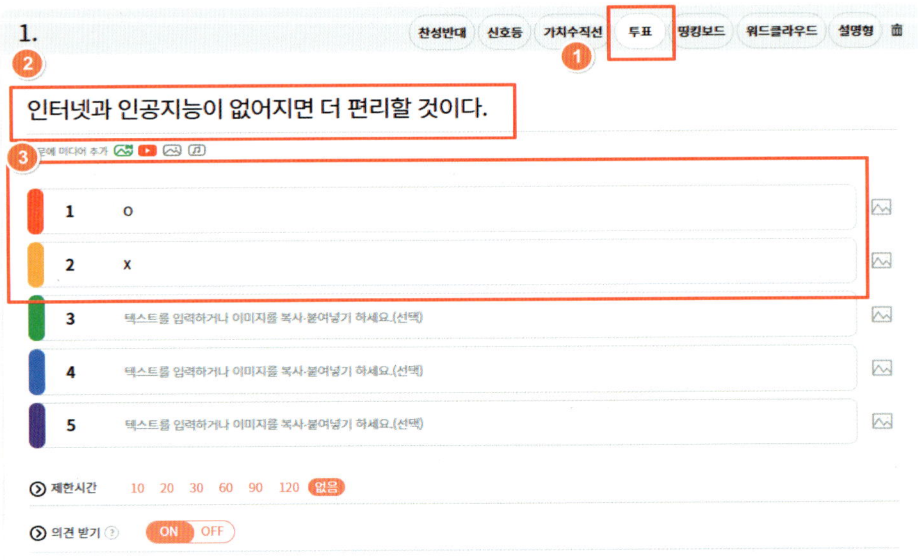

[그림 3-29] 투표 문제 입력하기

[그림 3-30] 띵킹보드 만들기

두 번째 투표로는 띵킹보드를 제시한다. 띵킹보드는 학생들이 답의 범위 제한 없이 자유롭게 응답할 수 있어 지능정보화에 대한 생각을 엿볼 수 있다.

학생들에게 O 또는 X로 대답한 이유를 자세히 쓰도록 한다. 이때 학생들은 인터넷이나 인공지능이 없으면 불편한 점을 적으면서 지능정보화의 장점과 특징을 이해하게 된다.

[그림 3-31] 투표 공유하기

② 투표 실시하기

학교에서는 실시간으로 학생들의 응답을 얻어 개념 형성에 도움을 받고자 사용하기에 참여 방법은 wifi-on의 형태로 진행한다. 학생들이 개별 태블릿이 없다면 wifi-off로 설정하고 손을 들거나 직접 발표를 들으면서 진행도 가능하다.

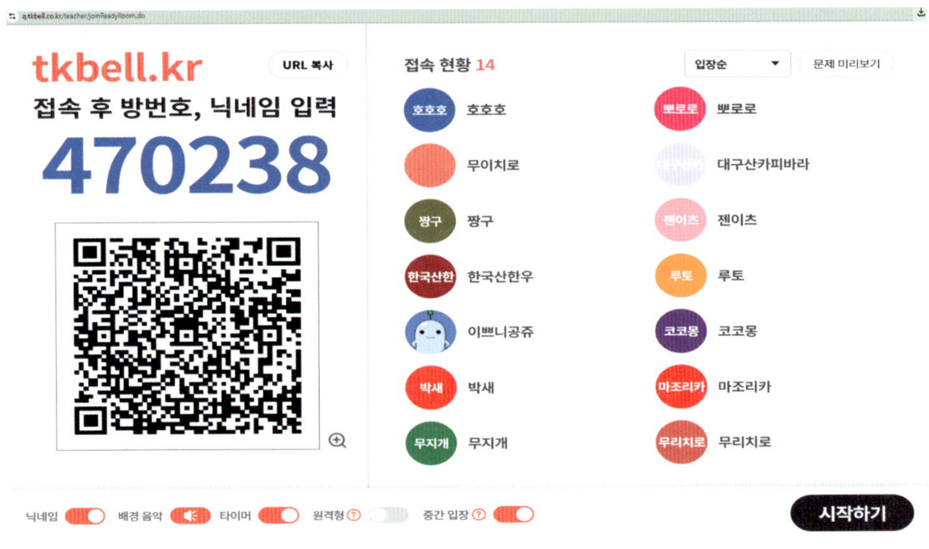

[그림 3-32] 투표 접속하기

학생들에게 QR코드나 URL 주소를 배부하면 학생들은 방 번호를 입력하고 닉네임을 입력하여 투표에 참여한다.

[그림 3-33] 투표 참여하기

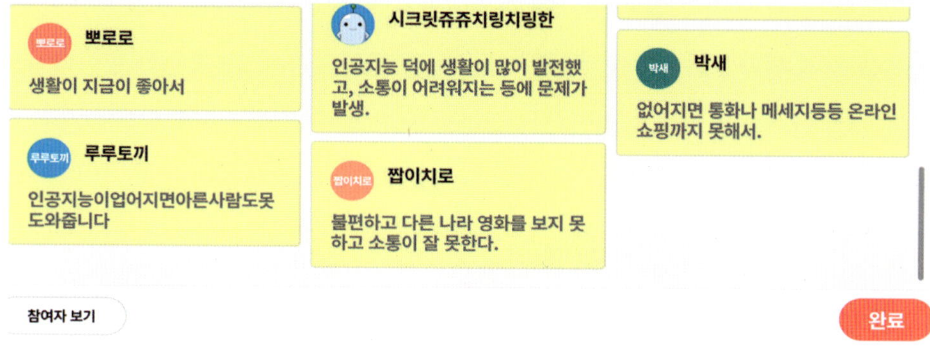

[그림 3-34] 학생 의견 입력 1

왜 그렇게 생각했나요?

[그림 3-35] 학생 의견 입력 2

학생들이 참여하여 의견을 등록하면 교사 화면에서 응답을 확인할 수 있다. 응답을 확인할 때 화면만 보여 주는 것이 아니라, 왜 인터넷이나 인공지능이 없어지면 불편해지는지에 대한 추가적인 이야기도 함께 나눈다.

③ 지능정보화의 속성 찾기

여기에서는 워드클라우드 기능을 사용한다. 워드클라우드는 학생들이 입력한 아이디어를 실시간으로 시각화하여 개념의 핵심 속성을 상대적인 크기로 보여 준다. 학생들은 수업 주제와 관련된 사전 지식과 오개념을 빠르게 활성화하고 점검할 수 있으며, 교사는 이를 바탕으로 개념 형성의 방향을 설정한다.

또한, 자신의 단어가 전체 결과에 반영되는 것을 보며 학생들은 능동적인 참여 의욕을 갖게 된다. 이는 교사 주도가 아닌 학생 주도의 탐구를 가능하게 한다. 추출된 핵심 단어들은 개념을 정의하는 일반화 문장의 근거 자료로 활용할 수 있다.

[그림 3-36] 워드클라우드 생성하기

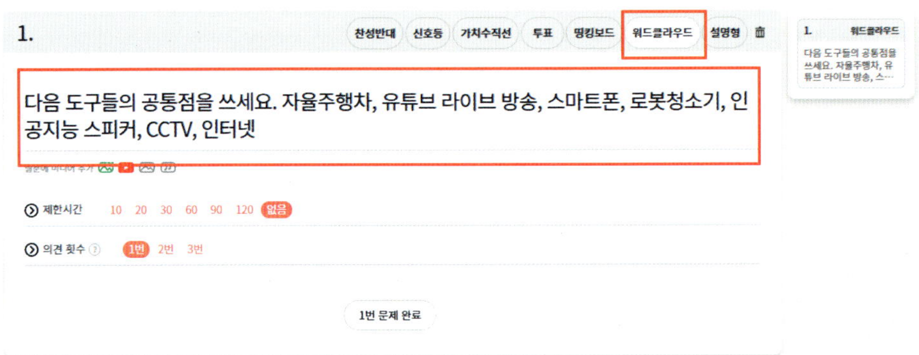

[그림 3-37] 워드클라우드 문제 입력하기

학생들에게 지능정보화에 대한 다양한 예시인 인공지능 스피커, 유튜브 라이브 방송, 자율주행차, 디지털 수업, 스마트폰, AI 번역기, 로봇 청소기, CCTV 등을 제시한다.

그리고 이러한 예들에서 보이는 특징을 워드클라우드에 적으라고 한다. 모든 단어의 공통점을 찾으라고 하면 없을 수도 있다. 그렇기에 대부분이 공통적으로 가지고 있는 특징을 적도록 한다.

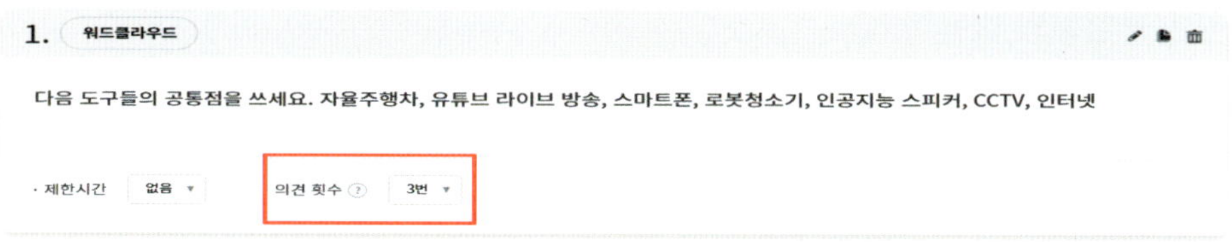

[그림 3-38] 의견 횟수 설정하기

이때 의견의 횟수는 기본값이 1번인데 학생들의 다양한 속성을 찾아낼 수 있도록 최대 횟수인 3번으로 수정하여 열어 준다. 워드클라우드는 긴 문장으로 자세히 설명하는 것이 아니라 20자 이내로 짧게 단어 위주로 쓰는 활동임을 안내한다.

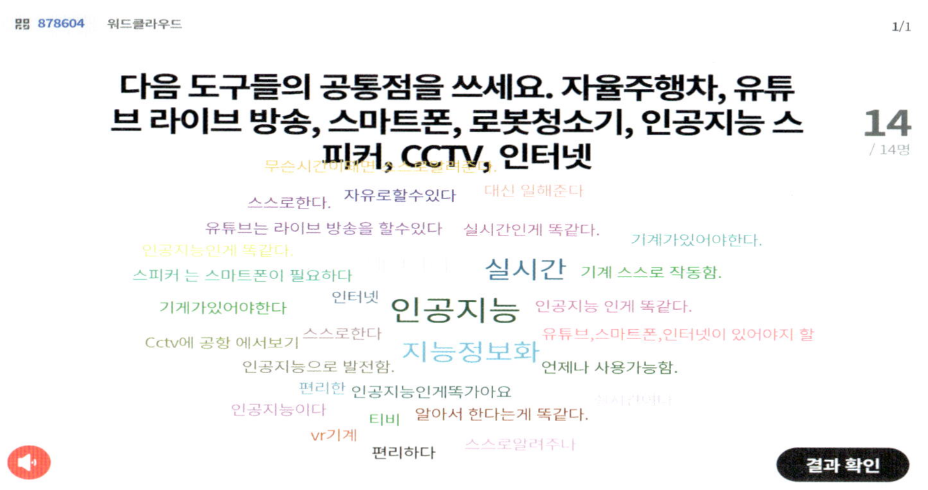

[그림 3-39] 워드클라우드 결과

워드클라우드는 입력된 단어가 많을수록 크게 나타난다. 그 결과 교사는 학생들이 주요 공통적인 속성을 잘 파악했는지 확인할 수 있다. 학생들도 만들어진 결과를 보면서 자신이 파악한 것과 친구들이 파악한 내용을 비교하며 볼 수 있다. 학생들의 입력 결과로 만들어졌기에 개념을 자신들이 생각한 말로 형성해 간다는 생각이 들도록 할 수 있다.

만약 교사가 의도한 개념이 크게 표시되지 않고 부수적인 내용이나 해당하지 않는 특징이 크게 표시된다면 많은 학생이 아직 개념을 형성하지 못하거나 오개념을 가지고 있는 상황이기에 교사의 지도가 필요하다.

④ 지능정보화 비유하기

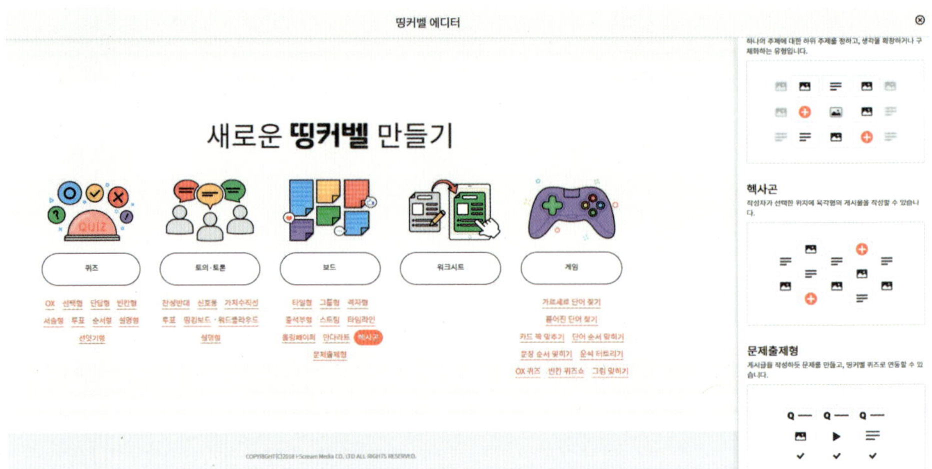

[그림 3-40] 헥사곤 보드 만들기

지능정보화를 비유하면서 학생들이 지능정보화에 대해 잘 이해하고 있는지 확인하기 위해 보드를 선택한다. 보드의 종류는 크게 무관하지만 한눈에 여러 명의 학생의 내용을 보기 위해 헥사곤 모양을 선택한다.

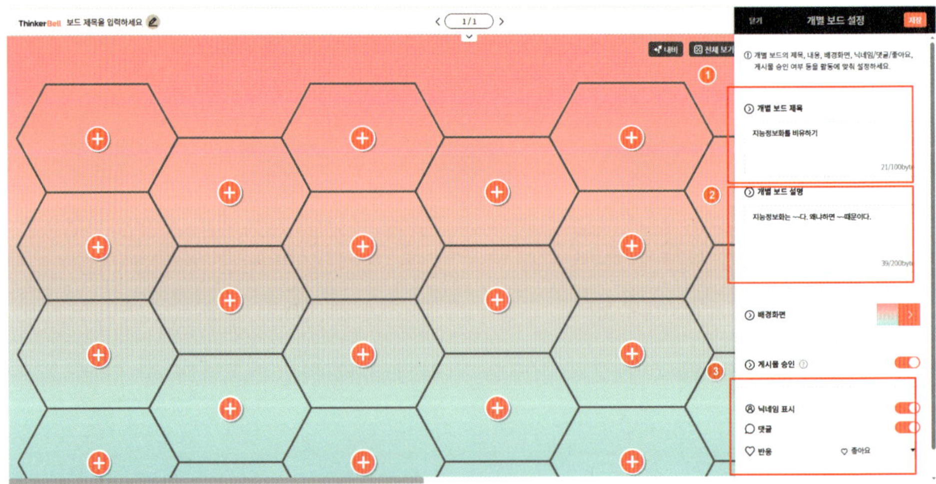

[그림 3-41] 보드 설정하기

오른쪽의 보드 설정을 클릭하여 보드 제목과 보드 설명을 입력한다. 서로의 의견에 대해 피드백을 주기 위해 댓글과 반응은 열어 둔다.

[그림 3-42] 비유하기 입력 예시

교사는 헥사곤 보드의 가운데 위치를 선택하여 예시 문장을 적어 준다. 이유는 중앙 위치를 잡아 주면, 학생들이 그 주변으로 적게 되어 한눈에 보기 편하게 작성할 수 있기 때문이다.

[그림 3-43] 학생 비유 표현 입력 결과

학생들이 답변을 적을 때 우측 상단에 타이머를 켜면 제한된 시간 내에 학생들의 응답을 받는데 유용하다. 그리고 비유의 표현은 자유이지만, 공통 속성을 바탕으로 비유 표현을 찾도록 안내하면 학생들이 개념을 형성하는 데 도움이 될 수 있다.

3) 사고 전략을 활용한 개념의 형성

교실에서 개념기반 탐구를 실행하는 교사라면 이 '사고 전략'이 가진 매력을 경험하게 된다. 사고 전략이란 학습자들이 보다 효과적이고 구조화된 사고를 할 수 있도록 돕는 일련의 절차적 행동을 말한다.

예를 들어, 영상 자료를 보고 감상만 말하게 하는 것과 See-Think-Wonder 전략을 적용하는 것은 전혀 다른 학습 경험을 만든다. "내가 본(확인한) 사실은 무엇인지(See), 그 장면이 어떤 생각을 불러오는지(Think), 내가 더 알고 싶은 질문은 무엇인지(Wonder)"처럼 사고의 흐름을 단계별로 따라가게 하면, 같은 영상이어도 학생들은 훨씬 더 분석적이고 깊이 있는 관점으로 접근하게 된다. 즉 사고 전략은 학습자의 생각을 '한 단계 더 밀어주는' 사고 촉진 장치다.

그렇다면 사고 전략을 왜 써야 할까? 이것은 단순히 "있어 보이려고" 사용한다거나 산출물을 예쁘게 만들기 위함이 아니다. 사고 전략을 활용해야 하는 이유는 학습의 본질과 관련된 세 가지 핵심 이유 때문이다.

첫째, 교사의 입장에서 사고 전략은 학습자의 사고를 가시화하는 데 결정적인 역할을 한다. 사고가 눈에 보이면 무엇이 보이는가? 학생 각각이 어떤 개념을 어떻게 이해하는지, 어디에서 막히는지, 어떤 오개념을 가지고 있는지 교사가 명확하게 파악할 수 있다. 자연스럽게 학습 과정에 대한 모니터링이 가능해지고, 평가의 근거 자료도 풍부해진다. 눈에 보이지 않던 '생각의 흐름'을 포착하는 순간 교사는 학생의 이해 수준에 맞춰 수업을 조정하고, 즉각적으로 피드백을 제공할 수 있게 된다.

둘째, 사고 전략은 학습자의 인지 부하를 줄이는 데 매우 효과적이다. 개념기반 탐구에서 다루는 개념들은 대개 추상적이고 복잡하며, 여러 생각을 동시에 다뤄야 하는 경우가 많다. 사고 전략을 통해 단순화시키거나 절차적으로 사고를 나누어 생각하게 하면, 작업 기억의 부담을 낮춰 '정작 중요한 생각'에 에너지와 주의를 집중하게 해 준다. 이러한 과정은 특히 초등 학습자처럼 추상적 사고가 막 발달하는 단계의 학생들에게 더 큰 도움이 된다.

셋째, 사고 전략은 학습자가 자기 생각을 외부로 꺼내 표현하고, 다시 정리하고, 수정하는 과정을 반복하게 만든다. 이를 외현화(externalization)라고 하는데, 이 과정에서 학생들은 생각을 말·글·그림·도형·표 등 다양한 형식으로 표현하게 되고 "내가 현재 아는 것이 무엇인지", "모르는 것이 무엇인지", "개념의 핵심이 무엇인지"를 스스로 분명하게 깨닫게 된다. 이러한 과정이 반복될수록 개념은 더욱 또렷해지고 자신의 언어로 설명할 수 있는 수준까지 단단해진다. 단순한 암기가 아닌, 개념을 조작하고 재구성하는 진짜 이해가 일어나게 된다.

이러한 관점에서 사고 전략을 위한 에듀테크의 활용은 사고를 꺼내고, 구조화하고, 재구성하게 만드는 도구로 활용한다는 관점에서 접근해야 한다. 이번 장에서는 사고 전략을 돕는 도구로써 탐탐몬을 다룰 것이다.

한 가지 분명히 해야 할 점은 사고 전략에 관한 부분을 개념의 형성과 관련한 이번 장에서 다루었지만 특정 단계에서만 사용되는 것이 아니라는 것이다. 사고 전략은 탐구의 모든 과정에서 사용할 수 있으며(사고 전략을 사용하지 않아도 탐구는 진행될 수 있다.) 학습자의 발달 단계나 탐구의 특정 단계에 따라 더 적합한 사고 전략이 있음을 알아야 한다.

4) 사고 전략을 돕는 에듀테크 활용의 실제

※ 탐탐몬을 활용해 사고 전략 활용하기

[교과] 단원명	[사회] 옛날과 오늘날의 생활 모습		
개념 렌즈	변화, 영향	관련 개념	기술, 교통수단, 편리함, 효율성, 발달
관련 성취 기준	[4사04-02] 옛날부터 오늘날까지 교통의 변화에 따른 이동과 생활 모습의 변화를 이해한다.		
일반화	기술의 발달은 편리함과 효율성을 가져오지만 문제를 만들어내기도 하므로 균형 잡힌 시각이 필요하다.		
본 차시 학습 주제	교통수단의 발달		
탐구 질문	[사실적 질문 1] 옛날에 사람들이 멀리 갈 때 탔던 것과 지금 우리가 타는 것은 무엇인가요? [사실적 질문 1] 옛날에 비해 지금 우리가 더 빠르고 많이 이동할 수 있게 된 이유는 무엇인가요? [개념적 질문] 사람들이 더 빨리 가고 싶은 마음이 어떻게 새로운 교통수단을 만들었을까요? [논쟁적 질문] 교통수단의 발달은 세상을 좋게만 만들었나요?		
본 차시 활동	• 탐구 질문으로 생각 열기 • 교통수단의 발달에 대한 생각 나누기 • 옛날과 현재의 교통수단 교차 비교 차트 만들기 • 교통수단의 발달로 가치 수직선 토의하기 • 예전 생각과 지금 생각 변화 확인하기 • 성찰: 학습의 전 과정을 돌아보며 지속 가능한 삶을 위한 실천을 다짐하기		

(1) 수업 설계 의도

본 수업은 초등학교 3학년 사회과 '교통수단의 발달'을 주제로 한다. 학생들이 단순한 사실 확인을 넘어 '변화'와 '영향'이라는 핵심 개념을 깊이 있게 이해하도록 설계하였다.

첫째, 수업의 시작과 마무리를 '예전 생각 vs 지금 생각' 사고 전략으로 연결하였다. 학생들이 수업 전 교통수단 발달에 대한 초기 생각을 먼저 꺼내고, 수업 후 확장된 사고와 비교하며 스스로 학습의 깊이를 인지하도록 돕는 메타 인지적 장치이다. 학생들은 대부분 '발달'이라는 단어를 듣고 좋은 내용만 떠올릴 것이다. 하지만 가치 수직선 활동과 토론을 통해 발달이 항상 장점만 있는 것이 아니라는 점을 깨달으며, 개념에 대한 생각이 바뀌는 것을 보고자 먼저 실시하였다.

둘째, '교차 비교 차트' 활동을 배치했다. 학생들은 과거와 현재의 교통수단을 속도, 비용, 운송량 등의 구체적 속성으로 분석하며, 막연했던 발달의 의미를 '효율성'과 '편리함'이라는 명확한 개념으로 추출한다.

셋째, 학습한 개념을 비판적으로 확장하기 위해 '가치 수직선' 토의를 도입했다. "교통수단의 발달은 100% 좋은 점만 있을까?"라는 논쟁적 질문을 던져 편리함과 효율성 뒤에 숨겨진 환경오염이나 교통 체증 같은 부정적 영향을 발견하도록 유도한다. 이를 통해 학생들은 기술 발달에 대한 균형 잡힌 시각과 책임감을 형성한다.

본 수업 전체에 걸쳐 탐탐몬(https://tamtammon.netlify.app/)의 디지털 사고 전략 도구를 활용하였다. 이는 학생들의 추상적 사고 과정을 시각화하여 개념 형성과 명료화를 확인하기 위해서이다. 또한, 학생들이 디지털 도구로 생각을 쉽게 꺼내고 수정할 수 있도록 하여, 표현 활동보다는 사고 활동에 집중하도록 하였다.

(2) 탐탐몬을 활용한 사고 전략 활동의 가치

탐탐몬은 사고 전략을 활성화할 수 있도록 만들어진 디지털 도구이다. 본 책의 대표 저자이자 초등학교 교사인 엄태상 선생님이 개념기반 탐구학습 수업을 돕기 위해 제작한 사이트이다.

탐탐몬의 디지털 사고 전략 도구는 학습자가 단편적 사실을 넘어 핵심 개념 중심으로 학습하도록 돕는다. 예를 들어, '교차 비교 차트'로 과거와 현재의 교통수단을 비교하면, 학습자는 구체적 차이점에서 '효율성'이라는 상위 개념을 스스로 발견한다. 이렇게 구성된 지식은 파편화되지 않고 통합적 이해로 자리 잡아 새로운 문제 상황에서도 개념을 적용하는 전이 능력을 갖추게 된다.

'예전 생각 vs 지금 생각' 전략은 학습자가 자신의 사고 변화를 성찰하도록 유도한다. 학습 전후의 생각을 비교하며 "왜 생각이 바뀌었는가?"를 질문하는 과정 자체가 메타 인지 훈련이 된다.

'가치 수직선' 도구는 현상의 긍정적 면과 부정적 면을 동시에 고려하게 만든다. 교통 발달의 편리함과 환경 문제를 함께 검토하며 학습자는 균형 잡힌 시각과 비판적 사고력을 기른다.

탐탐몬은 사고 과정을 시각화하고 즉시 공유할 수 있는 환경을 제공한다. 학생들은 학습 상황에 맞는 도구를 선택하고 내용을 입력하며 생각을 논리적으로 구조화한다. 이를 통해 친구들과 의견을 공유하고, 디지털 도구를 통한 기록과 공유로 미래 핵심 역량인 디지털 리터러시까지 자연스럽게 배운다.

탐탐몬 기반 개념기반 탐구학습은 교사 중심 수업에서 벗어나 학생 중심의 질문과 탐구를 가능하게 한다. 학생들은 스스로 질문을 생성하고 비교하며 답을 찾아가는 과정을 디지털로 쉽게 할 수 있다는 점에서 가치가 있다.

(3) 탐탐몬으로 사고 전략 활성화하기

① 탐탐몬 시작하기

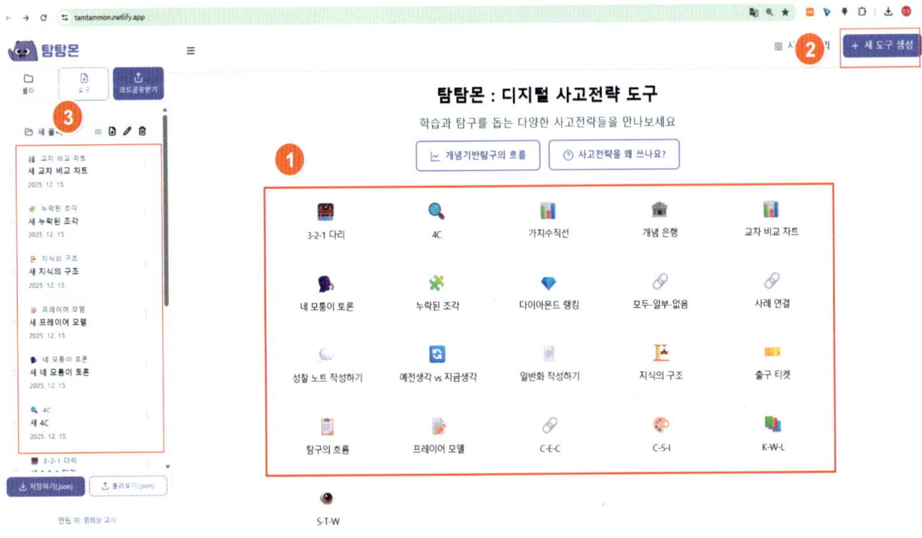

[그림 3-44] 탐탐몬 시작하기

네이버에 접속하여 탐탐몬을 검색하거나 https://tamtammon.netlify.app/ 주소를 직접 입력하여 탐탐몬에 접속한다. 탐탐몬은 별도의 회원 가입이나 로그인 절차가 없이 사용할 수 있어 편리하다.

탐탐몬에 접속하면 가운데 공간이 다양한 디지털 사고 전략 도구들로 채워져 있다. 이 중에서 활용하고자 하는 도구를 클릭하거나 [새 도구 생성]을 클릭하고 디지털 도구를 선택한다.

② 예전 생각 작성하기

본 수업에 들어가기 전 학생들에게 교통의 발달에 대한 현재 생각을 적도록 한다. 이는 '예전 생각 vs 지금 생각' 전략을 활용하기 위해서이다. 이 전략은 학습자가 특정 주제에 대해 학습 전후의 생각을 비교하고 대조하는 메타 인지적 사고 전략이다.

이 전략의 목적은 학생들이 자신의 사고 변화를 스스로 인식하고 지식이나 개념을 배우며 생각이 왜, 어떻게 바뀌었는지 성찰하도록 돕는 데 있다. 주로 집중하기 단계에서 사전 지식을 활성화하거나 정리 및 성찰 단계에서 학습 결과를 평가하고 개념을 내면화하는 데 활용한다. 이를 통해 학습자는 자신의 인지 과정을 점검하고 새로운 지식을 더 깊이 받아들인다.

본 수업에서 전략의 실제 모습을 살펴보자.

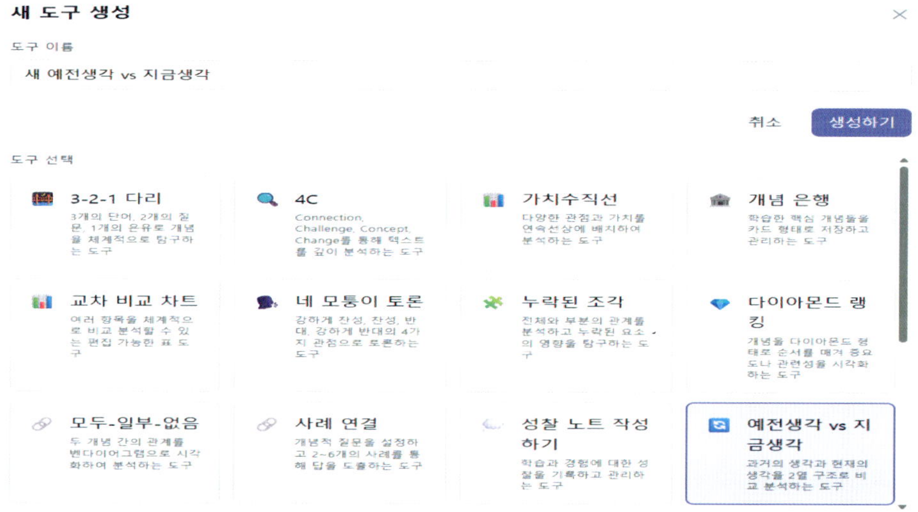

[그림 3-45] 도구별 내용 확인

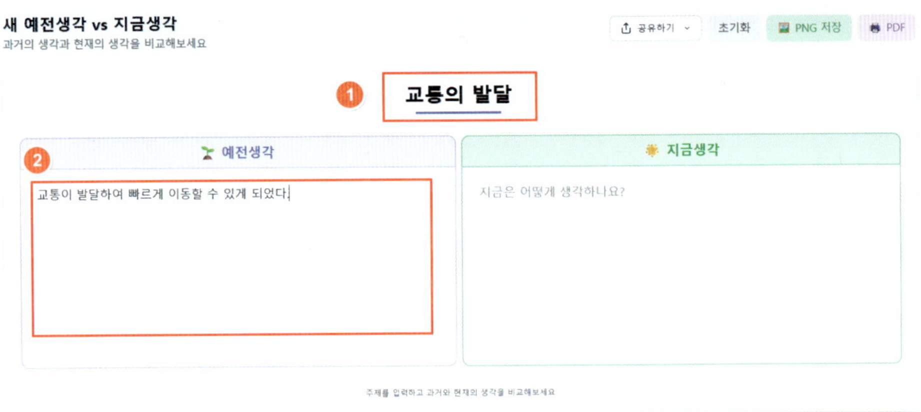

[그림 3-46] 예전 생각 작성하기

교통의 발달이라고 주제를 상단의 빈칸에 입력하고 예전 생각 상자에 교통의 발달에 대한 자기의 기존 생각을 입력하도록 한다. 기존의 학생들이 교통의 발달에 대해 가지고 있는 생각의 대다수는 긍정적인 측면이었다. 이 처음의 생각이 수업을 마칠 때 어떻게 바뀌었는지 확인하도록 한다.

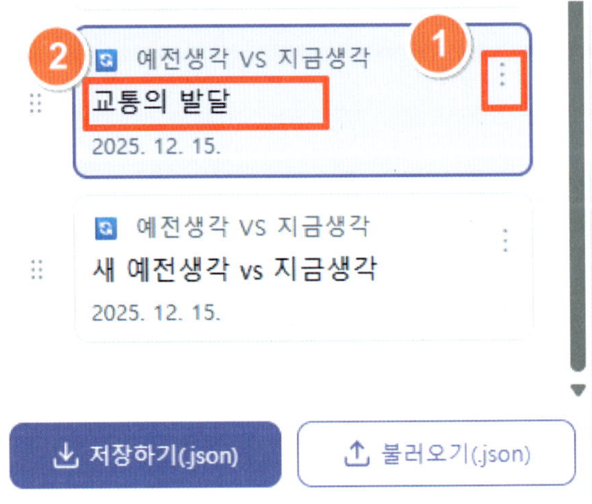

[그림 3-47] 파일명 변경하기

탐탐몬의 사고 전략 도구를 사용할 때 제목을 변경하지 않으면 같은 도구로 다양한 개념을 탐구했을 때 어떤 개념인지 다시 찾기가 어렵다. 따라서 각 개념마다 파일 제목을 위의 사진처럼 변경하면 추가 입력이나 결과를 다시 확인할 때 용이하다.

③ 옛날과 현재 교통수단 교차 비교 차트 생성하기

교차 비교 차트(Cross Comparison Chart) 전략은 복잡한 정보를 체계적으로 정리하고 분석하기 위해 사용하는 매우 유용한 사고 도구이다. 이 전략의 핵심은 두 가지 이상의 대상이나 개념을 여러 개의 공통된 기준에 따라 구조적으로 대비시키는 것이다.

이 차트는 보통 격자 형태로 설계되는데, 가로축에는 우리가 비교하고자 하는 대상(예: 교통수단 A와 B)을 배치하고 세로축에는 비교의 초점이 되는 속성이나 기준(예: 속도, 비용, 장단점)을 설정한다. 학생들은 이 차트를 채워 나가면서 단순한 사실 나열이 아니라 각 대상이 가진 속성의 차이점과 공통점을 동시에 시각적으로 파악하게 된다.

개념기반 탐구학습에서는 이 차트를 통해 학생들이 구체적인 사례들 속에서 핵심 개념을 스스로 추출하고 정의할 때 결정적인 도움을 줄 수 있다. 결국 교차 비교 차트 전략은 정보를 효율적으로 조직화하고, 분석적 사고를 길러 주는 강력한 도구로 활용할 수 있다.

이에 교차 비교 차트 전략을 활용하여 교통수단의 발달을 이해하기 위해서 과거와 현재를 비교하는 활동이 효과적이라고 생각하였다. 실제 교차 비교 차트 활동 내용을 살펴보자.

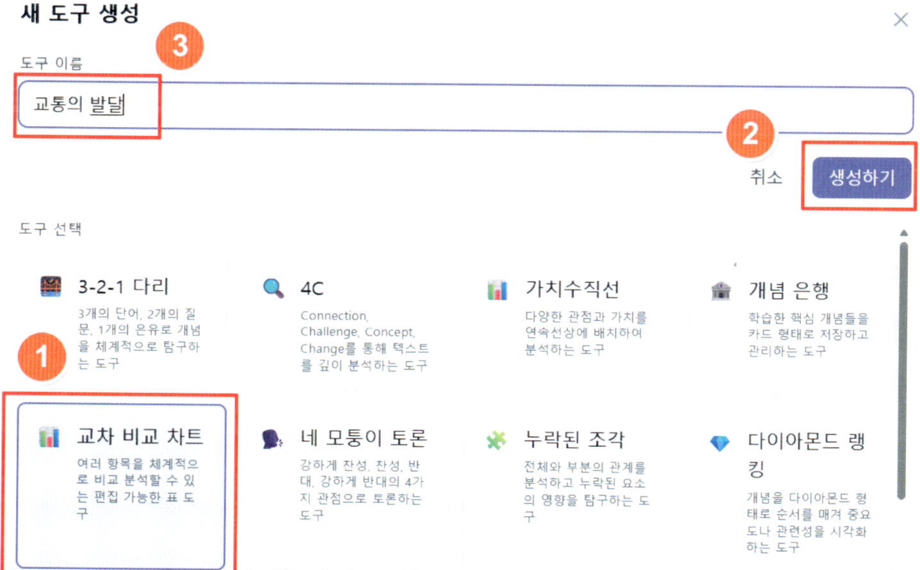

[그림 3-48] 교차 비교 차트 생성하기

교차 비교 차트를 선택하고 생성하기를 클릭한다. 도구 이름도 미리 교통의 발달로 설정하면 추후 다시 수정하지 않아도 된다.

④ 옛날과 현재 교통수단 비교하기 항목 입력하기

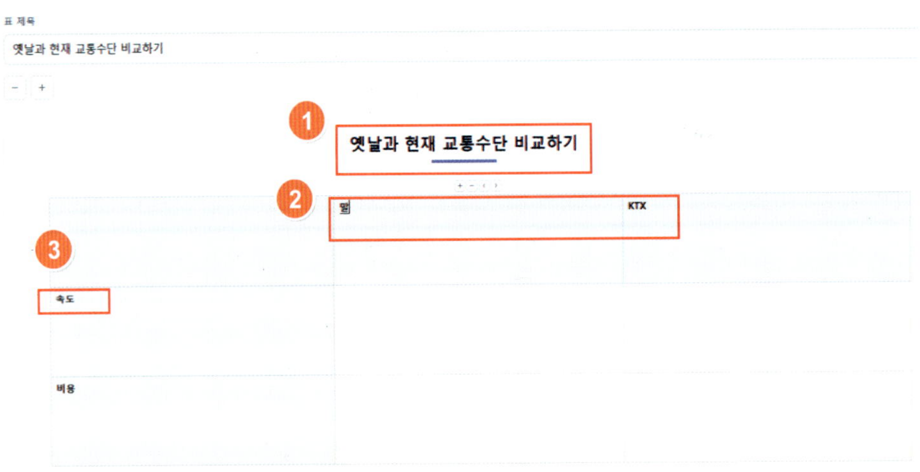

[그림 3-49] 교통수단과 비교 속성 입력하기

다음으로 표의 제목과 비교할 옛날과 요즘 교통수단의 실제 예를 입력한다. 그리고 비교하기 위한 항목을 입력한다. 이때 모든 학생이 동일한 예시와 항목을 비교할 수도 있지만 다양한 사례에서 속성을 공유할 수 있도록 자신이 원하는 교통수단을 비교할 수 있도록 안내하는 것도 추천한다.

예를 들면, A 학생은 말과 KTX를 비교하고, B 학생은 돛단배와 여객선 비교할 수 있다. 이렇게 교통수단의 다양한 예들의 비교 활동을 속에서 과거보다 현재 교통수단의 속도가 빨라졌고 운송량은 늘었다는 것을 알 수 있을 것이다.

⑤ 옛날과 현재 교통수단 비교하기

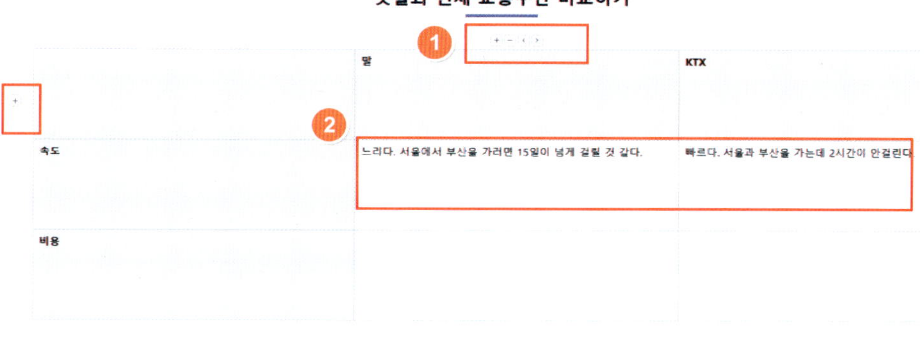

[그림 3-50] 사례와 기준 추가 및 내용 입력하기

예시를 2가지씩 비교하는 것을 들었지만 탐탐몬에서는 둘 이상의 대상도 함께 비교할 수 있다. 더하기 버튼으로 행과 열을 추가하여 사례나 비교 기준을 늘릴 수 있어 필요에 따라 다양한 사례와 기준으로 비교 활동을 할 수 있다. 각 셀에 비교 내용을 구체적으로 입력하도록 한다.

이렇게 학생들은 비교 차트를 작성하며 자연스럽게 교통수단 발달의 의미를 형성한다. 대부분 '효율성'과 '편리함'이라는 개념과 연결하며 개념을 형성할 것이다.

학생들은 다양한 사례를 통한 비교 차트를 공유하며 자신이 처음 가졌던 예전 생각이 맞음을 더욱 확신힐 수도 있다. "맞아, 교통수단이 발달히면 이동이 효율적이고 편해지네. 교통수단이 발달하면 점점 좋아지는구나." 하고 말이다.

⑥ 가치 수직선 생성하기

앞서 학생들은 교통수단 발달에 대한 긍정적 생각에 한 치의 의심도 하지 않고 있을 것이다. 이때 교사는 논쟁적 질문을 던지며 가치 수직선 활동을 진행해 학생들이 인지 갈등을 경험하고 비판적이고 균형적인 시각을 갖도록 한다.

'가치 수직선(Value Line)' 전략은 특정 주제나 문제에 대한 다양한 의견이나 가치 판단을 수직선상에 시각적으로 배치하고 토론하는 논쟁적 사고 전략이다. 수직선의 한쪽 끝(예: 1)은 '전혀 동의 안 함', 다른 쪽 끝(예: 7)은 '전적으로 동의함'으로 설정하고, 학생들이 자신의 입장을 수치화하여 표시한다. 이 활동은 학생들이 단순 찬반을 넘어 가치 갈등 상황의 복잡성을 이해하고, 선택한 입장에 대한 논리적 근거를 마련하도록 촉진한다.

　본 차시 학생들은 기본적으로 교통수단의 발달이 세상을 좋게 만들었다고 생각한다. 하지만 가치 수직선 활동을 통해 "교통수단의 발달이 항상 세상을 좋게만 만들었는가?"에 대해 의문을 가지고 다시 생각하게 된다.

[그림 3-51] 가치 수직선 생성하기

　가치 수직선 사고 전략을 클릭하고 도구 이름을 "교통수단의 발달은 세상을 좋게만 만들었는가?"로 입력한 후 생성하기 버튼을 클릭한다.

[그림 3-52] 가치 수직선 입력하기

　　논쟁적 질문을 평가 질문에 입력하고 몇 점 척도로 할지 설정한다. 번호를 입력하고 생성된 번호를 자신이 생각하는 점수 척도로 이동한다. 가장 오른쪽은 질문에 전적으로 동의하는 것으로 본 수업에서는 '교통수단의 발달이 세상을 좋게만 만들었다'는 응답이 된다. 가장 왼쪽인 1점은 '전혀 그렇지 않다'는 응답이다.

　　실제 수업에서는 7점보다 4~6점에 기록하는 학생들이 많을 것이다. 이것만으로도 학생들은 교통의 발달이 무조건 좋은 결과만 있는 것이 아니라 부정적 측면도 있다는 점을 스스로 알 수 있다. 각 척도에 응답 이유를 함께 공유하며 교통수단 발달의 긍정적 점과 부정적 점에 대한 균형적 시각을 갖게 된다.

　　이렇게 학생의 인식 변화만 확인하고 다음 단계로 넘어갈 수도 있다. 하지만 시간적 여유가 있다면 각각의 학생이 왜 그 점수를 선택했는지에 대해서 충분히 이야기를 나눈다면 보다 개념에 대해 깊이 생각해 볼 수 있을 것이다.

⑧ 지금 생각 작성하기

[그림 3-53] 지금 생각 입력하기

　이제 본 수업을 마무리할 시간이다. 초반부에 작성했던 예전 생각을 다시 열어 보고, 그때와 지금의 생각에 변화가 있는지 질문한다. 변화가 있었다면 왜 생각이 바뀌었는지 이야기를 나누고, 변화가 없었다면 왜 그런지에 대해서도 이야기한다.

　학습 전후 생각의 변화를 이야기하는 과정에서 학생들은 '내가 열심히 공부해서 새로운 사실을 알게 되었고, 이로 인해 내 생각도 변화되었다'고 인식한다. 이를 통해 학생들은 학습의 효능감과 성취감을 느끼고 지속적으로 개념 탐구를 이어갈 수 있다.

개념의 확장과 연결을 위한 에듀테크

4. 개념의 확장과 연결을 위한 에듀테크

1) 개념의 확장

개념을 형성했다면 이제 개념에 대한 사실적 예를 조사하며 패턴을 발견해야 한다. 개념 확장 단계는 학생들이 단원의 개념을 실제 세계와 연결해 가며 그 의미를 넓히는 과정이라고 할 수 있다. 이 한 가지 사례만 분석하면 개념이 쉽게 오해되거나 과도하게 일반화될 수 있으므로, 여러 맥락의 예를 탐색하면서 개념의 공통점과 차이를 발견한다.

학생들이 사례를 충분히 조사했다면, 다음은 개념과 사례 간의 관계를 조직하고 정리하는 과정이다. 이때 학생들은 조사 자료를 나열하는 것이 아니라, 패턴을 찾고 범주를 나눈다. 지도, 표, 차트, 개념도, 정렬 표 같은 시각적 조직 도구를 활용하면 조사 과정에서 얻은 사실들이 명확하게 정리된다.

학생들은 조직화 과정을 통해 개념을 체계적으로 설명할 수 있다. 조사 과정에서 수집한 사실적 자료는 처음에는 개별적으로 보이지만, 조직화 단계에서 상호 연관성을 찾고 의미를 부여하면 '사용 가능한 지식'으로 전환된다. 학생들은 개념의 필수 속성을 다시 확인하고, 사례별로 드러나는 개념의 모습이 어떻게 다르고 같았는지를 스스로 알게 된다. 이때 개념은 단순 정의를 넘어 "이 개념은 실제 세계에서 이렇게 다양하게 나타나는구나"라는 형태로 확장되며, 이후 일반화 단계로 자연스럽게 넘어갈 기반이 마련된다.

결국 개념의 확장 단계에서는 내용을 조사하는 과정과 정리하는 두 과정이 함께 작동해야 개념의 폭이 넓어지고 깊이가 생기며, 개념을 단순 암기가 아닌 '생각의 틀'로 사용할 수 있게 된다. 이 단계는 Marschall & French(2018)의 '조사하기(Investigate)'와 '조직 및 정리하기(Organize)' 단계, Murdoch의 찾아내기(Finding Out), 분류하기

(Sorting Out) 단계와 유사하다.

에듀테크는 개념의 확장 단계를 한층 깊고 풍부하게 만들어 주는 도구로 쓰인다. 조사 단계에서는 디지털 도서관, 구글 검색, 뉴스 데이터베이스, 유튜브 과학 채널, 오픈 데이터(기후·경제·인구 DB) 등을 활용해 사실적 예와 사례 연구를 폭넓게 수집할 수 있다.

조사 활동에서 주의해야 할 점은 Investigate(조사하기)가 단순한 Search(검색하기)와 같지 않다는 것이다. 핵심은 검색을 많이 하는 것이 아니라, 사례를 탐구하고 비교하고 분석함으로써 개념이 실제 세계에서 어떻게 나타나는지를 이해하는 것이다. 만약 학생 활동이 인터넷 검색 위주로만 진행된다면, 많은 정보를 모으는 것처럼 보이지만 실제로는 개념의 확장이나 깊은 사고를 촉진하기 어렵다.

검색 결과에서 보이는 문장 몇 개를 복사해 붙여넣기만 해도 과제가 겉모양상 채워지기 때문에 학생들은 정보를 선별하거나 비교·해석할 필요를 느끼지 못한다. 이렇게 되면 조사 활동이 단순히 '자료 모으기'나 '요약문 복제하기' 수준에 머물게 되고, 개념이 다양한 사례 속에서 어떻게 작동하는지 스스로 탐색해 보는 경험이 사라진다.

깊이 있는 학습이 오히려 '얕은 학습'이 되어 버릴 수 있다. 조사 활동은 정보를 단순히 찾기만 하는 활동이 아니라, 정보를 '해석'하고 '비교'하고 '의미를 만들어 가는' 탐구 과정임을 분명히 해야 한다.

2) 개념의 확장을 위한 에듀테크 활용의 실제

※ 매직스쿨 AI를 활용해 역사 속 인물과 대화하기

[교과] 단원명	[사회] 조선의 문화와 과학 기술의 발달		
개념 렌즈	관점, 혁신	**관련 개념**	갈등, 가치
관련 성취 기준	[6사04-03] 유교 문화가 발달하게 된 과정을 알아보고, 세종 대에 이루어 낸 대외 관계와 과학 기술 및 문화의 발전상을 탐구한다.		
일반화	혁신은 기존 가치와 갈등을 일으키며 다양한 관점을 이해할 때 변화의 의미를 파악할 수 있다.		
본 차시 학습 주제	인공지능과 함께하는 역사 인터뷰: 한글 창제의 두 목소리		
탐구 질문	[논쟁적 질문] 한글 창제를 둘러싼 세종대왕과 최만리의 입장은 왜 서로 달랐 을까?		
본 차시 활동	• 교과서 속 사실 확인하기 • 매직스쿨 인공지능으로 역사적 인물 인터뷰하기 • 두 인물의 관점을 비교하여 갈등의 원인 분석하기		

(1) 수업 설계 의도

본 수업은 학생들이 한글 창제라는 역사적 사건을 사실 암기하는 데 그치지 않고, 당시 사람들이 겪었던 가치 갈등과 관점의 차이를 체험하며 이해하도록 설계되었다.

단순히 세종대왕이 한글을 창제했다는 사실에 그치지 않고, 혁신과 기존 가치의 충돌, 반대 의견을 수용하는 태도까지 폭넓은 관점을 요구한다. 매직스쿨 AI를 활용한 역사 인물 인터뷰는 객관적인 기록과 사료를 근거로 당시의 상황을 재구성한다. 학생들이 스스로 질문을 던지며 역사를 입체적으로 해석하도록 도와준다.

인물 인터뷰와 입장 비교 활동을 통해 아이들은 역사를 스스로 해석하는 경험을 한다. 이 과정에서 학생들은 단순히 사건을 외우는 데 그치지 않고, 당시 상황을 추론하고, 서로 다른 입장의 근거를 따져보며, 오늘날 우리 사회의 갈등 상황과 연결 짓는 힘을 기른다.

(2) 매직스쿨 AI를 활용한 조사 활동의 가치

매직스쿨 AI 조사 활동의 핵심은 AI와의 대화를 통해 정보를 많이 얻는 데 있지 않다. 이 활동에서는 학생들이 질문을 만들어 가는 과정 자체가 중요하다. AI 캐릭터와 대화하며 역사적 사건을 접하다 보면, 학생들은 "왜 이런 선택을 했을까?", "다른 가능성은 없었을까?"와 같은 질문을 자연스럽게 떠올리게 된다.

이 과정에서 역사는 단순히 외워야 할 과거의 이야기로 다뤄지지 않는다. 예를 들어, 세종대왕이나 최만리의 입장에서 대화를 이어가다 보면, 당시의 고민과 선택이 오늘날의 사회적 문제와도 닿아 있다는 점을 생각하게 된다. 학생들은 서로 다른 입장을 비교하며 판단의 근거를 살펴보고, 의견이 다를 수 있음을 자연스럽게 경험한다.

매직스쿨 AI 조사 활동은 블룸의 신 교육 목표 분류에서 말하는 분석, 평가, 창조 수준의 사고와도 연결될 수 있다. 학생들은 인터뷰 형식의 대화를 통해 다양한 관점을 비교·정리하며 자신의 해석을 구성해 나간다.

또 하나의 특징은 대화가 한 번으로 끝나지 않는다는 점이다. 학생들은 AI의 답변을 바탕으로 다시 질문을 던지고, 이해가 부족한 부분을 확인하거나 질문의 표현을 바꿔 가며 대화를 이어간다.

이울러 AI가 제시한 딥변을 그대로 받아들이시 않고 확인하려는 태도를 키울 수 있다. AI가 특정 발언이나 사실을 제시하면, 학생들은 교과서나 다른 자료를 찾아 사실 여부를 확인해 보려 한다.

이처럼 매직스쿨 AI 조사 활동은 정보 탐색에 그치지 않고, 질문을 구성하고 답변을 평가하는 과정을 포함한다. 학생들은 역사적 사건을 다양한 관점에서 살펴보며, AI라는 도구를 활용해 생각을 확장해 보는 경험을 하게 된다.

(3) 매직스쿨 AI로 가상 인터뷰 진행하기

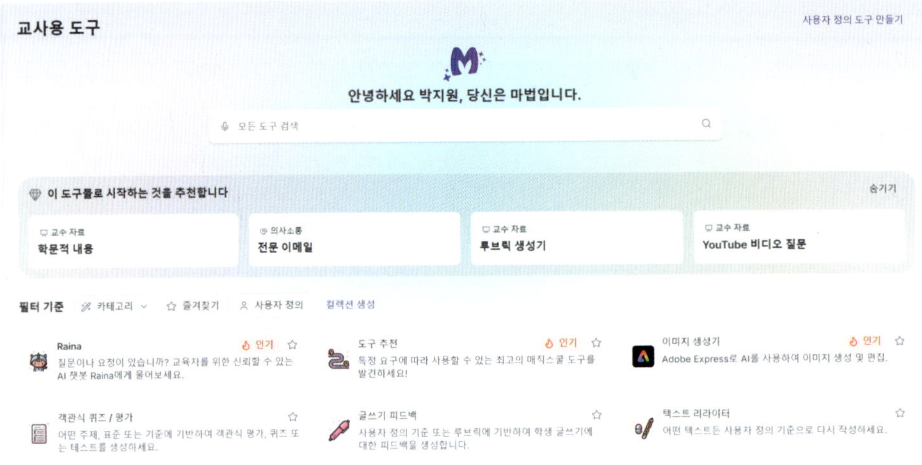

[그림 4-1] 매직스쿨 AI 메인 화면

매직스쿨 AI는 범용 챗봇과 달리, 학교 수업에서의 활용을 염두에 두고 설계된 도구다. 교사는 복잡한 프롬프트를 직접 작성하지 않아도 몇 번의 클릭만으로 수업 자료를 만들거나 학생 수준에 맞는 피드백을 준비할 수 있다.

개념기반 탐구학습에서 매직스쿨 AI는 주로 두 가지 방식으로 활용된다. 첫째는 '라이나 챗봇'으로, 교사가 수업 자료를 구성하거나 학습 활동을 설계할 때 대화를 주고받듯 아이디어를 정리하는 데 도움을 받을 수 있다. 둘째는 '인물 채팅 도구'로, 세종대왕이나 신사임당 같은 역사 인물, 혹은 소설 속 등장인물을 설정해 학생들이 직접 대화를 이어 간다. 이 과정에서 학생들은 교과서의 서술을 따라 읽는 대신, 특정 인물의 입장에서 상황을 이해하고 질문을 만들어 보게 된다.

매직스쿨 AI는 무료 환경에서도 기본적인 기능을 대부분 활용할 수 있다. 교사는 계정을 생성한 뒤 자료를 만들어 공유하면 되고, 학생들은 별도의 회원 가입이나 로그인 과정이 없이 교사가 제공한 링크만 클릭하면 된다.

매직스쿨 AI를 사용할 때 반드시 알려 줘야 할 점이 있다. AI도 틀릴 수 있다는 것이다. 가끔 역사적 사실과 다른 엉뚱한 답을 내놓을 때가 있어서, 교사는 학생들에게 반드시 알려 줘야 한다.

① 라이나 챗봇으로 수업 자료 생성하기

화면 메뉴에서 레이나를 클릭한다.

[그림 4-2] 첫 화면에서 레이나를 선택하는 모습

채팅창이 열리면 다음과 같이 입력한다.

"학생들이 한글 창제에 대해 배우고 있어. 세종대왕의 입장을 대변하는 가상 인터뷰 스크립트를 만들어 줘. 세종대왕은 백성들이 한자를 배우기 어려워하는 것을 안타깝게 여겨 한글을 만들었다는 점을 강조해 줘. 쉬운 어휘로 5문장 이내로 작성해 줘"

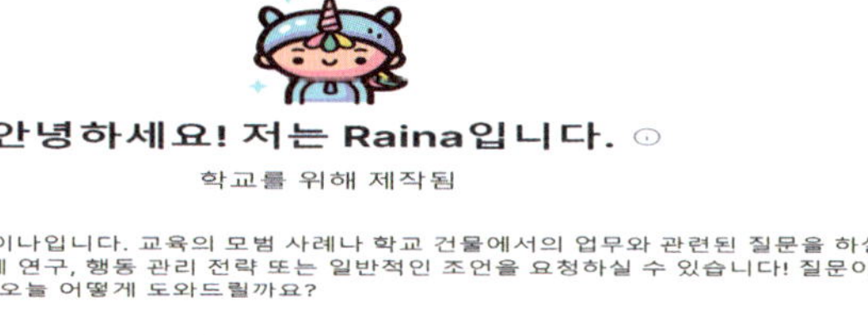

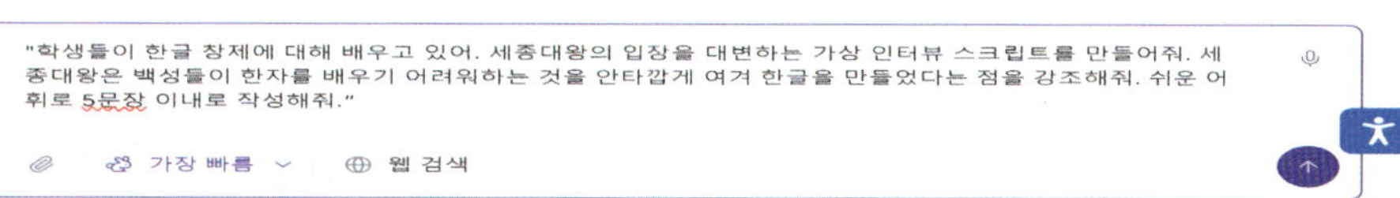

[그림 4-3] 레이나 채팅창 입력 모습

레이나가 즉시 답변을 생성한다. 생성된 텍스트를 학생들에게 공유하면 된다. 만약 내용이 어렵다면 "더 쉽게 작성해 줘"라고 추가 요청한다. 톤을 조정하고 싶다면 "좀 더 따뜻한 말투로 바꿔 줘"라고 요청할 수 있다.

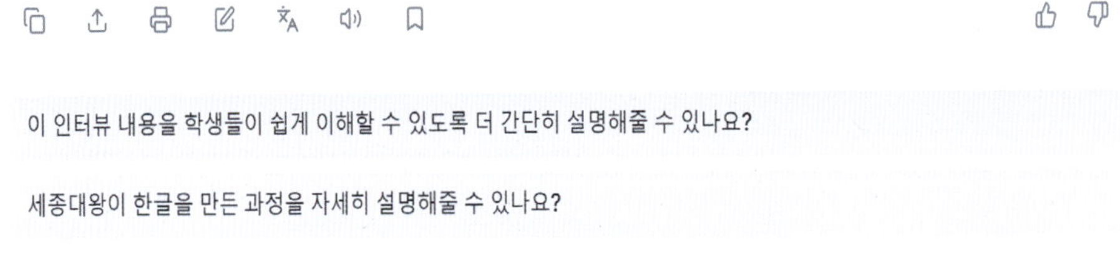

[그림 4-4] 레이나와의 채팅 장면

② 인물 채팅 도구로 대화형 학습 만들기

검색창에 'Character Chat'을 입력하고 '맞춤형 챗봇'을 클릭한다. 그러면 캐릭터 생성 양식이 화면에 나타난다.

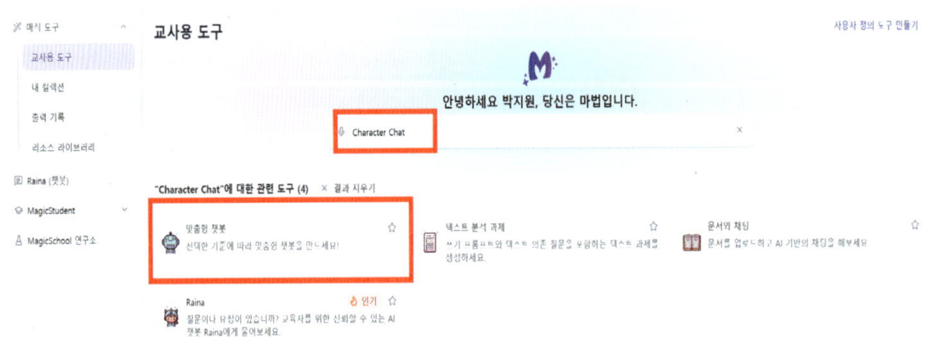

[그림 4-5] 맞춤형 챗봇 설정

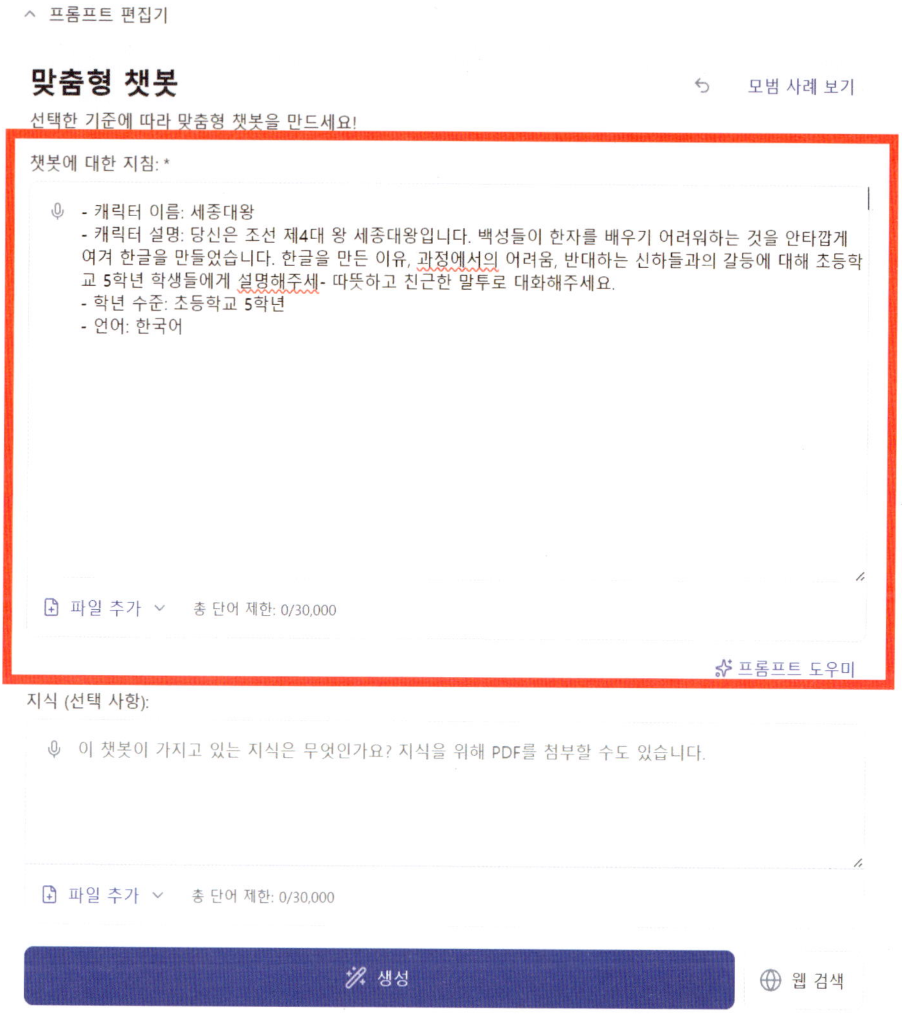

맞춤형 챗봇

↺ 모범 사례 보기

선택한 기준에 따라 맞춤형 챗봇을 만드세요!

챗봇에 대한 지침: *

🎤 - 캐릭터 이름: 세종대왕
- 캐릭터 설명: 당신은 조선 제4대 왕 세종대왕입니다. 백성들이 한자를 배우기 어려워하는 것을 안타깝게 여겨 한글을 만들었습니다. 한글을 만든 이유, 과정에서의 어려움, 반대하는 신하들과의 갈등에 대해 초등학교 5학년 학생들에게 설명해주세- 따뜻하고 친근한 말투로 대화해주세요.
- 학년 수준: 초등학교 5학년
- 언어: 한국어

⊕ 파일 추가 ∨   총 단어 제한: 0/30,000

✨ 프롬프트 도우미

지식 (선택 사항):

🎤 이 챗봇이 가지고 있는 지식은 무엇인가요? 지식을 위해 PDF를 첨부할 수도 있습니다.

⊕ 파일 추가 ∨   총 단어 제한: 0/30,000

✨ 생성   ⊕ 웹 검색

[그림 4-6] 세종대왕 챗봇 설정

- **캐릭터 이름:** 세종대왕

- **캐릭터 설명:** 당신은 조선 제4대 왕 세종대왕입니다. 백성들이 한자를 배우기 어려워하는 것을 안타깝게 여겨 한글을 만들었습니다. 한글을 만든 이유, 과정에서의 어려움, 반대하는 신하들과의 갈등에 대해 초등학교 5학년 학생들에게 설명해 주세요.

- **따뜻하고 친근한 말투로 대화해 주세요.**

생성 버튼을 클릭하면 세종대왕 캐릭터가 만들어진다. 같은 방식으로 최만리 캐릭터도 생성한다.

- **캐릭터 이름:** 최만리
- **캐릭터 설명:** 당신은 조선 시대 유학자 최만리입니다. 한글 창제를 반대한 상소를 올렸습니다. 중국 문화를 따르는 것이 중요하다고 생각하며, 쉬운 글자가 유교 질서를 흔들까 걱정합니다. 초등학교 5학년 학생들에게 당신의 입장을 정중하게 설명해 주세요.
- 따뜻하고 친근한 말투로 대화해 주세요.

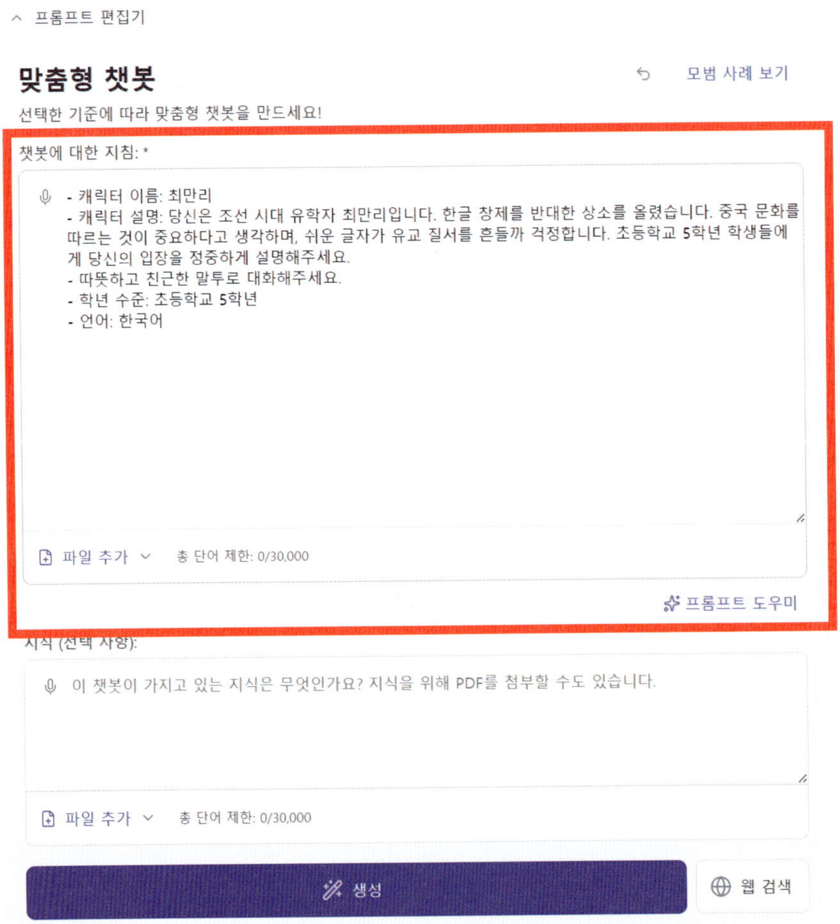

[그림 4-7] 최만리 챗봇 설정

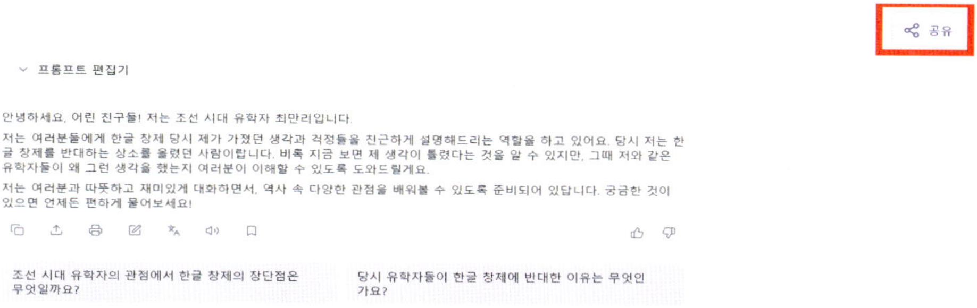

[그림 4-8] 공유하기를 통한 학생 인터뷰하기

③ 대화에서 발견하기: 인터뷰 활동 진행 절차

- **준비 단계:** 교사는 생성한 캐릭터 링크를 학생들에게 공유한다. 학생들은 링크를 클릭해 채팅창에 접속한다. 모둠별로 인터뷰할 인물을 배정한다. 예를 들어, 1모둠은 세종대왕, 2모둠은 최만리를 인터뷰하는 방식이다.

- **질문 준비 단계:** 학생들은 인터뷰 전에 질문 3가지를 미리 작성한다. 교사는 질문 예시를 제공한다. 왜 한글을 만들려고 생각하셨나요? 반대하는 신하들이 있었는데 어떻게 하셨나요? 한글을 만드는 데 얼마나 걸렸나요?

- **인터뷰 단계:** 학생들이 채팅창에 질문을 입력한다. AI는 캐릭터가 되어 답변한다. 학생들은 답을 읽고 궁금한 점을 더 물어본다. 교사는 교실을 돌아다니며 인상적인 질문을 (4) 기록 단계: 학생들은 인터뷰 내용을 워크시트에 정리한다. 세종대왕이 한글을 만든 이유, 최만리가 반대한 이유를 각각 3개씩 뽑아 적는다. 대화 내용은 스크린샷이나 복사 기능으로 저장하여 학급 LMS에 제출한다.

- **비교 분석 단계:** 두 모둠이 차례로 발표한다. 세종대왕 인터뷰 모둠은 찬성 입장을, 최만리 인터뷰 모둠은 반대 입장을 발표한다. 교사는 두 입장의 핵심을 칠판에 나란히 적어 시각화한다. 학생들은 동일한 사건을 바라보는 관점이 왜 달랐는지 토의한다.

[교과] 단원명	[사회] 세계 여러 나라의 문화와 생활 모습		
개념 렌즈	문화	**관련 개념**	보편성, 특수성
관련 성취 기준	[6사08-02] 세계 여러 나라의 다양한 생활 모습을 그 나라의 자연적·인문적 환경과 관련지어 이해하고, 지구촌 사람들의 생활 모습이 다양한 까닭을 파악한다.		
일반화	문화는 환경과 상호 작용하며 독창적인 형태를 띠며, 그 속에는 인간의 공통된 소망이 담겨 있다		
본 차시 학습 주제	가면 속에 숨겨진 두 얼굴: 하회탈과 아프리카 가면		
탐구 질문	[개념적 질문] 서로 다른 재료로 만든 가면들이 왜 비슷한 표정을 짓고 있을까		
본 차시 활동	• 구글 아트 앤 컬처로 하회탈, 아프리카 가면 관찰하기 • 관찰한 내용을 토대로 개념적 질문에 답하기		

(1) 수업 설계 의도

본 수업은 학생들에게 비교적 친숙한 하회탈과 상대적으로 낯선 아프리카 가면을 함께 제시하여, 문화 비교가 가능하도록 설계하였다. 두 대상의 대비는 학생들이 문화의 공통점과 차이점을 스스로 인식할 수 있는 출발점이 된다. 수업에서 제시되는 탐구 질문은 학습의 방향을 제시하는 역할을 하며, 학생들이 자세히 관찰하고, 대상을 비교하며, 반복되는 특징이나 패턴을 찾아본다.

이 수업에서는 지식 이해뿐 아니라 탐구 과정과 기능, 그리고 문화에 대한 태도를 함께 다룬다. 학생들은 주어진 설명을 그대로 받아들이기보다, 문화 요소를 직접 관찰하고 그 의미를 추론하는 경험을 하게 된다. 특히 환경과 문화의 관계를 살펴보는 과정에서, 각 문화가 지닌 특수성과 동시에 여러 문화에 공통적으로 나타나는 특징을 함께 인식하도록 구성하였다. 이를 통해 문화 차이를 나열하는 데 그치지 않고, 다문화 사회에서 다른 문화를 이해하고 존중하는 관점으로 연결될 수 있도록 하였다.

(2) 구글 아트 앤 컬처를 활용한 조사 활동의 가치

구글 아트 앤 컬처를 활용한 조사 활동은 예술 작품을 감상하는 데서 출발하지만, 그 과정이 단순한 감상에 머무르지는 않는다. 학생들은 기가픽셀 이미지를 확대하며 작품의 세부를 관찰하고, 이전에는 주목하지 않았던 요소들을 발견하게 된다.

이러한 관찰 경험은 자연스럽게 질문으로 이어진다. 예를 들어, "왜 이런 재료를 사용했을까?", "이 형태에는 어떤 의미가 있을까?"와 같은 물음이 생성된다. 이때 작품은 더 이상 정답이 정해진 학습 자료가 아니라, 탐구의 대상이 된다.

인지적 측면에서 보면, 이 활동은 단순한 정보 확인을 넘어 비교와 분석을 요구한다. 하회탈과 아프리카 가면을 함께 살펴보는 경우, 학생들은 외형적 차이를 넘어서 사용된 재료에 주목하게 된다. 나무와 조개껍데기라는 재료의 차이를 발견한 뒤, 각 지역의 자연환경이나 생활 조건과 연결해 그 이유를 추론한다.

또한, 구글 아트 앤 컬처의 고해상도 이미지는 한 번의 관찰로 끝나기보다 반복적인 탐색을 가능하게 한다. 확대 과정에서 새로운 세부가 드러나고, 이에 따라 기존 해석이 수정되기도 한다. 예를 들어, 하회탈의 눈매를 자세히 살펴보며 표현의 의도를 다시 생각한다.

이러한 활동은 교과서 사진처럼 정보를 일방적으로 전달하는 방식과는 다르다. 학생늘은 고해상도 이미지를 분석하며 관찰 기준을 세우고, 문화적 맥락을 고려하는 연습을 하게 된다.

(3) 구글 아트 앤 컬처로 박물관을 교실로 가져오기

[그림 4-9] 구글 아트 앤 컬처 첫 화면

구글 아트 앤 컬처는 전 세계 박물관과 미술관 소장품을 디지털로 만나는 문화예술 플랫폼이다. 일반 이미지 검색과는 차원이 다르다. 문화유산 보존과 교육 활용이라는 목적으로 구축되었다. 교사는 세계 각지의 박물관 소장품을 손쉽게 수업에 가져온다. 학생들은 교실에 앉아 국보급 문화재를 초고해상도로 탐색한다.

[그림 4-10] 초고해상도 기가픽셀 기술

구글 아트 앤 컬처 활용의 백미는 기가픽셀 기술이다. 눈으로 보기 힘든 붓 터치나 유물의 질감까지 확대해 볼 수 있어, 학생들이 막연한 감상을 넘어 구체적인 근거를 가지고 유물을 분석하게 만든다.

개념기반 탐구학습에서 구글 아트 앤 컬처는 크게 두 가지 방식으로 활용된다.

첫째는 기가픽셀 뷰어다. 문화 유물의 디테일을 생생하게 보여 주며 관찰 중심 탐구를 가능하게 한다. 둘째는 컬렉션 만들기다. 여러 문화권의 비슷한 유물을 모아 비교·분석 활동을 설계할 수 있다.

구글 아트 앤 컬처는 회원 가입 없이도 대부분 기능을 사용할 수 있다. 교사는 웹이나 앱으로 즉시 접속한다. 구글 계정으로 로그인하면 작품 저장과 컬렉션 제작이 가능하고, 이를 동료나 학생과 공유한다. 학생들의 사용은 더 단순하다. 교사가 만든 링크 하나만 클릭하면 된다. 작품 목록이 바로 펼쳐진다. 수업 시간의 번거로운 준비 과정 없이 즉시 탐구 활동을 시작한다.

구글 아트 앤 컬처 사용 시 주의할 점이 있다. 모든 작품이 기가픽셀로 제공되지는 않는다. 저작권 제약으로 일부는 낮은 해상도로만 볼 수 있다.

더 중요한 것은 학생 지도 방식이다. 학생들이 세부 관찰에만 집중하면 나무만 보고 숲을 놓칠 수 있다. 교사는 단순 확대 관찰에서 개념적 사고로 나아가도록 질문을 던져야 한다. "왜 이 재료를 골랐을까?" "이것이 그 지역 환경과 어떤 관계일까?" 이런 질문으로 사실에서 개념으로 이끈다.

① 컬렉션 검색

메인 화면 위쪽 검색창에 '하회탈'을 입력한다. 하회탈 이미지를 클릭한다. 작품 상세 페이지가 열린다. 화면 아래 확대 아이콘을 누르면 기가픽셀 뷰어가 실행된다.

[그림 4-11] 하회탈 검색하기

② 기가픽셀 뷰어로 디테일 들여다보기

기가픽셀 뷰어는 작품을 초고배율로 확대하는 기능이다. 마우스 휠이나 플러스 (+) 버튼으로 확대한다. 하회탈의 나뭇결을 확대하면 조각칼 자국이 생생하게 나타난다. 안료 칠한 부분을 들여다보면 시간이 지나며 벗겨진 흔적까지 보인다. 관찰을 마친 후, 비슷한 작품을 모아 갤러리를 만들 수 있다.

[그림 4-12] 기가픽셀 뷰어 기능 활용하기

③ 컬렉션 만들기와 공유

화면 오른쪽 위 하트 아이콘을 누르면 작품이 저장된다. 여러 작품을 저장한 후 '내 갤러리'로 이동한다. '갤러리 만들기'를 클릭한다.

- **컬렉션 이름**: 세계의 가면
- **설명**: 한국, 아프리카, 남미의 가면을 비교하며 문화의 공통점과 차이점을 찾는다.
- **공개 설정**: 링크가 있는 모든 사용자

[그림 4-13] 갤러리 만들기

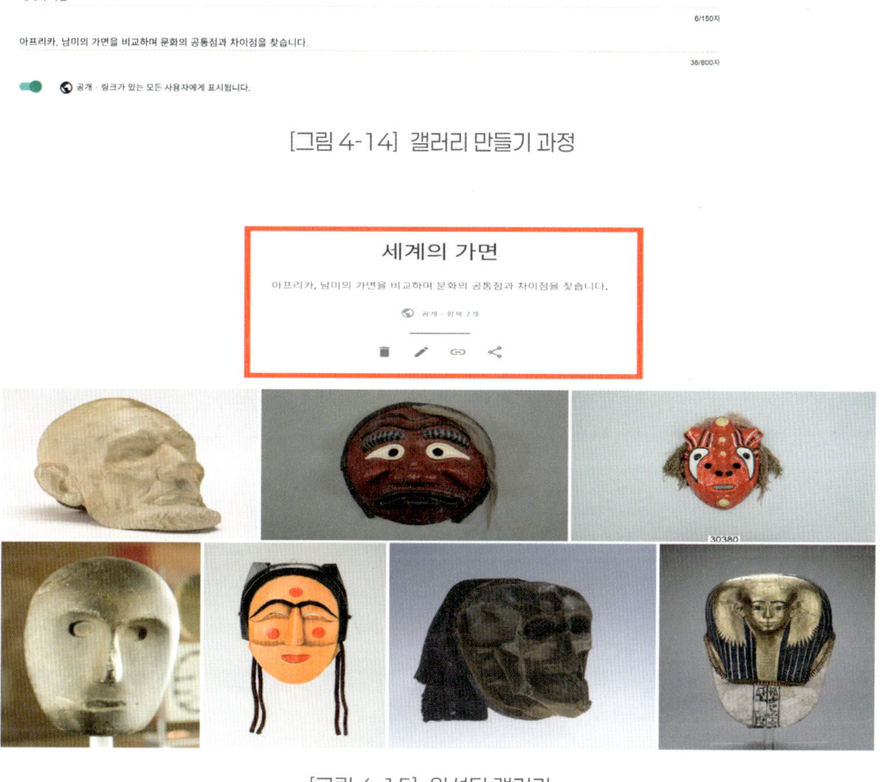

[그림 4-14] 갤러리 만들기 과정

[그림 4-15] 완성된 갤러리

④ 아트 카메라 둘러보기

메인 화면에서 '탐색' 버튼을 누른다. 메뉴 중 '아트 카메라'를 찾아 클릭한다. 아트 카메라로 찍은 고해상도 작품들이 나타난다. 검색창에 '한국' 또는 '국보'를 입력하여 우리 문화재를 감상한다.

[그림 4-16] 기가픽셀 뷰어 기능 활용하기

반고흐 작품을 선택하면 3D 뷰어가 실행된다. 마우스를 끌어 작품을 360도로 돌려 볼 수 있다. 확대하면 얼굴 표정의 섬세한 묘사와 옷 주름의 흐름까지 생생하게 보인다.

[그림 4-17] 기가픽셀 뷰어 기능 활용하기

⑤ 스트리트 뷰로 박물관 가상 방문하기

검색창에 '국립중앙박물관'을 친다. 박물관 페이지에서 스트리트 뷰 아이콘을 누른다. 박물관 내부가 360도 파노라마로 펼쳐진다. 전시품을 클릭하면 작품 설명이 나타난다. 학생들은 박물관을 직접 방문한 듯 전시실을 누비며 유물을 탐구한다.

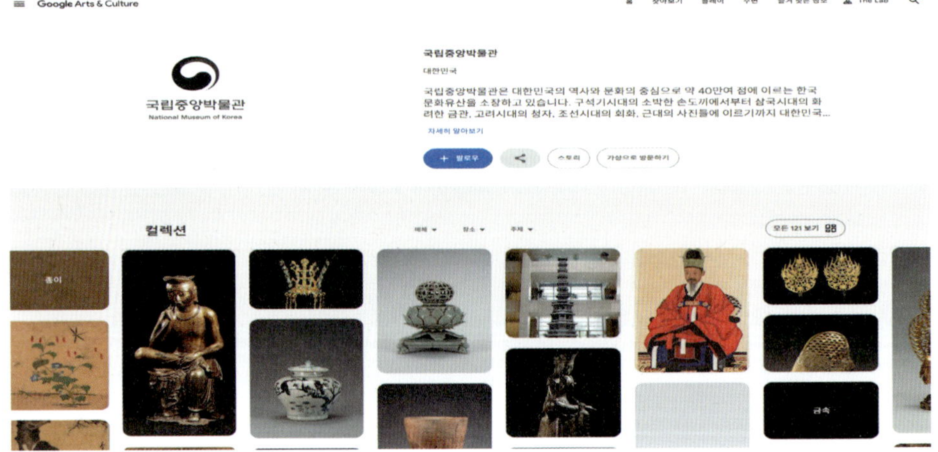

[그림 4-18] 국립중앙박물관 방문하기

※ 캔바(Canva)로 생각을 조직하기

(1) 수업 설계 의도

[교과] 단원명	[과학], [실과] 에너지의 이용과 절약		
개념 렌즈	효율성	관련 개념	자원, 환경, 장점과 단점
관련 성취 기준	[6과15-03] 우리 생활에서 에너지를 효율적으로 이용하는 예를 찾아보고, 에너지 절약을 실천하려는 태도를 가진다.		
일반화	친환경 에너지는 자연 환경에 따라 효율성이 다르며, 지속 가능한 미래를 위 해서는 다양한 에너지원을 복합적으로 활용해야 한다		
본 차시 학습 주제	에너지, 한눈에 비교하기: 무엇이 최선일까		
탐구 질문	[개념적 질문] 모든 곳에 완벽히 들어맞는 단 하나의 슈퍼 에너지는 존재할까		
본 차시 활동	• 친환경 에너지 조사하기 • 캔바로 교차 비교 차트 만들기 • 패턴 발견하고 개념 형성하기		

본 수업은 학생들의 일상과 연결된 친환경 에너지를 탐구 대상으로 삼아, 다양한 에너지원에 대한 정보를 비교·정리하도록 설계하였다. 여러 자료에 흩어져 있는 정보를 그대로 제시하기보다, 학생들이 직접 정리하는 과정을 통해 공통점과 차이점을 인식하도록 의도하였다. 이 과정에서 학생들은 각 에너지원이 자연환경에 기반하고 있다는 공통점과 함께, 설치 조건이나 장소에 따른 제약이라는 한계를 함께 살펴보게 된다.

수업에서는 시각화 도구를 활용해 복잡한 정보를 구조적으로 정리하는 경험에 초점을 둔다. 특히 캔바 비교 차트 활동은 핵심적인 학습 도구로 활용된다. 학생들은 차트를 구성하며 어떤 기준으로 정보를 배열할지 고민하고, 아이콘과 표현 방식을 선택하면서 에너지원 간의 관계를 검토한다. 이 과정에서 개별 정보가 아닌, 정보 간의 연결과 관계성에 주목하도록 수업을 설계하였다.

(2) 캔바를 활용한 조직 활동의 가치

캔바를 활용하면 정보를 한눈에 보이게 정리할 수 있다. 단순히 텍스트를 옮겨 적는 데서 그치지 않고, 아이콘이나 도표를 사용하면서 어떤 정보가 더 중요하고, 무엇이 서로 연결되는지 생각하게 된다. 이 과정에서 학생은 주어진 정보를 그대로 옮기지 않고 재구성한다.

캔바로 정리한 자료는 암기가 목적이 아니다. 정보를 하나씩 나열하기보다 관계를 드러내는 데 초점이 맞춰진다. 학생들은 자신이 만든 구조를 보며 원인과 결과, 공통점과 차이점을 자연스럽게 확인하게 되고, 그 과정에서 정리 기준을 스스로 세우게 된다.

이렇게 시각화하여 정리하는 자료는 한 번 만들고 끝나는 경우가 드물다. 처음에는 단순한 표나 비교 구조로 시작하지만, 내용을 추가하다 보면 새로운 것을 발견하게 된다. 예를 들어, 에너지 종류를 비교하다가 환경과 관련된 요소가 반복된다는 점을 발견하면, 새로운 항목을 추가해 다시 정리하게 된다. 이해가 바뀌면 구조도 함께 수정된다.

다만, 한 가지 주의할 점도 있다. 도구 자체가 사고를 대신해 주는 것은 아니다. 기준 없이 꾸미기에만 집중하면 디자인은 그럴듯해 보이지만 내용은 얕을 수 있다. 캔바를 활용한 정리 활동이 효과를 가지려면, 무엇을 비교하고 왜 그런 구조를 쓰는지에 대한 교사의 구체적인 안내와 질문이 함께 필요하다.

(3) 캔바로 차트 만들기

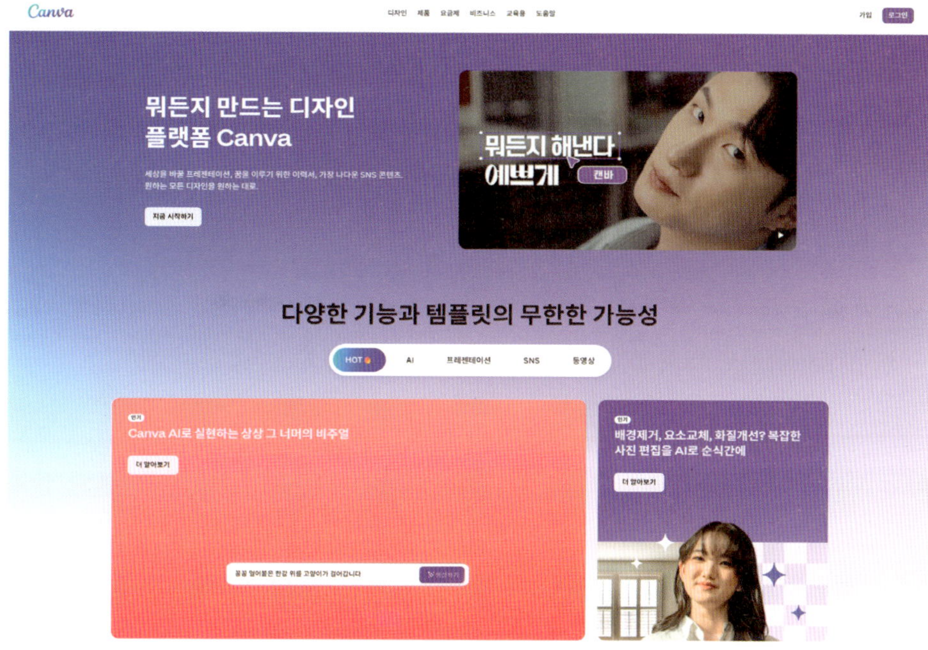

[그림 4-19] 캔바 첫 화면

　캔바는 그래픽 디자인과 협업을 지원하는 온라인 플랫폼이다. 일반적인 문서 작성 도구와 달리, 요소를 끌어다 놓는 방식으로 시각 자료를 구성할 수 있어 비교적 짧은 시간 안에 정리된 결과물을 만들 수 있다. 교사는 프레젠테이션이나 포스터 등 수업 자료를 제작하는 데 활용하고, 학생들은 조사한 내용을 표, 차트, 흐름도 등의 형태로 정리하는 데 사용한다.

　수업에서 캔바를 활용하는 이유는 시각적 표현이 학생들의 사고를 보조하는 역할을 하기 때문이다. 정보를 비교 차트로 배열하면 항목 간 공통점과 차이점이 한눈에 드러나고, 절차나 과정을 흐름도로 나타내면 단계 간 연결을 살펴보기가 수월해진다. 다양한 템플릿과 아이콘은 표현 방식에 대한 부담을 줄여 주며, 실시간 공동 편집 기능은 모둠 단위 활동을 운영하는 데 활용할 수 있다.

　개념기반 탐구학습의 '조직하기' 단계에서 캔바는 주로 두 가지 방식으로 사용된다. 하나는 비교 차트 구성이다. 여러 대상을 조사한 뒤 표 형태로 정리하는 과정에서 학생들은 항목 간 유사점이나 반복되는 특징을 발견하게 된다. 다른 하나는 과정 시각화이다. 복잡한 절차나 시스템을 흐름도로 표현하며 각 단계의 역할과 연결 관계를 점검한다.

캔바는 교육용 계정을 통해 교사와 학생에게 추가 기능을 제공한다. 교사는 학교 이메일 인증을 통해 교육 계정을 개설하고, 학생들을 팀으로 초대해 협업 활동을 운영할 수 있다. 학생들은 초대 링크를 통해 바로 접속해 공동 편집에 참여할 수 있으며, 별도의 복잡한 설정 없이 수업 활동을 시작할 수 있다. 자동 저장 기능은 작업 과정에서의 부담을 줄여 준다.

다만, 캔바 활용 시에는 몇 가지 점을 유의할 필요가 있다. 시각적 요소에 집중하다 보면 내용의 구조화가 충분히 이루어지지 않을 수 있고, 템플릿 활용이 반복되면 결과물이 유사해질 가능성도 있다. 따라서 교사는 결과물의 완성도보다 정보가 어떻게 분류되고 연결되었는지에 초점을 두고 안내할 필요가 있다. 예를 들어, "이 항목들을 같은 칸에 묶은 이유를 설명해 보세요.", "이 화살표가 나타내는 관계는 무엇인지 말해 보세요"와 같은 질문을 통해 학생들이 자신의 표현 선택을 설명해 보도록 유도하는 것이 중요하다.

① 화이트보드로 협업 공간 만들기

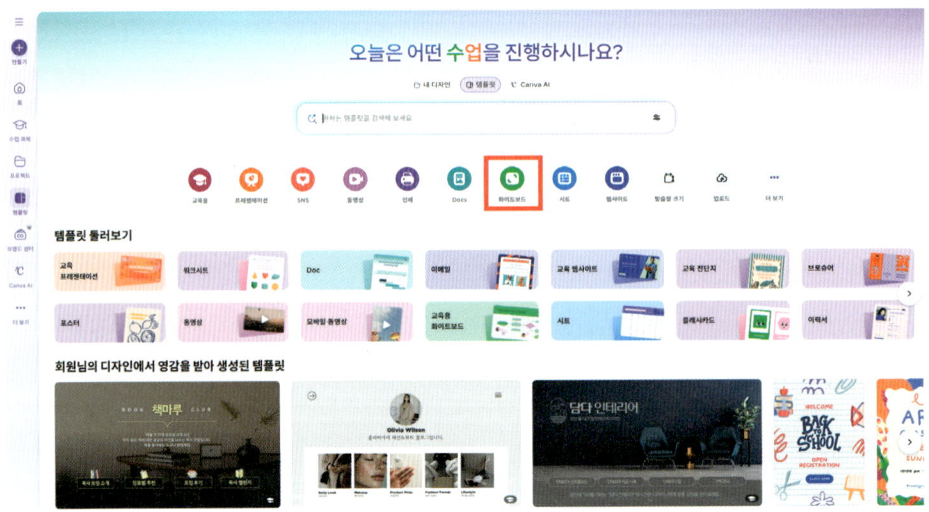

[그림 4-20] 캔바 화이트 보드 선택하기

화이트보드를 선택하면 무한 캔버스가 나타난다. 화면을 자유롭게 확대, 축소, 이동할 수 있다. 왼쪽 메뉴에서 '요소'를 누른다.

[그림 4-21] 캔바 요소 도형 넣기

- **도형 넣기**: 사각형, 원, 삼각형 같은 도형을 골라 화면에 끌어다 놓는다. 도형을 한 번 누르면 색깔, 테두리 굵기, 투명도를 바꿀 수 있다.
- **텍스트 넣기**: 키보드 T키를 누르거나 왼쪽 메뉴에서 텍스트를 고른다. 원하는 위치를 클릭하고 글자를 친다. 글꼴 종류, 글자 크기, 색깔을 바꿀 수 있다.

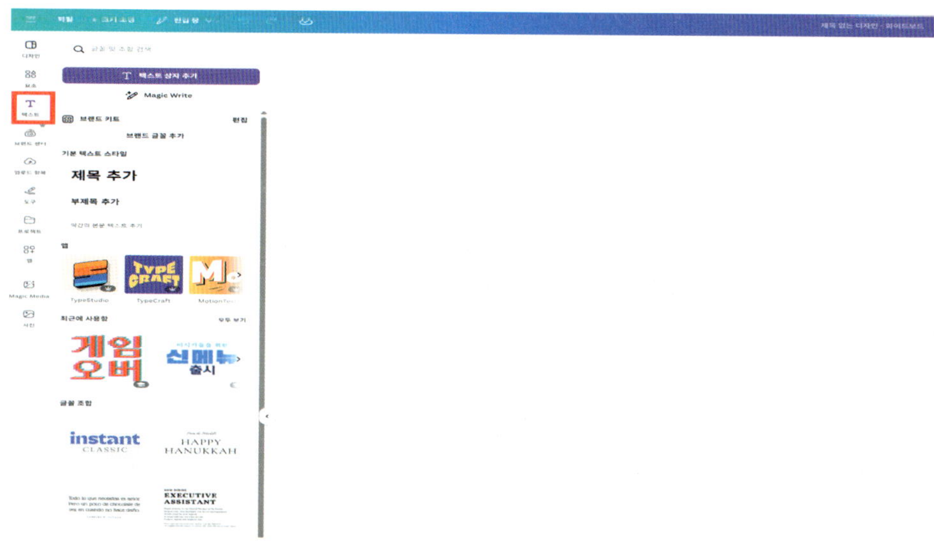

[그림 4-22] 캔바 텍스트 넣기

- **선과 화살표:** 요소 메뉴에서 '선'을 찾는다. 직선, 곡선, 화살표 등 여러 모양이 뜬다. 마음에 드는 것을 골라 도형과 도형 사이를 이어준다.

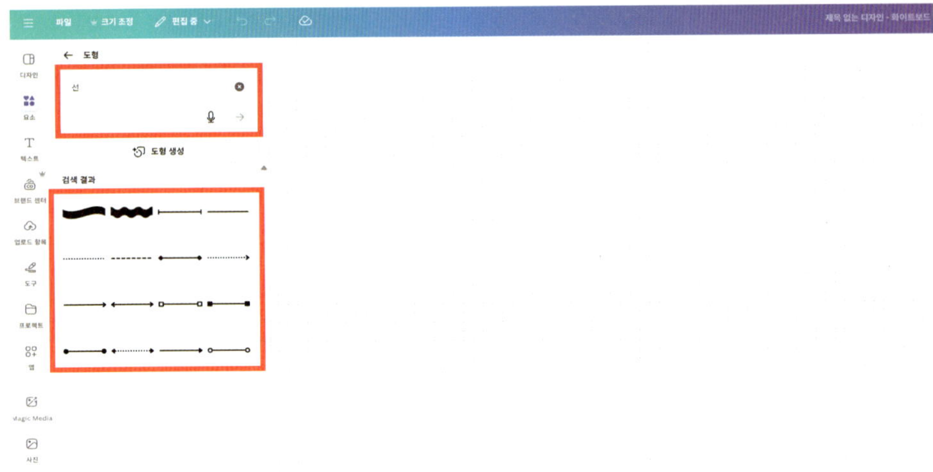

[그림 4-23] 캔바 요소 선 넣기

② 표 만들기와 셀 편집

요소 메뉴에서 '표'를 찾는다. 여러 표 모양이 뜬다. 마음에 드는 것을 선택하여 화면에 드래그한다. 표를 클릭하면 줄이나 칸을 더하는 버튼이 나온다. 표 안 빈칸을 눌러 글자를 친다. 맨 위 가로줄에 태양광, 풍력, 수력, 지열을 쓴다. 맨 왼쪽 세로줄에 에너지원, 설치 장소, 장점, 단점을 넣는다. 학생들은 알아낸 내용을 빈칸마다 채운다.

[그림 4-24] 캔바 요소 표 채우기

③ 실시간 협업 설정

오른쪽 위에 있는 '공유' 버튼을 누른다. 공유 방법 중 '링크로 공유'를 고른다. 권한을 '보기만 가능'에서 '편집 가능'으로 바꾼다. 링크 주소를 복사해서 학생들에게 카톡이나 클래스룸으로 보낸다.

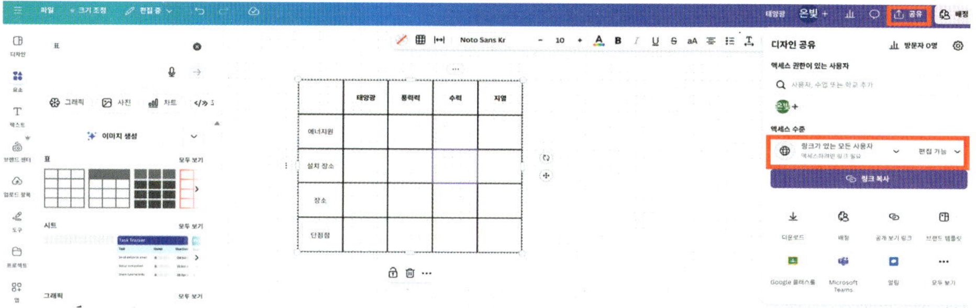

[그림 4-25] 캔바 학생 협업하기

학생들은 링크를 누르기만 하면 같은 작업 공간으로 들어간다. 여러 명이 한꺼번에 편집할 수 있다. 화면 위쪽에 친구들의 마우스 커서가 움직이는 게 보인다. 누가 어디를 고치는지 그 자리에서 확인된다.

④ 템플릿 검색하기

메인 화면으로 나가서 '템플릿' 버튼을 누른다. 검색창에 '비교 차트'를 입력한다. 교육용으로 만들어진 표 디자인들이 여러 개 뜬다. 마음에 드는 것을 고른다.

[그림 4-26] 캔바 템플릿 검색하기

⑤ 아이콘과 이미지 검색 활용

[그림 4-27] 캔바 아이콘 검색하기

아이콘을 찾을 때는 영어로 검색하는 게 좋다. 한글보다 훨씬 많은 아이콘이 나온다. 예를 들어, 태양, 바람, 물, 지구로 입력한다.

이미지도 똑같이 찾으면 된다. '사진' 버튼을 누르고 '태양광'을 친다. 실제 태양광 패널 사진들이 뜬다. 마음에 드는 걸 골라서 쓴다.

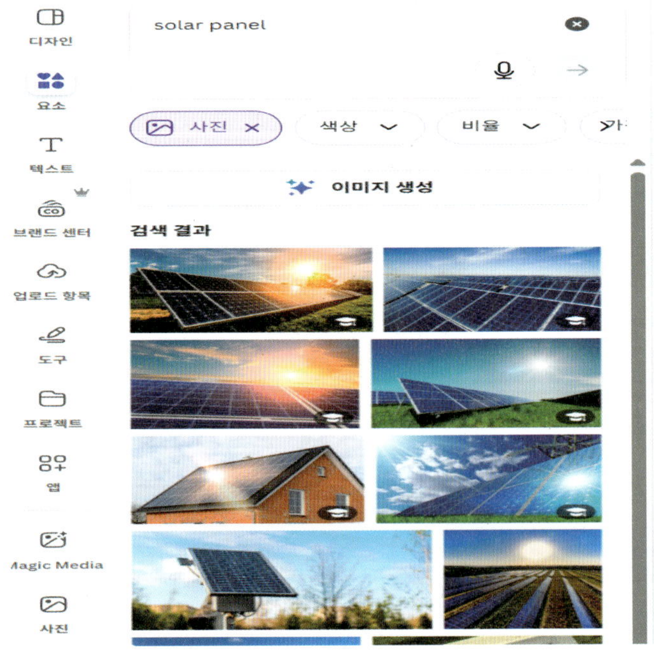

[그림 4-28] 캔바 사진 검색하기

⑥ 내보내기와 프레젠테이션 모드

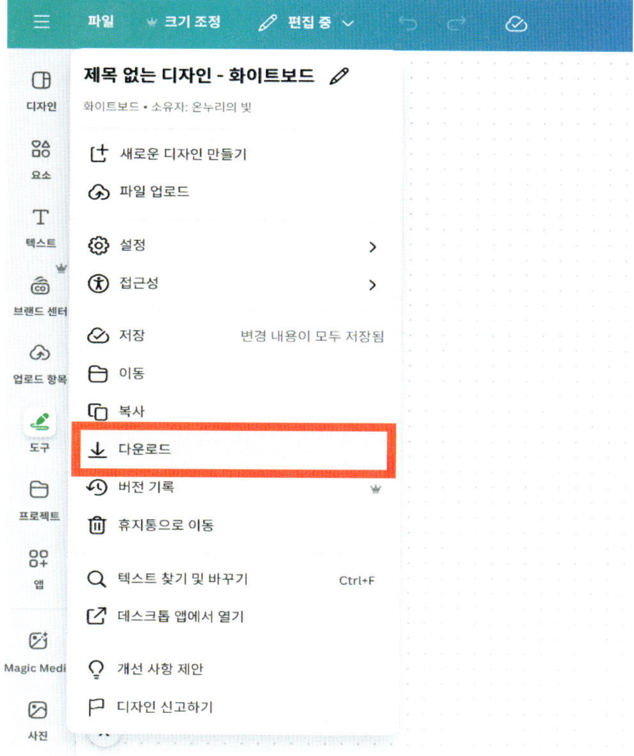

[그림 4-29] 캔바 다운로드

작입 완료 후 좌측 상단의 '파일' 메뉴를 선택한다. 메뉴에서 '다운로드'를 선택한다.

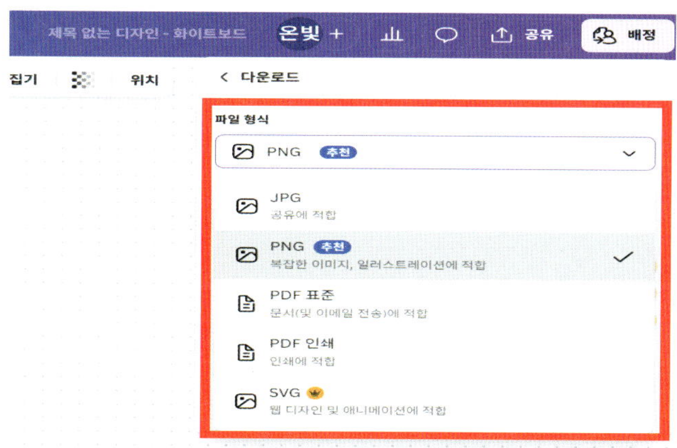

[그림 4-30] 캔바 다운로드 파일 형식

- PNG: 사진처럼 이미지로 저장된다. 프린트하거나 워드 문서에 넣을 때 쓴다.
- PDF: 여러 장을 한 파일에 담는다. 학생들한테 나눠줄 때 편하다.
- 동영상: 움직이는 효과가 있으면 이걸로 저장한다.

프레젠테이션 모드는 화면 오른쪽 위 재생 버튼을 클릭한다. 전체 화면으로 작품이 표시된다. 학생들 앞에서 발표할 때 사용한다.

3) 개념의 연결(일반화)

개념기반 탐구의 목표는 '개념 목록 외우기'로 끝나지 않는다. 개념을 확장하고 조직한 후에는 이를 일반화하는 단계로 나아간다. 일반화는 '두 개념 간의 관계를 진술한 문장'이라고 할 수 있다. 여기서 말하는 '관계를 진술한다'는 것은 단순히 "A와 B는 관련 있다"라는 수준의 진술이 아니다. 'A가 B에 어떤 방식으로 영향을 미친다', 'A가 B를 가능하게 한다', 'A와 B의 관계가 특정 현상을 설명한다'와 같이 관계의 방식, 근거까지 드러내는 것이다.

Marschall & French가 제시한 일반화 3단계는 학생이 처음 내놓은 단순한 개념 진술이 교사의 발문과 사고 확장을 거치면서 점점 정밀하고 전이 가능한 이해로 성장하는 과정을 구조화한 틀이다. 1단계는 학생이 사실과 경험에서 바로 끌어낸 초기 생각이다. 이 단계에서는 개념끼리 어떻게 연결되는지 잘 안 보이고 쓰는 동사도 모호하다. 2단계는 "왜?", "어떻게?" 같은 발문으로 학생이 개념 간 관계를 분명하게 풀어내는 수준이며, 개념기반 탐구에서 교사가 학생을 꼭 데려가고 싶어 하는 핵심 지점이다. 3단계는 여기서 더 나아가 새 개념을 보태거나 더 넓은 원리를 끌어와 사고를 확장하는 단계다.

개념기반 탐구의 목표는 2단계의 일반화를 얻는 데 집중하고 있다. 예를 들어 보자. 학생이 "민주주의에서는 시민 참여가 중요하다"라고 말할 수 있다. 이 진술은 타당해 보이지만, 왜 중요한지, 어떤 방식으로 연결되는지, 어떤 개념적 관계가 작동하는지 명확하지 않기 때문에 1단계 일반화 수준이다. 여기서 교사가 "왜 민주주의에서 시민 참여가 중요한가?", "시민 참여가 어떤 기능을 수행한다고 생각하는가?", "참여가 이루어지지 않을 경우 어떤 현상이 생기는가?"와 같은 스캐폴딩 질문을 던지면 학생은 개념 간의 관계를 구체적으로 생각하게 된다.

그 결과 학생은 '시민 참여는 민주주의가 대표성과 정당성을 유지하도록 돕는다'는 2단계 일반화를 구성할 수 있다. 이 문장은 단순히 '중요하다'라는 진술을 넘어, 시민 참여가 대표성, 정당성이라는 개념과 어떤 방식으로 연결되는지를 드러내며, 민주주의가 작동하는 핵심 원리를 개념적으로 설명한다.

일반화와 관련해 교사들이 흔히 오해하는 부분은 이를 그냥 '학습 정리' 정도로 여긴다는 점이다. 많은 교실에서 단원이나 차시 끝에 '오늘 배운 내용을 정리해 보자'라고 요청하면, 학생들은 사건과 사실, 절차를 시간순으로 나열하거나 교과서에 있던 문장을 다시 표현하는 데서 멈춘다. 이것은 정리 활동이지 일반화가 아니다. 일반화는 차시에서 익힌 사실들을 정리하는 수준이 아니라, 여러 개념이 어떻게 엮여서 어떤 현상을 설명하게 되는지를 학생이 직접 깨닫는 과정이다.

일반화 활동에 맞는 에듀테크는 학생들의 생각 과정을 모으고, 시각적으로 드러내며, 서로 공유하고, 새롭게 조합할 수 있게 하는 데 중점을 두어야 한다. 단순히 정답만 맞췄는지 확인하는 것이 아닌 학생들이 한 단원 동안 모아 온 생각과 자료를 다시 살펴보고 서로 연결해 보도록 해야 한다.

예를 들어, 화이트보드형 협업 도구를 활용해 개념 간 관계를 시각적으로 보여주는 연결 맵 활동이나, 조사한 사례에서 공통점을 찾는 활동을 할 수 있다. 더 나아가 여러 학생이 제안한 일반화 문장을 한 화면에서 모아 비교하고, 공통 요소를 추출해 집단적 일반화를 구성하도록 도와야 한다.

4) 개념의 연결을 위한 에듀테크 활용의 실제

※ 와우아이디어스로 생각 진화시키기

[교과] 단원명	[사회], [도덕] 세계 문제와 지속 가능한 삶		
개념 렌즈	상호 연결성	관련 개념	소비, 노동, 인권
관련 성취 기준	[6사08-05] 지구촌의 주요 환경 문제 및 빈곤, 기아 등 인류가 안고 있는 문제 해결을 위한 여러 주체의 노력을 조사하고, 지속 가능한 미래를 위해 노력하는 태도를 기른다.		
일반화	개인의 소비 선택은 지구 곳곳의 문제와 연결된다.		
본 차시 학습 주제	내 초콜릿의 쓴맛: 달콤함 뒤에 숨겨진 이야기		
탐구 질문	[개념적 질문] 내가 선택한 초콜릿 한 개는 지구 반대편의 사람들과 어떤 방식으로 연결되어 있을까?		
본 차시 활동	• 카카오 농장의 아동 노동 실태 조사하기 • 와우아이디어스로 생각의 진화 활동하기		

(1) 수업 설계 의도

본 수업은 하나의 탐구 질문을 중심으로 사고가 점진적으로 확장되도록 구성되었다. 수업 초반에는 초콜릿 생산과 관련된 사례를 살펴보며 사실적 정보를 정리한다. 이후 여러 사례를 비교하면서 공통점과 차이점을 찾고, 반복적으로 나타나는 요소에 주목하도록 한다.

다음 단계에서는 앞서 정리한 내용을 바탕으로, 개인의 소비 행위가 생산과 유통의 과정 속에서 어떤 방식으로 연결될 수 있는지를 살펴본다. 이때 수업은 특정한 판단이나 결론을 요구하기보다, 소비가 여러 조건과 구조 안에서 이루어진다는 점을 생각해 보도록 안내한다.

와우아이디어스는 학생들의 생각을 모으고 정리하는 도구로 활용된다. 학생들은 카드 작성과 의견 공유, 투표와 토론을 거치며 다양한 관점을 접하고, 공통되거나 쟁점이 되는 내용을 정리한다. 이 과정에서 개별 생각은 비교·조정되며, 일반화 문장으로 정리된다.

이 수업은 학생들이 정보를 단순히 받아들이는 데서 그치지 않고, 사례를 비교하고 자신의 언어로 정리해 보는 경험을 제공하는 데 목적을 둔다. 이를 통해 소비와 윤리의 문제를 일상과 연결해 생각해 볼 수 있다.

(2) 와우아이디어스를 활용한 일반화 활동의 가치

와우아이디어스는 조사 결과를 모아 두는 도구라기보다, 여러 생각을 나란히 놓고 관계를 살펴보는 활동에 활용된다. 학생들은 카드에 각자의 생각을 적고, 이를 함께 보 어떤 관점이 비슷한지, 무엇이 다른지를 비교한다.

투표와 토론은 정답을 가리기 위한 절차라기보다, 어떤 관점이 어떤 이유로 공감을 얻었는지를 살펴보기 위한 장치로 사용된다. 학생들은 다수의 선택을 그대로 따르기보다, 그 선택이 가리키는 공통된 개념이나 반복되는 흐름이 무엇인지 다시 확인한다.

수업에서 말하는 일반화는 새로운 결론을 만들어 내는 일이 아니다. 여러 카드에 흩어져 있던 생각들 사이의 관계를 드러내고, 공통되는 개념을 문장으로 표현하는 일에 가깝다. 학생들은 자신의 표현을 수정하거나 다른 의견을 반영하며, 일반화 문장이 한 번에 완성되지 않는다는 점을 경험한다.

(3) 와우아이디어스 시작하기

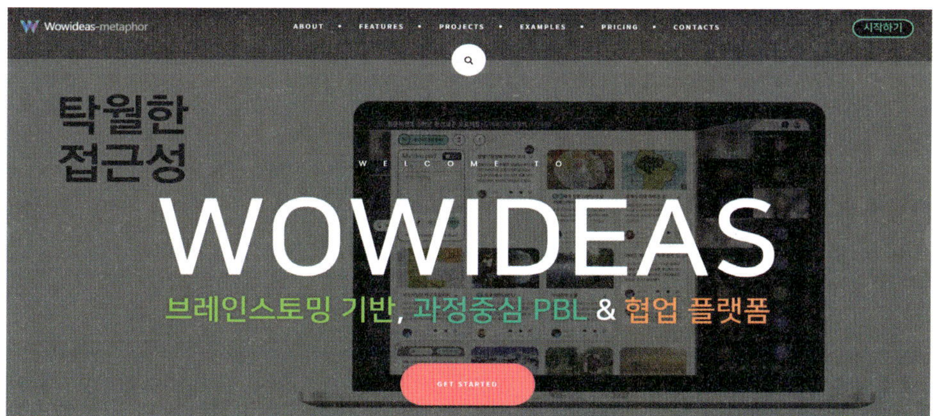

[그림 4-31] 와우아이디어스 첫 화면

와우아이디어스는 여러 사람의 생각을 한 공간에 모아 보고, 이를 정리해 가는 데 활용할 수 있는 협업 도구이다. 단순한 게시판과 달리, 카드 작성·투표·댓글 기능을 통해 아이디어가 어떻게 수정되고 정리되는지를 확인할 수 있다.

개념기반 탐구 수업에서 와우아이디어스는 주로 두 가지 방식으로 활용된다.

첫째는 공통 일반화 구성이다. 학생들은 각자 조사 내용을 바탕으로 일반화 문장을 시도해 본다. 이후 투표와 댓글을 통해 표현의 적절성이나 포함 범위를 검토하고, 토론을 거쳐 문장을 수정한다. 이 과정은 개별 생각을 비교하고, 공통되는 개념과 관계를 드러내는 데 초점을 둔다.

둘째는 실천 방안의 정리와 우선순위를 정함이다. 학생들은 토론을 통해 다양한 방안을 제시하고, 투표를 통해 어떤 방안이 상대적으로 설득력이 있는지 살펴본다. 의견이 엇갈릴 경우 찬반 댓글을 통해 이유를 설명하며, 학급 차원에서 적용 가능한 선택지를 좁혀 간다.

와우아이디어스는 별도의 비용이나 앱 설치 없이 웹 브라우저에서 사용할 수 있다. 교사는 프로젝트를 개설한 뒤 링크를 공유하고, 학생들은 회원 가입 없이 접속해 활동에 참여한다. 수업 시간에 바로 활용할 수 있다는 점에서 운영 부담이 크지 않다.

다만, 활용 과정에서 몇 가지 유의할 점이 있다. 투표 결과가 많다는 이유만으로 아이디어의 타당성이 결정된다고 오해할 수 있다. 따라서 교사는 다수 의견의 이유를 다시 확인하도록 안내할 필요가 있다.

① 프로젝트 만들기

먼저 와우아이디어스 웹사이트로 들어간다. 새 계정을 만들거나 이미 있는 구글 계정으로 로그인한다. 메인 화면에 있는 '새 프로젝트 만들기' 버튼을 누른다.

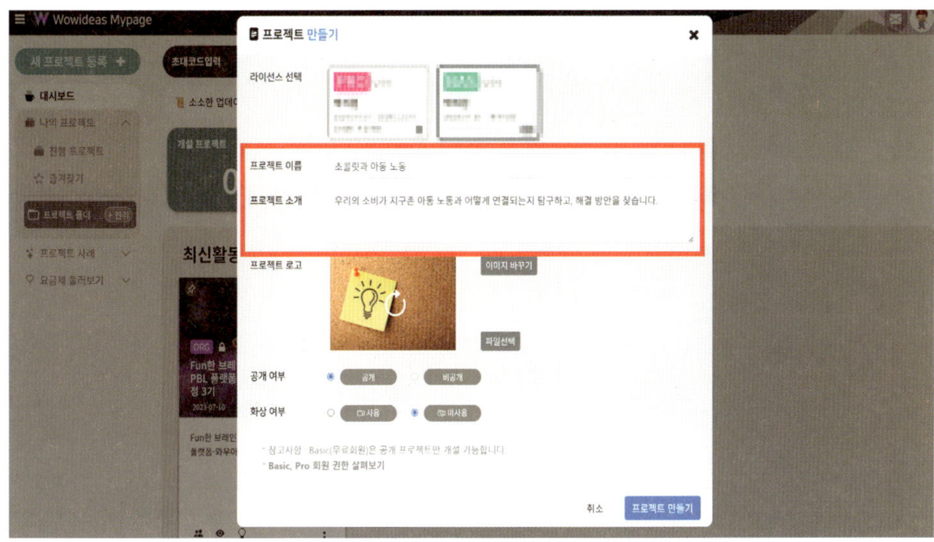

[그림 4-32] 와우아이디어스 첫 화면

- **프로젝트 이름:** 초콜릿과 아동 노동
- **프로젝트 설명:** 우리의 소비가 지구촌 아동 노동과 어떻게 연결되는지 탐구하고, 해결 방안을 찾는다.

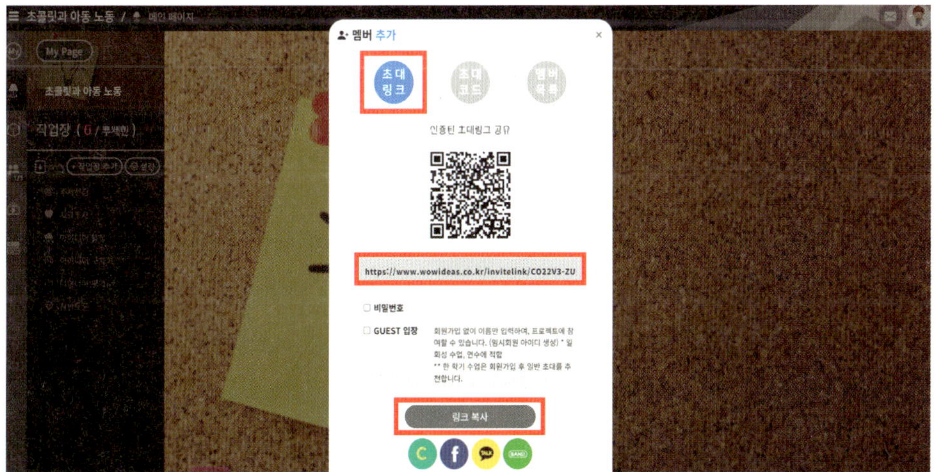

[그림 4-33] 와우아이디어스 학생 초대하기

프로젝트가 생성되면 다음 단계로 학생들을 초대하여 아이디어 카드를 작성해야 한다. 화면 위에 나타난 링크 주소를 복사해서 학생들한테 보내면 된다.

② 아이디어 카드 작성하기

선생님이 GUEST 입장을 허용하면 학생들은 회원 가입을 하지 않고 링크만 누르면 들어갈 수 있다. 화면 가운데 자기 이름을 쓰기만 하면 된다.

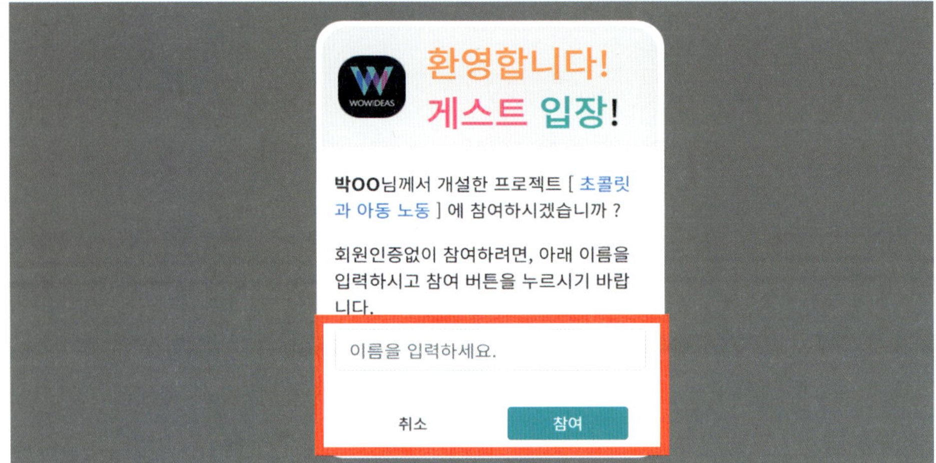

[그림 4-34] 와우 학생 참여 화면

아이디어 발상을 선택하고 제목과 설명을 입력한다.

- **제목 입력**(필수): 아동 노동은 나쁘다

- **설명 추가**(선택): 아이들은 학교에 가야 하는데 일을 하고 있어서 안타깝다.

- **이미지 추가**(선택): 관련 이미지를 올리거나 URL을 넣는다.

'카드 저장'을 누른다. 카드가 화면에 뜬다. 학생들은 각자 카드를 쓴다.

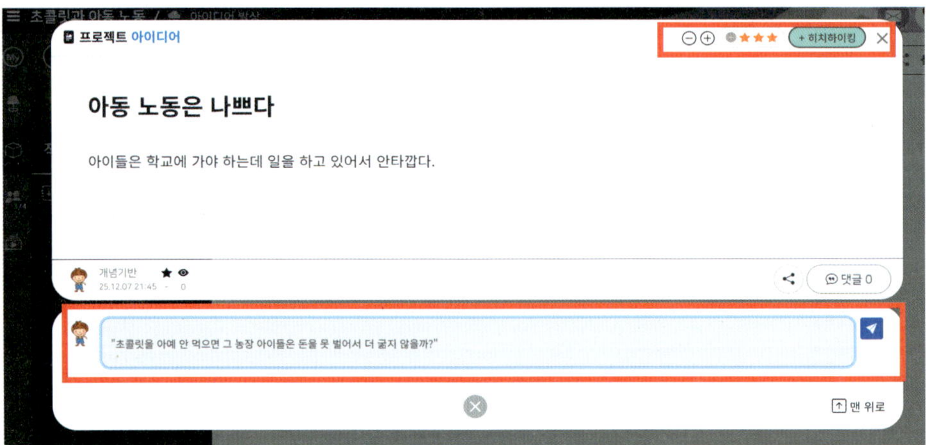

[그림 4-35] 와우 학생 아이디어 발생 작성하기

③ 투표하고 댓글 달기

동료 학생들의 카드가 실시간으로 표시된다. 카드를 클릭해 내용을 확인한다. 공감하거나 좋은 아이디어라면 카드 우측 상단 별 아이콘을 눌러 평가한다. 댓글 기능을 통해 질문하거나 보완 의견을 제시할 수 있다.

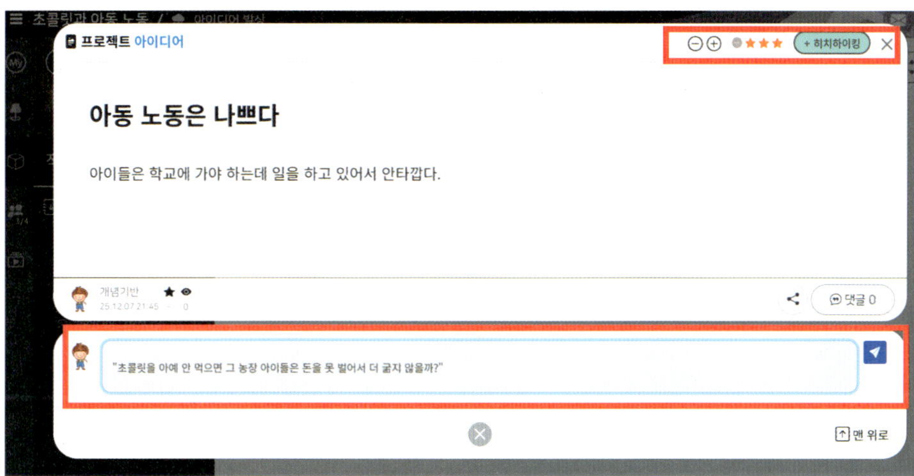

[그림 4-36] 와우아이디어스 생각 나누기

④ 카드 통합하기

학생들은 별점과 댓글을 통해 우수한 아이디어를 선별한 후, 유사한 카드들을 마우스로 끌어와서 한쪽에 모아둔다.

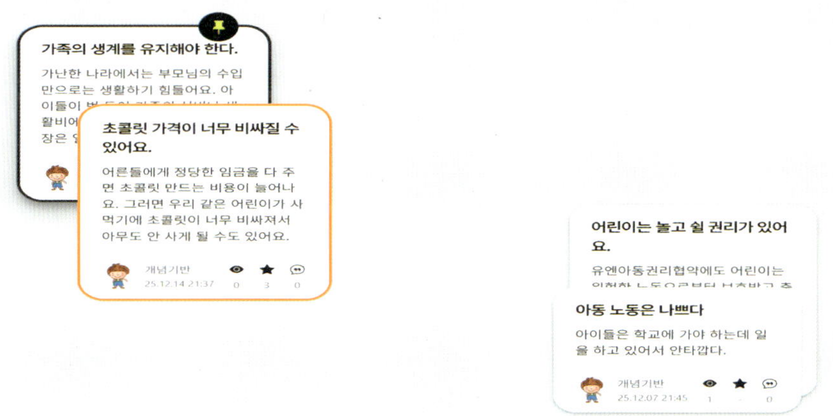

[그림 4-37] 와우 생각 모으기

"학생들은 정리된 카드들을 비교하며 '아, 이런 공통점이 있구나' 하고 자연스럽게 패턴을 찾아낼 수 있다.

⑤ 토론을 통한 일반화하기

카드를 그룹화하며 패턴을 발견한 학생들은 이제 일반화 문장을 만들 차례다. 일반화 문장이란 구체적인 사례들을 넘어서 "언제, 어디서나 적용될 수 있는 보편적 진리"를 표현하는 문장이다. 와우아이디어스의 토론 기능은 학생들이 집단 지성을 통해 깊이 있는 일반화에 도달하도록 도와준다.

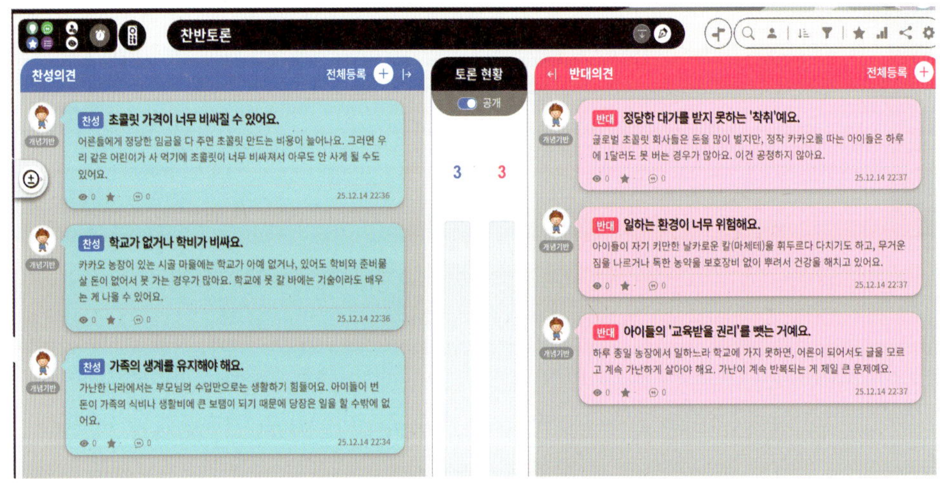

[그림 4-38] 토론을 통한 일반화하기

학생들은 동료의 주장에 찬성/반대 댓글을 달며 "이 문장이 다른 상황에도 적용될까?" "왜 이 주장이 더 설득력 있을까?"를 비판적으로 검토한다. 토론을 통해 각 주장의 강점을 융합하여 "불공평한 경제 구조가 아이들의 노동 착취를 만든다"와 같은 통합 일반화 문장을 완성한다.

전이와 성찰을 위한 에듀테크

5. 전이와 성찰을 위한 에듀테크

1) 개념의 전이

'개념의 전이'는 학생이 단원 안에서 만든 일반화를 비슷한 사례에만 끼워 맞추는 수준을 넘어, 전혀 새로운 맥락, 교과, 현실 세계로 확장해 적용하는 과정이다. 개념기반 탐구에서 전이는 단순한 "응용 문제 풀기"에 그치는 것이 아니라, 학생이 자신이 만든 개념적 이해를 기준 삼아 다른 영역의 현상까지 설명하려고 시도하는 것이다. 이때 학생은 "내가 배운 개념이 이 상황에서도 작동하는구나"라는 인식 전환을 경험하고, 배움을 단원과 교과 수준에서 '닫힌 지식'이 아니라 '열린 원리'로 재구성하게 된다.

전이하기 단계의 핵심은 학생이 배운 바를 실제로 활용할 수 있게 만드는 것이다. 학생은 단원에서 도출한 일반화를 토대로 뉴스 속 사건을 해석하거나, 다른 교과의 사례를 설명하며, 새로운 문제 상황을 판단하고 가설을 세울 수 있어야 한다.

그러나 많은 학생은 배운 내용을 다른 상황으로 옮겨오지 못하는 전이 실패를 겪는다(Bransford et al, 2000). 이는 배울 때 지나치게 특정 맥락에 묶여 있거나, 개념의 원리적 의미를 충분히 이해하지 못했거나, 학습 과정에서 "이걸 어디에 활용할 수 있을지?"라는 미래 지향적 관점이 제공되지 않을 때 일어나는 현상이다.

따라서 개념의 전이가 성공하려면 탐구 단원 초반부터 풍부한 사례 연구와 일반화 형성을 통해 튼튼한 기반을 다지는 것이 필요하며, 이후 새로운 맥락을 적절한 거리에서 제시해 학생이 스스로 연결점을 찾을 수 있게 해야 한다. 전이 능력은 반복적으로 일반화를 적용, 재검토하는 과정 속에서 서서히 길러지는 능력이다.

개념의 전이 단계에서 에듀테크는 학생들이 배운 개념을 실제 행동으로 확장하고, 사회적 참여 활동을 구조화하도록 돕는 방향으로 활용될 수 있다. 예를 들어,

환경 정화 활동이나 지역 문제 해결 프로젝트처럼 직접 참여하는 활동에서는 캔바나 북크리에이터를 사용해 활동 과정을 기록하거나 안내 자료·캠페인 콘텐츠를 제작하게 할 수 있다.

기부, 물품 판매 행사처럼 공동체와 간접적으로 연결되는 활동에서는 TinkerCAD로 3D 제작물 등을 만들며 학생들이 참여의 의미를 더 입체적으로 느낄 수 있게 할 수도 있다. 이처럼 에듀테크는 행동의 흔적을 시각화하고 표현하며, 참여가 사회적 메시지로 확장되도록 돕는 제작 도구로 기능한다.

2) 개념의 전이를 위한 에듀테크 활용의 실제

※ 캔바(Canva)를 활용해 지역 문제를 웹사이트로 소개하기

[교과] 단원명	[사회] 지역 문제를 해결하고 지역을 알리는 노력		
개념 렌즈	참여	관련 개념	지역 개발, 환경 보전, 주도적 참여, 공동체
관련 성취 기준	[4사09-01] 생활 주변에서 찾을 수 있는 여러 가지 문제를 파악하고, 그 문제를 합리적으로 해결하는 능력을 기른다.		
일반화	사람들은 지역을 긍정적으로 변화시키기 위해 문제의 해결 방안을 탐색하고, 참여한다.		
본 차시 학습 주제	산황산 갈등 해결 방안 공론화 및 실천적 참여		
탐구 질문	[사실적 질문] 산황산 골프장 개발은 환경적인 문제점이 무엇인가? [개념적 질문] 우리가 모색한 합리적인 해결 방안을 지역 주민들에게 효과적으로 설득하려면 어떤 방법을 사용해야 하는가? [논쟁적 질문] 우리나라 또는 우리 지역의 골프장은 부족한가?		
본차시 활동	• 산황산 골프장 자료 조사하기 • 웹사이트 제작 및 발표: 조사 결과를 담아 웹사이트를 제작하여 공론화하기 • 캠페인 활동: 폐박스로 제작한 피켓 활용		

(1) 수업 설계 의도

우리 지역의 실제 문제에서 배움을 시작한다. 산황산 개발 뉴스와 거리에 걸린 현수막은 학생들에게 이미 노출된 정보다. 무심코 지나쳤던 무의미한 정보는 조사를 시작하며 비로소 의미를 갖는다. 지역에 대한 '관심'이 배움의 첫 단추가 된다.

산황산 골프장은 개발과 보존이 갈등하는 공간이다. 학생들은 환경, 경제, 지리 등 여러 관점에서 자료를 찾는다. 찬성과 반대를 넘어 지역 문제가 얼마나 복잡하게 얽혀 있는지 들여다본다.

웹사이트 제작은 전이 활동이다. 교실에서 배운 개념을 '아는 것'에서 '실천하는 것'으로 전환한다. 완성된 웹사이트는 교실 밖으로도 나간다. 온오프라인 전시, 캠페인을 통해 우리 학교 구성원들과 문제를 공유한다.

(2) 캔바의 웹사이트로 전이 활동하기

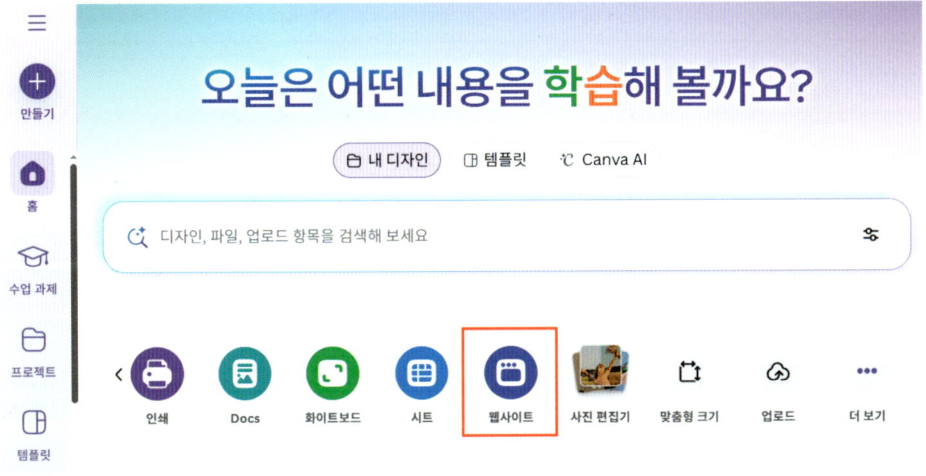

[그림 5-1] 캔바 메인 화면

캔바는 복잡한 코딩 없이 마우스 클릭만으로 웹사이트를 만든다. 덕분에 학생들은 꾸미는 기술에 시간을 뺏기지 않고 공부한 내용의 본질에 더 집중한다. 여기저기 흩어진 정보를 웹페이지 흐름에 맞춰 다시 정리하며 생각은 비로소 하나의 줄기로 엮인다.

사진과 영상을 직접 배치하며 읽는 사람을 배려한 구조를 짠다. 단순히 배우는 학습자를 넘어 정보를 구조화하는 제작자로 성장하는 과정이다. 또한, 웹사이트는 한 번 제출하면 끝나는 종이 보고서와 달리, 언제든 내용을 다듬고 소통할 수 있는 살아있는 기록이 된다.

탐구 질문의 해답을 웹사이트에 담는 과정은 교실 안의 지식을 실제 세상과 연결하는 실전 연습이다. 머리로만 알던 지식을 문제 해결을 위한 행동으로 바꾸는 단계가 된다.

(3) 캔바로 웹사이트 제작하기

① 조사 내용 유목화하기

[그림 5-2] 웹사이트 내비게이션 예시

조사한 기사, 통계, 사진, 지도는 처음엔 무질서하게 뒤섞여 있다. 이를 웹사이트에 담으려면 관점별 분류가 필수다. 학생들은 조사 내용을 훑어보며 공통 주제를 뽑는다. 골프장 정보, 환경문제, 물이야기, 우리의 주장 등의 항목을 도출하고 보통 4~6개 메뉴로 구성한다.

지도는 골프장 정보 항목에, 멸종위기 동·식물은 환경문제 항목에 배치한다. 이처럼 관련 있는 정보를 관점에 따라 묶는 이 과정이 유목화다. 분류를 통해 산황산 문제가 여러 측면이 얽힌 복잡한 현상임을 확인한다. 정보를 나누고 다시 엮으며 개념을 재구조화한다.

② 캔바로 페이지 구조 만들기

[그림 5-3] 캔바 페이지 제목 추가

분류한 내용을 캔바로 옮긴다. 웹사이트 템플릿에서 빈 페이지를 필요한 만큼 추가한다. 각 페이지에 항목을 입력하면 화면 상단에 메뉴가 자동으로 생성된다.

[그림 5-4] 웹사이트 페이지 구조

페이지는 상단 메뉴를 구성하는 독립적인 화면 단위이다. 섹션은 한 페이지 내부를 위에서 아래로 나누는 내용 블록이다. 주제가 완전히 다르면 페이지로 분리하고, 같은 주제 안에서 흐름을 이어가려면 섹션으로 구분한다. 페이지가 메뉴를 결정하는 큰 틀이라면, 섹션은 그 안을 채우는 세부 구성 요소이다.

구조가 완성되면 자료를 배치할 준비가 끝난다. 흩어진 정보가 항목별로 정리되는 과정은 학생의 사고가 체계를 갖추는 단계이다. 웹사이트의 메뉴 구조는 곧 학생이 문제를 바라보는 관점을 투영한다.

③ 진진가 퀴즈로 상호작용하기

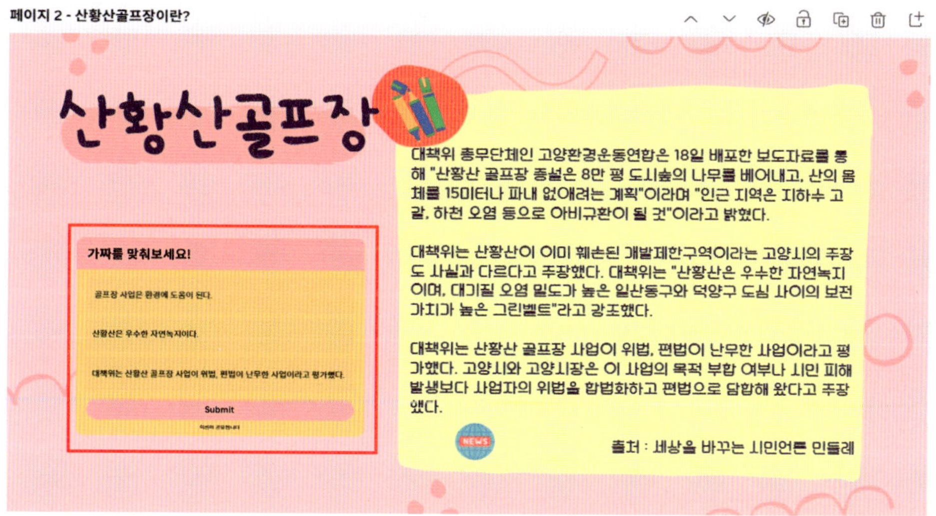

[그림 5-5] 참여형 진진가 퀴즈 화면

웹사이트에 설명만 나열하면 독자는 금방 지루해한다. 이때 '진진가 퀴즈'를 활용한다. 여러 보기 중 설명과 다른 가짜 하나를 골라내는 장치다.

핵심 내용 두세 개는 진짜로, 틀린 내용 하나는 가짜 보기로 만든다. 가짜를 만들려면 정확한 사실 관계를 완벽히 파악해야 한다. 학생들은 퀴즈를 구성하며 골프장 개수나 물 사용량 같은 정보를 다시 확인한다. 모호했던 지식은 이 과정에서 명확해진다.

핵심을 추리며 정보의 위계도 정해진다. 중요한 사실과 불확실한 정보를 구분하며 정교하게 탐구한다. 독자에게 틀린 정보를 줄 수 없다는 책임감은 학생을 능동적인 제작자로 만든다. 퀴즈를 더한 웹사이트는 단순한 정보 전달을 넘어 참여형 콘텐츠로 바뀐다.

④ 미리보기와 교사에게 보내기

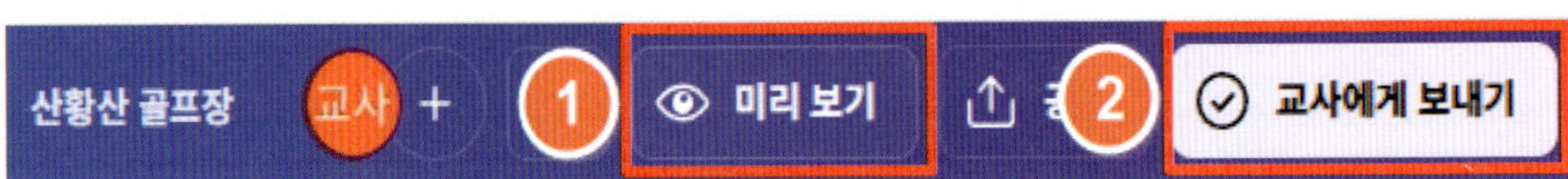

[그림 5-6] 미리보기 및 교사 검토

웹사이트 발행 전 미리보기로 최종 점검을 한다. 상단 미리보기 버튼을 누르면 실제 구동 화면이 나타난다. 모든 페이지를 직접 방문하며 오류를 확인한다.

메뉴를 클릭할 때 올바른 페이지로 이동하는지 살핀다. 외부 링크가 잘 열리는지, 이미지와 영상이 제대로 나타나는지도 점검 대상이다. 오타나 맞춤법을 검토하고 방문자 입장에서 전체적인 디자인 조화도 확인한다.

웹사이트는 온라인에 즉시 노출되므로 신중함이 필요하다. 부적절한 정보가 게시되지 않도록 '교사에게 보내기' 기능을 활용한다. 교사가 내용을 최종 검토한 뒤 안전하게 게시한다.

⑤ 발행과 공유

[그림 5-7] 웹사이트 게시

확인이 끝나면 웹사이트를 게시한다. 우측 상단 공유 버튼으로 URL을 생성해 온라인 학급 등에 공유한다.

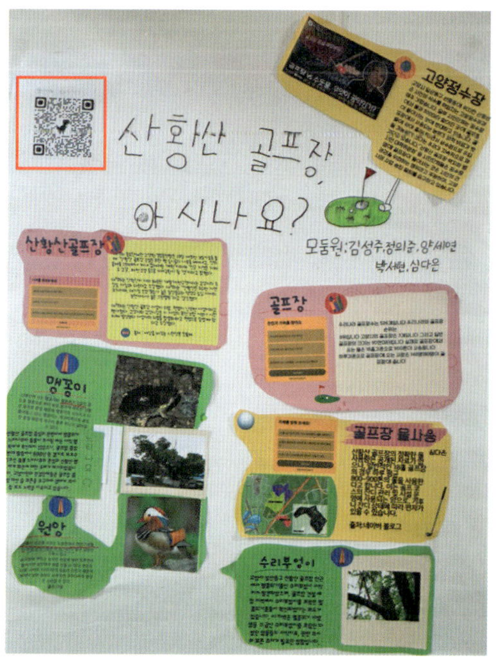

[그림 5-8] QR코드 포함 대형 포스터

웹사이트 주요 내용을 인쇄해 학교 복도 게시판에 전시한다. 포스터에 QR코드를 추가하면 인쇄물을 보던 학생들을 웹사이트로 즉시 연결할 수 있다. 오프라인 게시물이 온라인의 상세 정보로 이어지는 구조다.

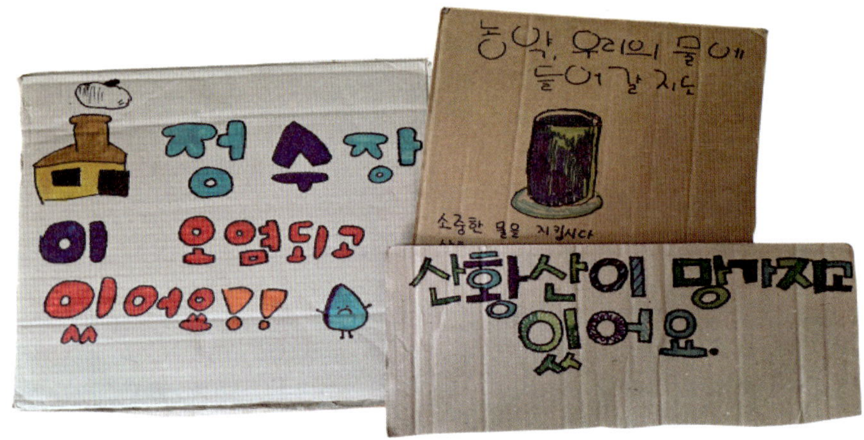

[그림 5-9] 환경 캠페인 피켓

재활용 박스로 피켓을 만들어 캠페인을 병행한다. 산황산 보존 문구를 적은 피켓을 들고 교내를 다니며 문제를 알린다. 웹사이트, 포스터, 캠페인을 통해 학생들은 자신의 목소리를 낸다.

이 과정에서 교실 안 학습은 사회적 실천으로 이어진다. 다른 학생들의 반응을 살피며 탐구의 가치를 확인한다. 웹사이트는 학습 결과를 기록하는 동시에 실천의 도구가 된다. 웹사이트는 기록을 넘어 배운 개념을 삶의 현장에서 직접 사용하는 실질적인 도구가 된다.

수업 운영 TIP
- 웹사이트 페이지 수 제한
  초등학생들은 방대한 정보를 다루기 어려우므로 3~5페이지로 제한하는 것이 효과적이다. 홈(문제 소개) - 원인 분석 - 해결 방안 정도의 구조를 권장한다. 페이지가 많아질수록 완성도가 떨어지고 핵심이 흐려질 수 있다.
- 이미지 저작권 사전 교육
  학생들이 구글에서 무작정 이미지를 가져오는 것을 방지하기 위해 캔바 내장 이미지나 무료 저작권 이미지(Pixabay, Unsplash)만 사용하도록 사전 교육한다. 실제 산황산 사진이 필요하면 교사나 학생이 직접 촬영한 것을 활용하거나 출처를 밝히도록 한다.

※ 수노(Suno AI)와 캔바로 물의 상태 변화 뮤직비디오 제작하기

[교과] 단원명	[과학] 물의 상태 변화		
개념 렌즈	변화, 연결	관련 개념	상태, 변화, 표현, 응결, 증발, 실천
관련 성취 기준	[4과10-01] 물이 세 가지 상태로 변할 수 있음을 알고, 우리 주변에서 예를 찾을 수 있다. [4과10-02] 물이 얼 때, 얼음이 녹을 때, 물이 증발할 때와 끓을 때, 수증기가 응결할 때의 변화를 관찰할 수 있다.		
일반화	온도는 물의 상태를 변화시킨다.		
본 차시 학습 주제	과학적 이해를 바탕으로 디지털 미디어를 활용하여 물의 소중함과 상태 변화의 원리를 창의적으로 표현하고 공유하기		
탐구 질문	[사실적 질문] 물이 상태를 변화할 때 무게와 부피는 어떻게 달라지는가? [개념적 질문] 우리가 배운 물의 상태 변화 원리를 음악과 영상이라는 새로운 표현 방식으로 어떻게 효과적으로 전달할 수 있을까? [논쟁적 질문] 과학 개념을 배울 때 교과서 설명과 노래·영상 중 어느 방법이 더 효과적인가?		
본 차시 활동	• 물의 상태 변화에 대해 알아보기 • 개념을 담아 노래 가사를 작성하고, AI 음악 생성 도구를 활용하여 음원 창작 • 완성된 노래를 바탕으로 디지털 도구를 활용하여 뮤직비디오 제작		

(1) 수업 설계 의도

4학년 과학 '물의 상태 변화' 단원에서는 온도에 따른 물의 변화와 무게·부피의 관계를 학습한다. 교과서에만 머무는 지식은 학생의 삶과 연결되기 어렵다. 배운 원리를 노래라는 매체로 재구성하여 지식의 쓰임새를 넓히고자 한다.

과거에는 작곡이나 영상 편집의 기술적 장벽이 높았다. 이제는 생성형 AI를 활용해 누구나 창작의 주체가 된다. 수노(Suno)와 캔바(Canva)는 기술 습득 시간을 줄여준다.

덕분에 학생들은 모둠별로 머리를 맞대고 과학 개념을 어떻게 표현할지에 더 집중한다. 이 수업에서 도구는 개념을 시각화하고 청각화하기 위한 보조 장치다. 완성된 결과물을 공유하며 배움을 실제 삶의 맥락으로 연결한다.

(2) 뮤직비디오의 전이적 활동

모둠원들과 협의하며 과학 개념의 핵심을 가사로 옮긴다. "온도가 낮아지면 물이 얼음이 된다"라는 정의는 "추운 겨울 잠든 물"이라는 은유가 되고, 부피 변화는 "무게는 그대로인데 몸이 부풀어"라는 가사가 된다.

이는 단순한 단어 교체가 아니다. 개념의 속성을 정확히 파악하여 자기 언어로 재구성하는 인지 활동이다. 과학 원리를 새로운 맥락에 적용해 보는 전이가 일어나는 지점이다.

텍스트에 이미지와 음악을 입히는 과정에서 정보의 전달력은 높아진다. 녹아내리는 얼음 사진에 잔잔한 음악을 더하며 상황에 어울리는 표현 방식을 익힌다. 글로만 설명할 때보다 감각적인 매체를 더했을 때 지식은 더 생동감 있게 전달된다.

완성된 뮤직비디오를 함께 감상하며 특정 구간에서 개념이 어떻게 시각화되었는지 서로 확인한다.

(3) 수노와 캔바로 뮤직비디오 제작하기

수노는 텍스트 프롬프트만으로 음악을 생성하는 AI 도구다. 전문적인 음악 이론 지식이 없어도 가사의 분위기에 맞는 교육용 노래를 제작할 수 있다. 생성된 곡은 파일로 즉시 다운로드할 수 있어 수업 자료로 활용하거나 학생들과 공유하기에 편리하다.

	이전 버전 (페이지 기반)	업데이트 버전 (타임라인 기반)
기본 구조	슬라이드/페이지 단위	타임라인/트랙 단위
사고방식	공간적 (화면 배치)	시간적 (흐름 배치)
편집 영역	단일 페이지	멀티 트랙 타임라인
요소 배치	페이지 내 자유 배치	트랙과 시간축에 배치
순서 변경	페이지 드래그로 이동	클립을 타임라인에서 이동

[표 5-1] 캔바동영상 신·구 기능비교

캔바의 동영상 편집기는 시간을 선으로 표현하는 타임라인 방식이다. 여러 트랙을 동시에 제어해야 하는 이 방식은 초등학생에게 다소 생소하고 복잡할 수 있다.

이에 대한 대안으로 학생들에게 익숙한 프레젠테이션 방식으로 각 장면을 먼저 구성했다. 슬라이드 형태로 내용을 완성한 뒤 '크기 조정' 기능을 활용해 동영상 형식으로 변환하는 우회 경로를 선택했다.

이 방식은 학생들이 편집 기술에 들이는 공력을 줄이고 콘텐츠의 완성도를 높이는 데 효과적이다.

① 가사 쓰기

모둠별로 '물의 상태 변화' 핵심 개념을 추려 가사로 정리한다. 응고, 융해, 증발, 끓음, 응결 같은 용어를 단순히 나열하지 않고, 상태 변화의 원리와 관계가 드러나도록 구성한다. 리듬감을 살린 문장과 반복되는 후렴구로 핵심 내용을 강조한다.

교과서 문장을 자기 언어로 바꾸는 과정은 과학 개념을 재구조화하는 단계다. 학생들은 모둠원과 협의하며 과학적 사실을 예술적 표현으로 옮긴다. 이 과정에서 딱딱한 이론은 기억하기 쉬운 노래 가사로 바뀐다.

② 수노(Suno)로 음악 생성하기

[그림 5-10] Suno AI 음악생성인터페이스

　　수노 메인 화면의 'Create'에서 'Custom' 모드를 선택한다. 준비한 가사를 입력창에 넣고, 'Styles' 칸에는 원하는 음악 장르를 영어로 입력한다. 가사의 분위기에 맞는 템포와 리듬을 고려하여 음악을 생성한다.

　　주의 사항: 수노는 만 13세 이상 사용을 권장한다. 초등학생이 직접 계정을 생성하지 않도록 주의하며, 교사가 공용 계정으로 노래를 제작한 뒤 결과물(mp3)만 학생들에게 전달하는 방식을 권장한다.

프롬프트 예시	프롬프트 작성 시 주의점
Lyrics: [Verse 1] 추운 겨울 잠든 물, 꽁꽁 얼어 얼음 되고, 따뜻한 봄 녹은 물, 찰랑찰랑 흘러가요. [Chorus] 물의 변신 신기해요. 모습 바뀌어도 똑같은 물 차가우면 단단해지고, 뜨거우면 하늘로 날아가요. [Verse 2] 뜨거운 주전자 속 보글보글 끓는 물 하얀 김이 피어나 수증기가 되었어요. [Bridge] 얼음도 물도 수증기도 다 똑같은 물. 무게는 변하지 않아요. 모양만 달라질 뿐이에요. • Styles: Educational K-pop for children, cheerful, easy to sing	장르는 명확하게: "children's song", "educational pop" 등 구체적 지정 노래 구조 명시 [Verse-절]: 구체적인 현상 묘사 [Chorus]: 가장 중요한 한 문장 [Bridge] 음악적 변화 포인트 한영 혼용 가능: 한국어 가사에 영어 스타일 지정 가능

[표 5-2] 프롬프트 및 주의점 예시

- 참고 자료: 초등학생 대상 추천 음악 스타일

  - 밝고 경쾌한 동요 스타일: "cheerful pop, children's song, educational, upbeat"

  - 신나는 K-pop 스타일: "bright K-pop, energetic, fun, catchy"

  - 차분한 학습 노래: "gentle educational song, calm, memorable melody"

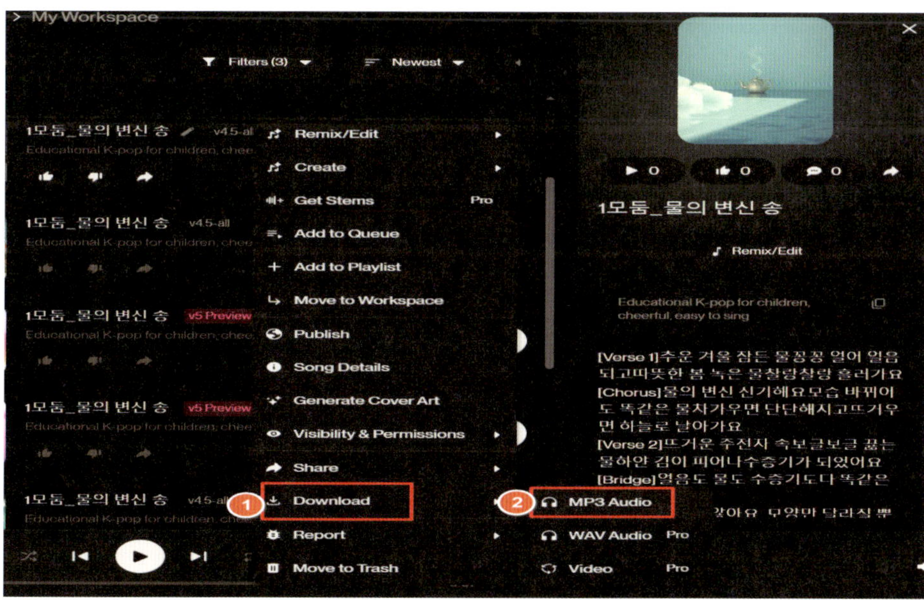

[그림 5-11] Suno AI 음원 다운로드

생성된 두 곡 중 과학 개념이 더 명확하게 들리거나 분위기가 적절한 곡을 선택한다. 마음에 드는 결과물이 없다면 가사를 일부 수정하거나 음악 스타일 설명을 보완해 다시 생성할 수 있다.

최종 선택한 곡은 더보기 메뉴(⋯)의 다운로드 버튼을 눌러 mp3 파일로 저장한다. 이때 파일명을 '1 모둠_물의 변신송.mp3'와 같이 설정하면 이후 영상 제작 단계에서 관리가 수월하다.

③ 캔바로 장면 구성하기

[그림 5-12] 캔바 가사 장면 구성

캔바의 프레젠테이션 템플릿에서 시작한다. 모둠원들은 가사의 흐름에 맞춰 어떤 장면을 넣을지 협의한다. 얼음이 녹는 대목에는 물로 변하는 이미지를, 물이 끓는 대목에는 김이 나는 주전자를 배치하는 식이다. 가사 자막을 함께 넣으면 노래의 전달력을 높일 수 있다.

슬라이드를 만드는 과정은 '고체·액체·기체'라는 추상적 용어를 구체적인 시각 자료로 구성하는 작업이다. 반쯤 녹은 얼음이나 얼음 틀 속 물의 모습을 직접 찾아 배치하며, 학생들은 머릿속 지식을 눈앞의 이미지로 나타낸다.

[그림 5-13] 템플릿 형식 전환 기능

장면 구성이 끝나면 동영상 편집을 위해 형식을 변환한다. 상단 메뉴의 '크기 조정' 기능에서 '동영상'을 선택한다. 이때 '복사 및 크기 조정'을 선택하면 원본 프레젠테이션은 유지한 채 동영상 형식의 사본이 생성되어 안전하게 작업할 수 있다.

④ 음악과 장면 동기화

[그림 5-14] 음악과 장면 동기화 작업

장면 구성이 끝나면 수노로 만든 음원을 업로드한다. 캔바의 업로드 메뉴에서 파일을 불러와 슬라이드에 넣는다. 처음에는 음악의 속도와 장면 전환 타이밍이 맞지 않는 경우가 많다. 가사가 나오기 전에 화면이 먼저 넘어가거나, 노래보다 장면이 늦게 나타나기도 한다.

슬라이드 하단의 경계선을 드래그하며 재생 시간을 조정한다. 음악을 반복해서 들으며 가사와 이미지가 일치하도록 맞추는 조율 과정이 핵심이다. "얼음이 녹으면"이라는 가사에 맞춰 해당 슬라이드가 정확히 나타나도록 세밀하게 시간을 맞춘다.

이 과정을 통해 학생들은 가사의 의미를 다시 한번 확인하며 결과물의 완성도를 높인다.

⑤ 공유와 확장

[그림 5-15] 공개 보기 링크 생성

완성된 뮤직비디오는 '보기 전용 링크'로 만들어 학급 온라인 공간에 공유한다. 별도의 파일 전송 없이 링크만으로 간편하게 작품에 접근할 수 있어 학생 간의 상호 작용이 활발해진다.

함께 작품을 감상하며 모둠별로 어떻게 표현했는지 살펴본다. 상태 변화 과정을 느린 화면으로 강조하거나, 빠른 비트에 맞춰 리듬감 있게 표현하는 등 모둠마다 접근 방식이 다양하다. 같은 과학 원리라도 매체 활용 방식에 따라 전달되는 느낌이 다름을 직접 경험한다.

나아가 노래 가사에 담긴 원리를 겨울철 고드름이나 냄비 위의 김 등 우리 주변의 다양한 현상과 연결해 보며 사고를 확장한다. 교과서 속 지식이 일상의 현상을 설명하는 살아있는 원리로 연결되는 과정을 확인하며 활동을 마친다.

수업 운영 TIP

- 애니메이션 제작: 이야기로 완성하는 배움

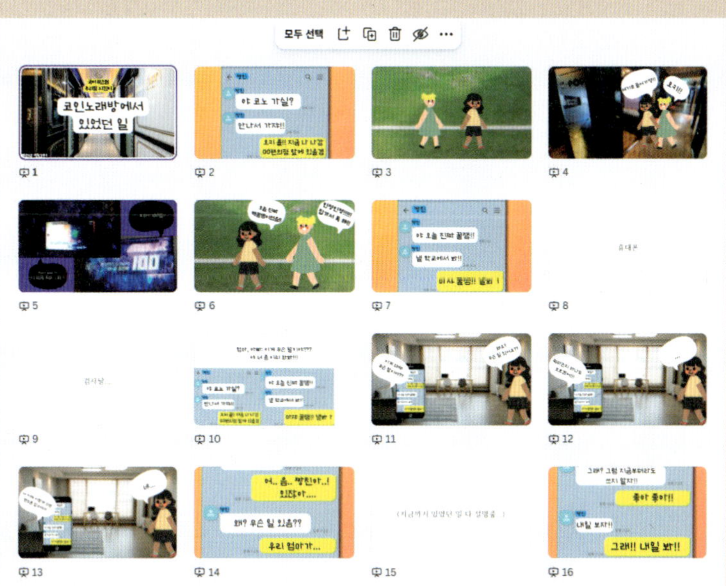

[그림 5-16] 바른 한글 사용 애니메이션

애니메이션 제작은 앞서 경험한 뮤직비디오 제작과 그 원리가 같다. 이야기를 구성하고, 장면에 어울리는 요소를 배치하며 메시지를 시각화하는 과정이 비슷하기 때문이다.

이때 만드는 재미에만 빠져 주제를 놓치지 않으려면 '이야기가 먼저, 제작은 나중'이라는 원칙을 지켜야 한다.

① 배운 내용으로 이야기 쓰기: 단원에서 배운 핵심 내용을 바탕으로 친구들에게 전하고 싶은 줄거리를 글로 먼저 쓴다.
② 장면 나누기: 글의 흐름에 맞춰 필요한 장면을 나누고, 각 장면에 들어갈 핵심 문구와 어울리는 이미지를 구상한다.
③ 캔바로 구현하기: 제작 도구로는 캔바(Canva)의 '캐릭터 빌더(Character Builder)' 기능을 활용한다. 인물 요소와 달리 인물의 표정과 동작을 자유롭게 바꿀 수 있어, 이야기 흐름에 딱 맞는 주인공의 감정을 생생하게 표현하기 좋다.
④ 공유 및 성찰: 완성된 작품을 친구들과 감상하며 내가 전하려던 주제가 잘 전달되었는지 확인하고 배운 점을 나눈다.

3) 탐구의 성찰

탐구의 성찰 단계는 전이 단계 이후에 소개하고 있지만, 맨 마지막에 한 번만 하는 활동이 아니다. 오히려 매 차시 자연스럽게 반복되면서, 학생이 "내가 오늘 어떤 생각을 했지?", "무엇이 새롭게 연결됐지?"를 스스로 살펴보도록 도와주는 흐름에 가깝다. 따라서 모든 탐구의 과정에 포함하는 것으로 보아야 한다(Marschall & French, 2018).

특히 사후에 모든 탐구를 끝내고 성찰하는 것보다는 행동이 아직 진행 중이고 그 결과를 바꿀 수 있는 시간(Schön, 1983)에 성찰을 통해 조정하는 것이 긴 호흡의 탐구 과정에서 학습을 조정해 나가는 데 유익이 있다. 학습 과정에서 작은 성찰이 계속 쌓이면, 학생은 자신이 어떻게 배우고 있는지 감을 잡게 되고 배움 전체가 훨씬 안정적으로 자리 잡는다.

그런데 "잠깐 생각해 보자"라고만 하면, 대부분의 학생은 무엇을 생각해야 할지 모른다. 성찰이 작동하려면 구체적인 상황이나 질문이 필요하다. 막연히 "오늘 수업 어땠어?"가 아니라, "아까 그 개념을 설명하려니까 어디서 막혔어?", "처음 생각과 지금 생각이 어떻게 달라졌어?" 같은 질문이 성찰의 초점을 만들어 준다.

이렇게 성찰을 루틴처럼 반복하면, 학생들은 자연스럽게 스스로 배우는 사람으로 성장한다. 오늘 배운 것을 돌아보고, 내일 어떤 점을 더 살펴봐야 할지 스스로 판단하면서 학습의 흐름을 조절하는 힘이 생긴다. 성찰은 거창한 과제가 아니라, 배움의 속도를 조절해 주는 작은 숨 고르기 같은 역할을 한다.

이러한 성찰 과정에도 에듀테크는 효과적으로 사용될 수 있다. 예를 들어, 글을 쓰거나 생각을 정리할 수 있는 디지털 도구를 활용하면 성찰 저널을 꾸준히 기록하게 도와준다. Google Forms나 간단한 디지털 성찰 저널을 차시마다 제시하면, 학생들은 동일한 구조의 질문(예: 오늘의 헷갈린 개념, 이해 정도 선택, 다음 확인 사항)에 자동으로 응답하게 된다. 이렇게 쌓인 성찰 기록들은 단순한 기록을 넘어 학생 자신의 학습 궤적을 보여 주는 데이터가 된다.

이 성찰 데이터를 누적하여 가시화하는 방법도 유용하다. 차시별 성찰 내용을 간단한 차트나 타임라인으로 표현하면, 학생이 "아, 내 이해가 이렇게 변했구나"를 직관적으로 파악할 수 있게 된다.

4) 탐구의 성찰을 위한 에듀테크 활용의 실제

※ 니어팟(Nearpod)를 활용한 성찰

[교과] 단원명	[과학] 다양한 생물과 우리 생활		
개념 렌즈	변화, 확장	관련 개념	세균, 서식지, 생물, 관찰
관련 성취 기준	[4과12-01] 균류·원생생물·세균을 관찰하여 특징과 사는 곳을 설명할 수 있다.		
일반화	세균과 같은 생물은 서식지에서 살며 주변 환경을 변화시키거나 생물에게 영향을 끼친다.		
본 차시 학습 주제	세균 탐구 전후, 내 생각 변화를 비교하며 학습 과정 성찰하기		
탐구 질문	[사실적 질문] 세균에 대해 알고 있는 것은 무엇인가? [개념적 질문] 세균에 대한 내 생각은 왜, 어떻게 변화했는가?		
본 차시 활동	• 우리 주변의 다양한 세균을 조사하기 • 다양한 활동으로 조사한 세균의 개념 정리 및 점검하기		

(1) 수업 설계 의도

탐구 전 "세균은 다 나쁘다"라고 생각했던 학생들이 탐구 후 이로운 세균도 있다는 사실을 알게 된다. 그러나 단순히 새로운 사실을 아는 것과 자기 생각이 예전과 비교해 어떻게 변했는지 깨닫는 것은 별개의 문제다. 아이들이 배움의 과정을 깊이 있게 되돌아볼 수 있는 장치가 필요한 이유다.

아이들은 설명을 들을 때 다 안다고 생각하지만, 막상 직접 설명해 보라고 하면 어려워하는 경우가 많다. 이러한 간극을 줄이려면 배운 내용을 즉시 활용하며 자신의 이해 수준을 스스로 파악해야 한다. 퀴즈나 게임은 내가 무엇을 알고 모르는지 확실히 깨닫게 하는 성찰 도구가 된다.

교사 혼자서 반 전체의 생각을 실시간으로 확인하고 피드백을 주기란 쉽지 않다. 아이들이 즐겁게 참여하면서도 각자의 사고 과정을 한눈에 보여 줄 역동적인 도구가 필요하다. 모든 학생과 실시간으로 소통하며 배움을 연결하기 위해 니어팟(https://nearpod.com)을 도입했다.

(2) 니어팟을 활용한 탐구의 성찰 실천

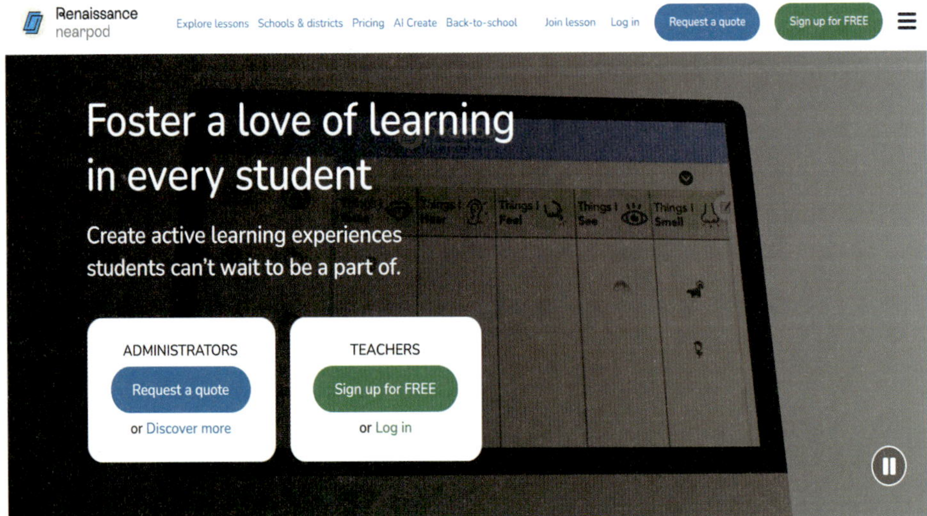

[그림 5-17] Nearpod 메인 화면

니어팟의 강점은 학생의 학습 상태를 실시간으로 모니터링하는 데 있다. 교사 화면에는 전체 응답 현황이 즉시 표시된다. 이를 바탕으로 어려워하는 개념을 파악하고 즉각적인 설명이나 자료를 제공한다. 학생은 자신의 응답 결과와 교사의 피드백을 확인하며 무엇을 알고 모르는지 스스로 점검한다.

학생들은 활동을 이어가며 자기 생각이 이전과 어떻게 달라졌는지 실시간으로 되짚어 본다. 세균을 병균으로만 보던 초기 생각이 이로운 세균에 대한 이해로 확장되는 과정을 직접 확인한다. 협업 보드로 친구들의 답변을 함께 살피며, 나의 배움이 공동체 전체의 성장 과정임을 경험한다.

퀴즈, 투표, 매칭 게임 등 다양한 상호 작용 도구는 자기 생각을 표현하고 수정하는 통로가 된다. 교사는 누적된 기록을 바탕으로 각 학생의 성장 과정을 파악하고 적절한 시점에 개입한다. 이러한 과정이 반복될 때 성찰은 자연스러운 학습 습관으로 정착한다.

(3) 니어팟으로 신나는 탐구 성찰하기

① 수업 제작하기

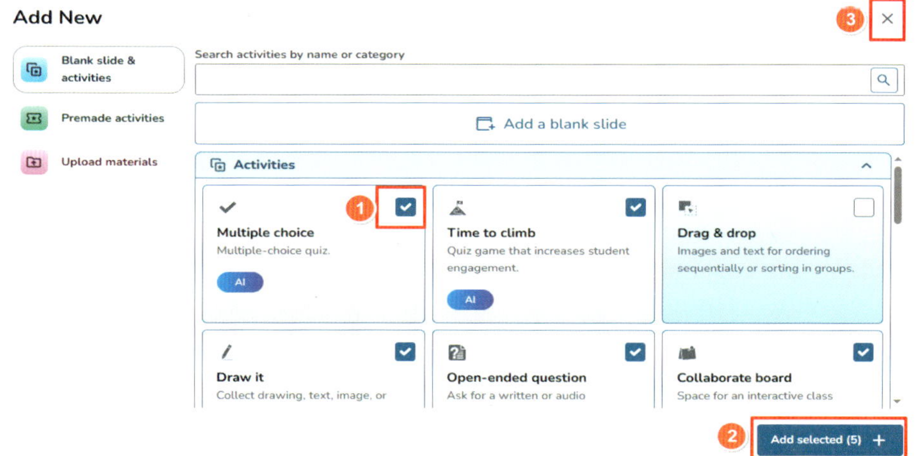

[그림 5-18] 상호 작용 활동 추가 화면

새 수업 제작은 'Create a Lesson'에서 'Add New' 버튼을 클릭하면 [그림 5-18]처럼 활동 선택 창이 나타난다.

이 창에서는 20여 개의 다양한 상호 작용 도구를 제공한다. 이 중 학생의 사고를 시각화하고 스스로 점검하게 돕는 성찰 도구인 협업 보드, 서술형, 퀴즈(Time to Climb), 짝 맞추기, 빈칸 채우기 등을 선택한다.

원하는 도구를 체크한 후 'Add selected' 버튼을 누르면 해당 활동이 수업 슬라이드에 즉시 추가된다.

② 수업 실행하기

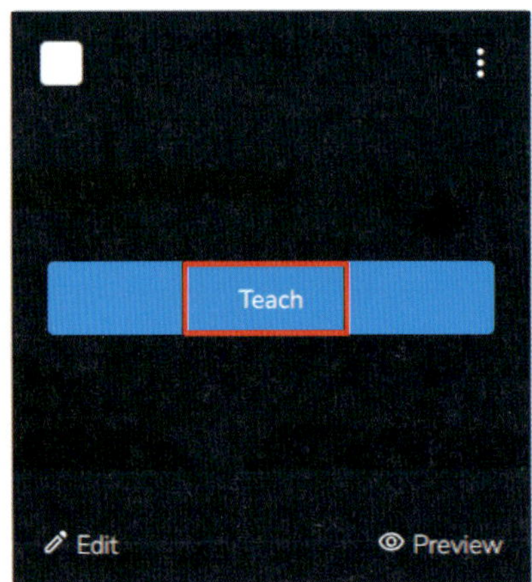

[그림 5-19] 수업 열기

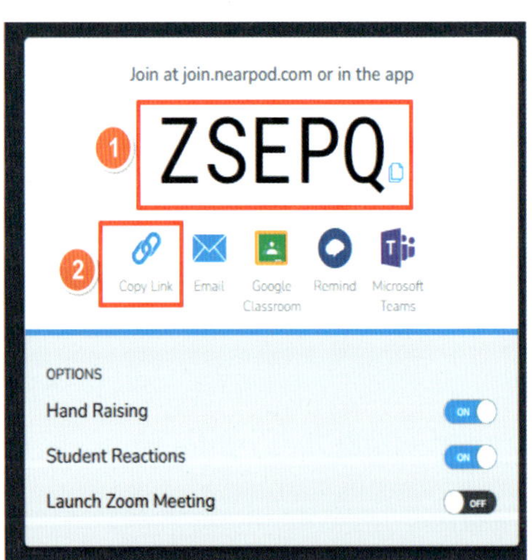

[그림 5-20] 학생 참여 방법

제작한 수업에서 'Teach' 버튼을 클릭하여 실행한다. 성찰 수업에서는 실시간 피드백이 핵심이므로 반드시 '교사 주도(Live Participation)' 모드를 선택한다.

교사 화면의 'Student' 탭에서는 학생들의 실시간 응답 현황(활동별 참여율과 정답률)이 표시된다. 특정 개념의 이해도가 낮은 것을 확인한 경우, 즉시 맞춤형 피드백을 제공하여 학생의 배움을 보완한다.

모드를 선택하면 5자리 참여 코드(예: ZSEPQ)가 생성된다. 학생들은 별도 회원 가입 없이 nearpod.com 접속 후 코드와 이름을 입력한다. 초대 링크로 접속할 경우에는 참여 코드가 자동으로 입력되어 이름만 쓰고 바로 수업에 참여한다.

③ 짝 맞추기

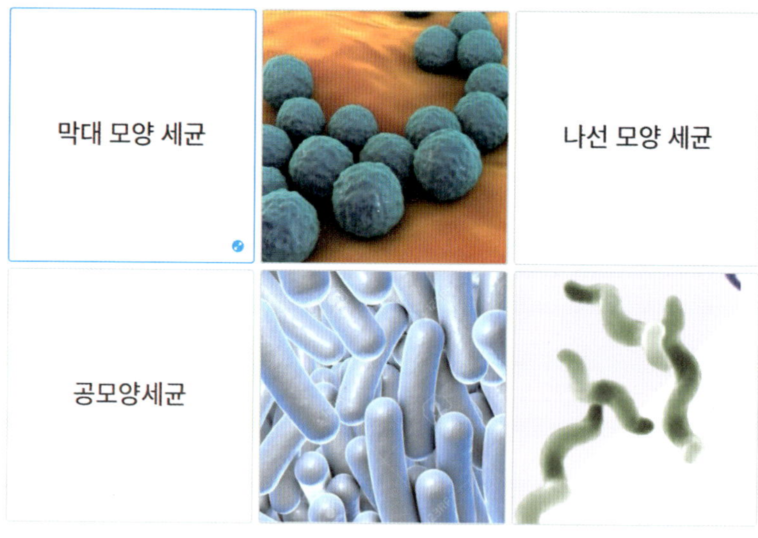

[그림 5-21] 세균 모양 매칭게임

'Matching Pairs'는 낱말과 이미지의 짝을 맞추는 활동이다. 학생은 세균 사진과 그에 맞는 모양(막대, 나선, 공 보양 능) 카드를 무작위로 배부받는다. 이를 서로 연결하며 세균의 외형적 특징을 익힌다.

이 도구는 틀려도 다시 시도할 수 있어 성찰에 효과적이다. 학생은 오답을 선택하면 '왜 아닐까?'를 고민하며 스스로 개념을 수정한다. 반복해서 시도하는 과정에서 자신의 오개념을 발견하고 스스로 바로잡는다.

교사는 학생별 도전 횟수를 실시간으로 확인한다. 정답을 맞히기까지 시도가 많았던 학생을 금방 파악할 수 있다. 교사는 해당 학생에게 보충 설명을 제공하며 개별 학습을 지원한다.

④ 빈칸 채우기

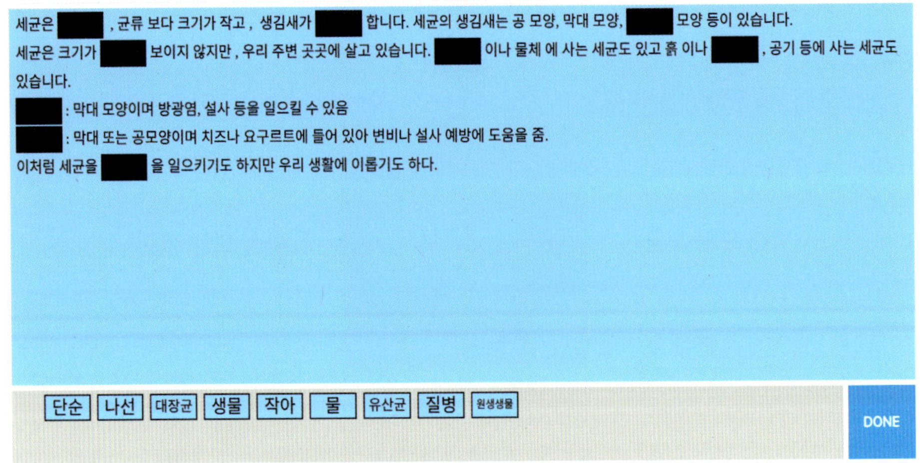

[그림 5-22] Fill in the Blanks 빈칸 채우기

'Fill in the Blanks'는 핵심 단어를 빈칸에 채워 문장을 완성하는 활동이다. 이는 이후에 진행할 게임형 퀴즈에 앞서 학습 내용을 점검하는 장치가 된다. 학생들이 흥미 요소에만 몰입하여 핵심 개념을 놓치는 문제를 방지한다.

학생은 문장을 완성하며 자기 이해도를 스스로 진단한다. 이 과정에서 아는 것과 모르는 것을 명확히 구분한다. 개념을 먼저 정리한 학생들은 뒤이어 나오는 게임 활동을 단순한 놀이가 아닌, 배움을 최종 확인하는 과정으로 받아들인다.

학습 속도에 따른 개별 성찰도 가능하다. 이해가 빠른 학생은 즉시 자신의 지식을 확인하고, 시간이 필요한 학생은 교과서를 참고하며 내용을 정리한다. 교사는 전체 정답률 통계를 보고 어떤 개념을 보충 설명해야 할지 파악한다.

⑤ 퀴즈

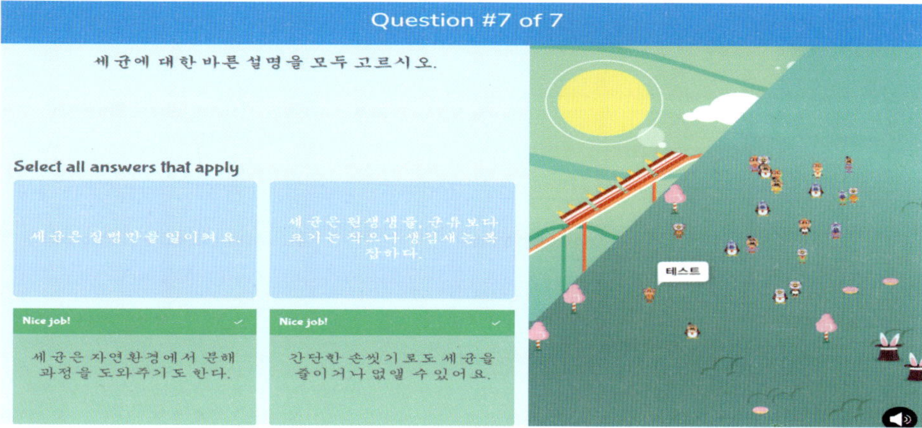

[그림 5-23] Time to Climb 게임형 퀴즈

'Time to Climb'은 아바타가 퀴즈를 풀며 산을 오르는 게임형 활동이다. 캐릭터가 정답을 맞힐 때마다 산을 올라가 학생들에게 인기가 매우 높다. 퀴즈는 가장 기본적이면서도 효과적인 성찰 도구다. 정답 여부가 즉시 나타나 학생들은 높은 집중력으로 몰입한다.

이 도구는 게임의 재미와 학습 점검을 동시에 잡을 수 있다. 학생은 실시간으로 자신의 성취를 확인하며 학습 내용을 복습한다. 교사는 전체 정답률을 보고 학생들의 이해도를 즉시 파악한다. 부족한 개념을 찾아 즉각적인 피드백을 제공하며 배움을 보완한다.

⑥ 협업 보드

오늘 배움학습 정리하기

핵심 배움 내용 , 새롭게 알게 된 점, 가장 기억에 남는 점을 자유롭게 쓰시오.

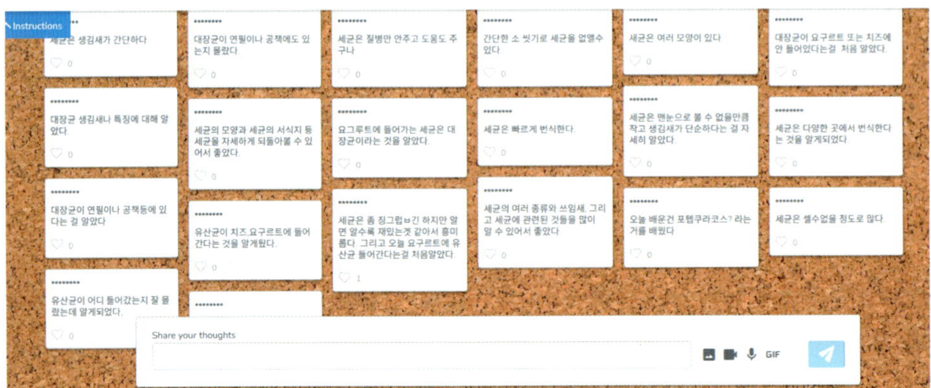

[그림 5-24] Collaborate Board 협업 게시판

협업 보드는 질문에 대한 생각을 포스트잇 형태로 공유하는 공간이다. 실시간으로 쌓이는 학급 전체의 응답을 한눈에 확인할 수 있다. 학생은 게시물을 작성하며 수업 초기에 가졌던 자기 생각을 자연스럽게 되짚어본다.

이 과정은 개별 성찰을 넘어 집단 성찰로 확장된다. 배움이 혼자만의 경험이 아니라 공동체가 함께 일구어가는 과정임을 경험한다. 교사는 응답의 흐름을 보며 학급 전체의 배움이 어디까지 도달했는지 파악한다.

⑦ 학생 주도 학습 모드(Switch to Student-Paced Mode)

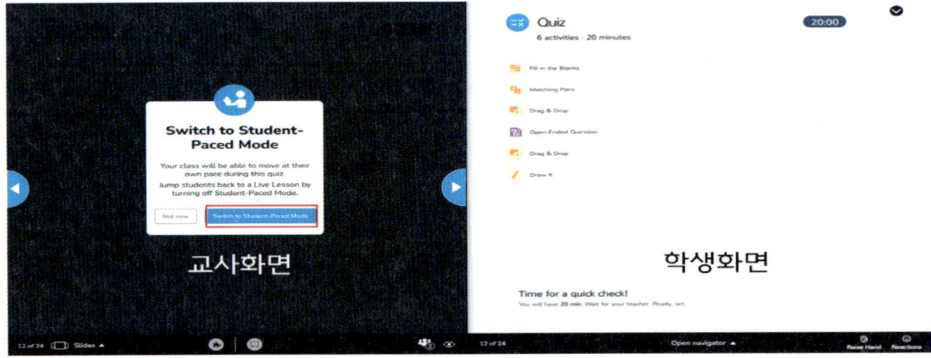

[그림 5-25] 학생 주도 학습 모드 전환

교사 주도 수업 중 특정 활동만 학생 개별 속도에 맞춰 진행하도록 전환할 수 있다. 수업 편집 화면 상단의 ∨를 클릭하면 나타나는 'Add Quiz'를 선택하면 8가지 유형의 학생 주도 활동을 삽입할 수 있다. 해당 활동이 끝나면, 교사는 다시 교사 주도 모드로 변환할 수 있다.

이 기능은 개별적인 사고 시간이 필요한 성찰 활동에서 유용하다. 예를 들어, '협업 보드'로 전체 의견을 나눈 뒤, '빈칸 채우기'를 학생 주도 모드로 설정할 수 있다. 그러면 학생들은 각자의 보폭에 맞춰 핵심 내용을 정리하며 자기만의 성찰 시간을 갖는다.

이전에는 교사 주도 모드에서 모든 학생이 동일한 속도로만 진행해야 했지만, 이제는 필요한 순간에 개별 학습 시간을 유연하게 배치할 수 있다. 교사가 전체 흐름을 주도하면서도 학생에게 '스스로 생각할 시간'을 보장해 줄 수 있어, 깊이 있는 성찰 수업을 완성하는 데 적합하다.

⑧ 활동 보고서

LAST NAME	JOINED LESSON	TOTAL Participation	POLL Participation	FILL IN THE BLANKS Score	DRAW IT Participation	DRAG & DROP Participation	TIME TO CLIMB Score
Class Averages		75%	67%	69%	78%	78%	88%
		100%	✓	100%	✓	✓	100%
		93%	⊖	73%	✓	✓	100%
		100%	✓	64%	✓	✓	90%
		7%	✓	⊖	⊖	⊖	⊖
		21%	⊖	45%	✓	✓	⊖
		64%	⊖	⊖	⊖	⊖	70%
		86%	✓	⊖	✓	✓	80%
		100%	✓	55%	✓	✓	80%

[그림 5-26] 수업 결과 리포트 분석

수업이 끝나면 'Report' 메뉴에서 모든 데이터를 확인한다. 결과는 PDF나 CSV 형식으로 내려받을 수 있다. 전체 통계부터 학생별 학습 현황까지 상세한 리포트가 제공된다. 주관식 답변과 드로잉 결과물 등 모든 활동 내용이 고스란히 기록된다.

이 보고서는 학생의 사고가 어떻게 확장되었는지 보여 주는 '성장의 지도'다. 교사는 저장된 기록을 바탕으로 과정 중심 평가를 실천한다. 학생들의 오개념을 분석하여 다음 수업의 도입부를 설계할 수도 있다. 이로써 한 차시의 성찰은 단절되지 않고 다음 배움으로 이어지는 든든한 징검다리가 된다.

수업 운영 TIP

- 같은 상호 작용 도구는 2번까지

  협업 보드, 퀴즈, 서술형 같은 상호 작용 도구를 한 수업에서 3번 이상 반복 배치하면 학생들이 지루함을 느낀다. 예를 들어, 협업 보드를 도입-전개-정리에 각각 배치하기보다는, 도입에 협업 보드, 전개에 퀴즈, 정리에 서술형처럼 다양한 방식을 조합하는 것이 효과적이다.

- AI를 활용한 1분 만에 퀴즈 만들기

  AI 기능을 활용한 퀴즈 제작, 새로운 AI 생성 기능을 쓰면 문제 제작 부담을 덜 수 있다. 편집 화면 우측 상단의 별 아이콘을 클릭하고 주제를 입력한다. 이때 "Please create questions in Korean"을 덧붙이면 한국어 퀴즈가 자동으로 생성된다. 교사는 생성된 문제 중 수업 목표에 맞는 것만 골라 사용한다. 제작 시간은 아끼고 수업 준비의 완성도는 높일 수 있는 방법이다.

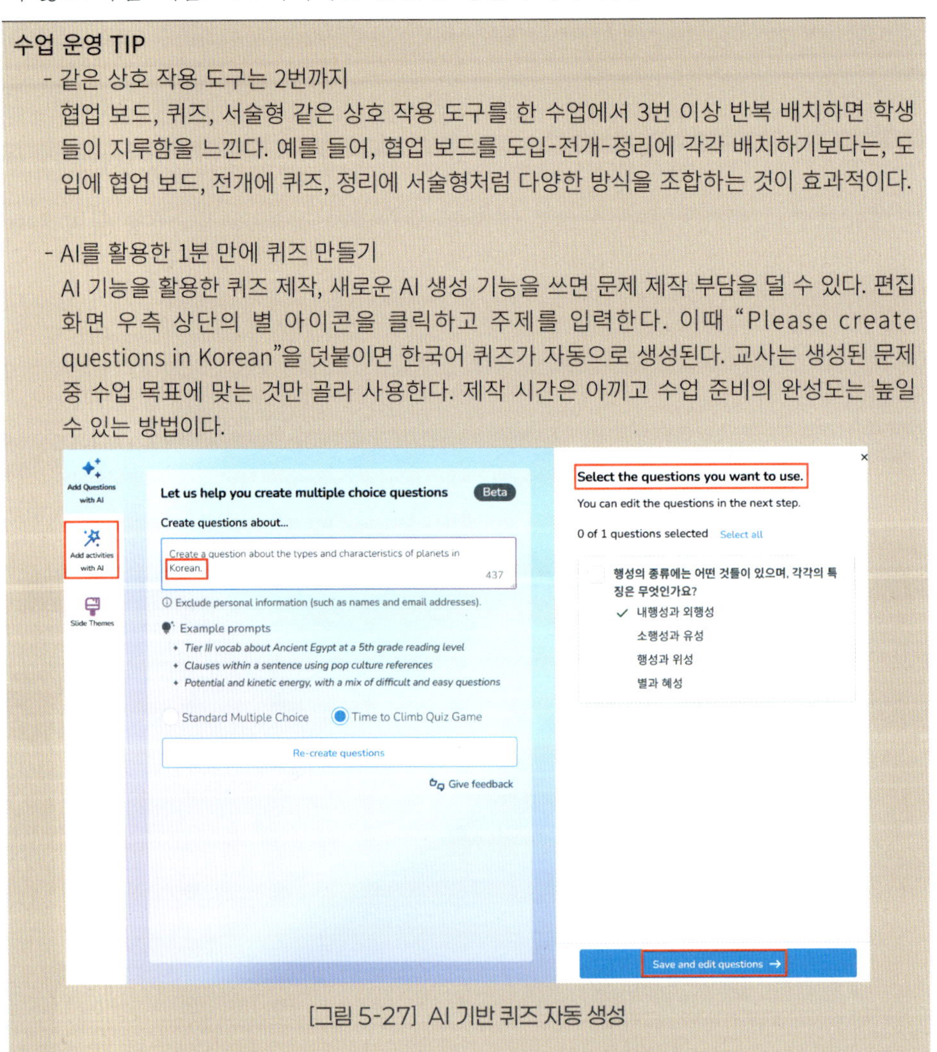

[그림 5-27] AI 기반 퀴즈 자동 생성

※ 키위티·키위런을 활용한 성찰

[교과] 단원명	[국어] 의견을 모아서		
개념 렌즈	성장, 책임	관련 개념	제안, 문제 해결, 까닭(근거), 공동체, 공감
관련 성취 기준	[4국01-06] 주제에 적절한 의견과 이유를 제시하고 서로의 생각을 교환하며 토의한다. [4국03-03] 대상에 대한 자신의 의견과 그렇게 생각한 이유가 드러나게 글을 쓴다.		
일반화	공동체가 문제에 공감하는 태도로 제안하는 글을 쓸 때 문제를 해결할 수 있다.		
본 차시 학습 주제	우리 반에 문제점을 해결하기 위한 제안하는 글쓰기		
탐구 질문	[사실적 질문] 처음 쓴 글과 지금 글에서 가장 크게 달라진 점은 무엇인가? [개념적 질문] 자신의 글쓰기 과정을 스스로 점검하고 성찰하는 것은 우리 반을 더 좋게 만드는 것과 어떤 관련이 있을까? [논쟁적 질문] 나의 제안에 반대하는 친구가 있다면, 그들의 입장은 무엇이며, 나는 어떻게 대응할 수 있을까?		
본 차시 활동	• 우리 반에서 불편한 점이나 바꾸고 싶은 점에 대해 친구들과 토의하기 • 발견한 문제에 대해 해결 방법(제안)과 그렇게 생각한 까닭(근거)을 들어 글쓰기 • 학급회의를 통해 제안서를 검토하여 학급에 반영하기		

(1) 수업 설계 의도

이 수업은 4학년 '문제 해결 토의'와 '제안하는 글쓰기' 단원을 마무리하는 과정이다. 배운 내용을 우리 빈의 삶으로 언결히는 성찰 단계로 구성했다.

글쓰기 수업에서 가장 중요한 것은 '동기'다. 진짜 독자와 목적이 있을 때 아이들의 글은 살아난다. 교과서 속 가상의 상황 대신 실제 학급의 불편함을 소재로 삼는 이유다. 학생들은 친구들의 공감을 얻기 위해 더 깊이 고민하고 해결책을 찾는다.

완벽한 제안서보다 자기 생각을 다듬어 가는 과정에 집중한다. 학생들은 처음 생각이 어떻게 달라졌는지, 무엇을 새롭게 깨달았는지를 확인한다.

제안하는 글은 학급 회의를 거쳐 우리 반 운영에 실제 반영된다. 공동체 구성원으로서 내 목소리가 변화를 만든다는 사실을 직접 경험하는 것이다. 이런 경험은 성찰의 의미를 더해 준다.

(2) 키위티·키위런을 활용한 탐구의 성찰 실천

[그림 5-28] 키위티·키위런 홈 화면

글쓰기 수업에서 가장 힘든 과정은 고쳐 쓰기다. 학생들은 종이에 쓴 글을 지우고 다시 쓰는 과정을 힘들어한다. 틀린 부분을 발견해도 좀처럼 수정하려 하지 않는 이유다. 키위티(keewi-t.korean.ai)·키위런(keewi.korean.ai)은 이런 고쳐 쓰기 부담을 덜어주고 실시간 피드백을 지원한다.

이 시스템은 교사용인 키위티와 학생용인 키위런으로 구성된다. 교사는 키위티로 과제를 관리하고 학생들의 글쓰기 현황을 살핀다. 학생은 키위런에서 AI의 조언을 받으며 자기 주도적으로 고쳐 쓰기를 연습한다. 이 과정에서 AI, 동료, 교사는 각기 다른 역할로 학생의 글쓰기를 돕는다.

첫째, AI 피드백은 즉각적인 수정을 이끌어 낸다. 학생은 문법이나 어휘 등 분석 결과를 실시간으로 확인하며 스스로 글을 고친다.

둘째, 동료 피드백은 독자의 관점을 경험하게 한다. 친구의 글을 읽으며 내 제안이 타당한지 혹은 실현 가능한지 객관적으로 돌아보는 계기가 된다.

셋째, 교사 피드백은 학생의 성장 맥락을 짚어 준다. 교사는 AI가 놓치기 쉬운 우리 반을 향한 진지한 고민을 발견하여 성찰을 완성하도록 돕는다.

이 과정을 거치며 학생들은 스스로 글을 보완하는 자신감을 얻는다. 자기 글이 조금씩 나아지는 과정을 직접 확인하며 주도적으로 배움에 참여한다.

(3) 키위티·키위런 성찰 글쓰기 수업

① 우리 반 문제 발견하기

성찰의 시작은 우리 반 생활 속의 불편함을 스스로 찾는 과정이다. 학생들은 교과서 속 가상의 상황 대신 매일 부대끼는 교실 안의 진짜 문제를 글쓰기 소재로 삼는다. 스스로 발견한 문제는 제안하는 글을 끝까지 써 내려가는 강력한 동기가 된다.

② 키위티 과제 설정하기

[그림 5-29] AI 피드백과 동료 평가 설정

교사는 키위티에서 '과제 생성' 버튼을 눌러 '제안하는 글쓰기' 과제를 만든다. 성취 기준을 선택하면 그에 맞는 평가 지표가 자동으로 생성된다. 효과적인 글쓰기를 위해 다음 두 가지 옵션을 활성화한다.

첫째, 'AI 피드백' 기능을 켜고 수정 횟수는 '제한 없음'으로 설정한다. 학생들은 글을 쓰는 도중 실시간 피드백을 확인하며 스스로 내용을 보완한다.

둘째, '동료 평가' 기능을 활성화한다. 친구들의 글을 읽고 평가하며 자신의 글을 객관적으로 돌아보고 새로운 과점을 익힌다.

③ AI 피드백과 자기 성찰의 순환

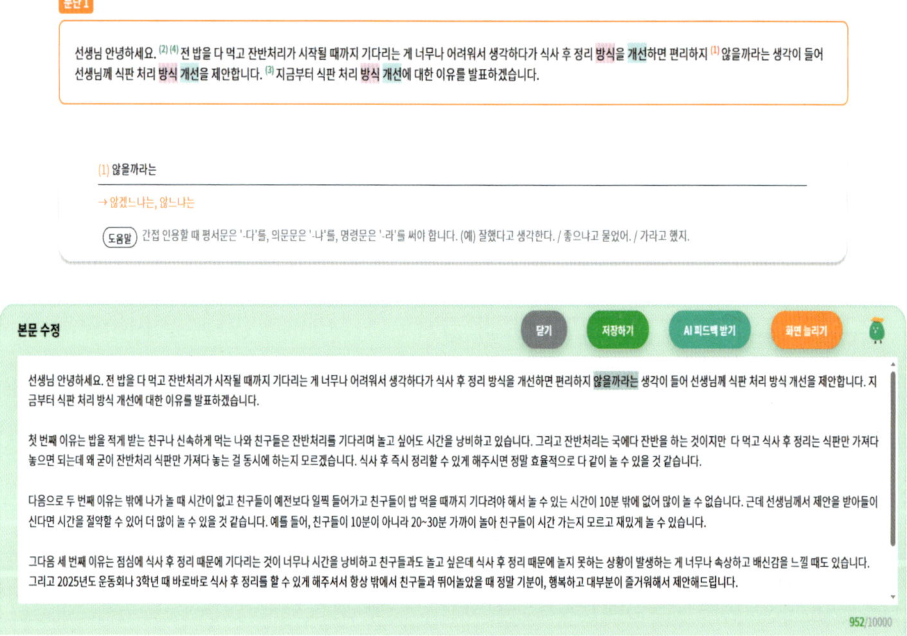

[그림 5-30] 키위런 AI 피드백으로 고쳐 쓰기

학생들은 키위런에 접속하여 제안하는 글을 쓴다. '평가하기' 버튼을 누르면 6가지 지표(문법, 어휘, 표현, 문장, 조직, 주제)에 대한 점수와 문단별 AI피드백이 생성된다.

[그림 5-31] 학생별 고쳐 쓰기 횟수

학생들은 AI 피드백을 참고하여 글을 고치고 다시 평가받는다. 점수가 오르는 과정을 보며 마치 게임을 즐기듯 고쳐 쓰기에 몰입한다.

'어떻게 수정해야 할까' 고민하며 글을 다듬는 과정에서 성찰이 일어난다. 반복적인 수정을 거치며 아이들은 자신의 글이 나아지는 것을 직접 확인한다.

④ 동료 평가

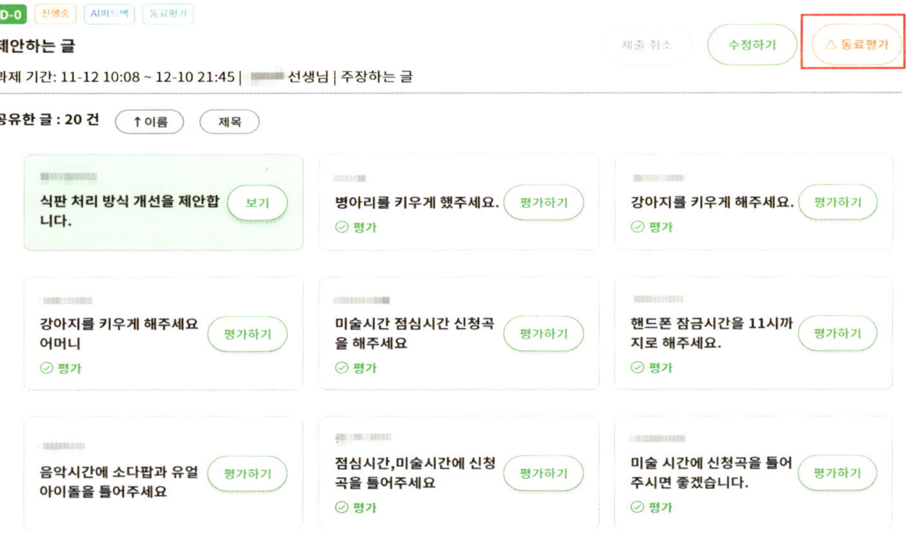

[그림 5-32] 동료 평가 참여 학생 화면

학생들은 친구들의 글을 읽고 평가하며 다양한 관점과 표현을 배운다. 평가하는 과정에서 자신의 글을 객관적으로 다시 본다. 동료 평가는 교사 피드백만으로는 얻기 어려운 다양한 시각을 제공한다.

⑤ 교사 피드백

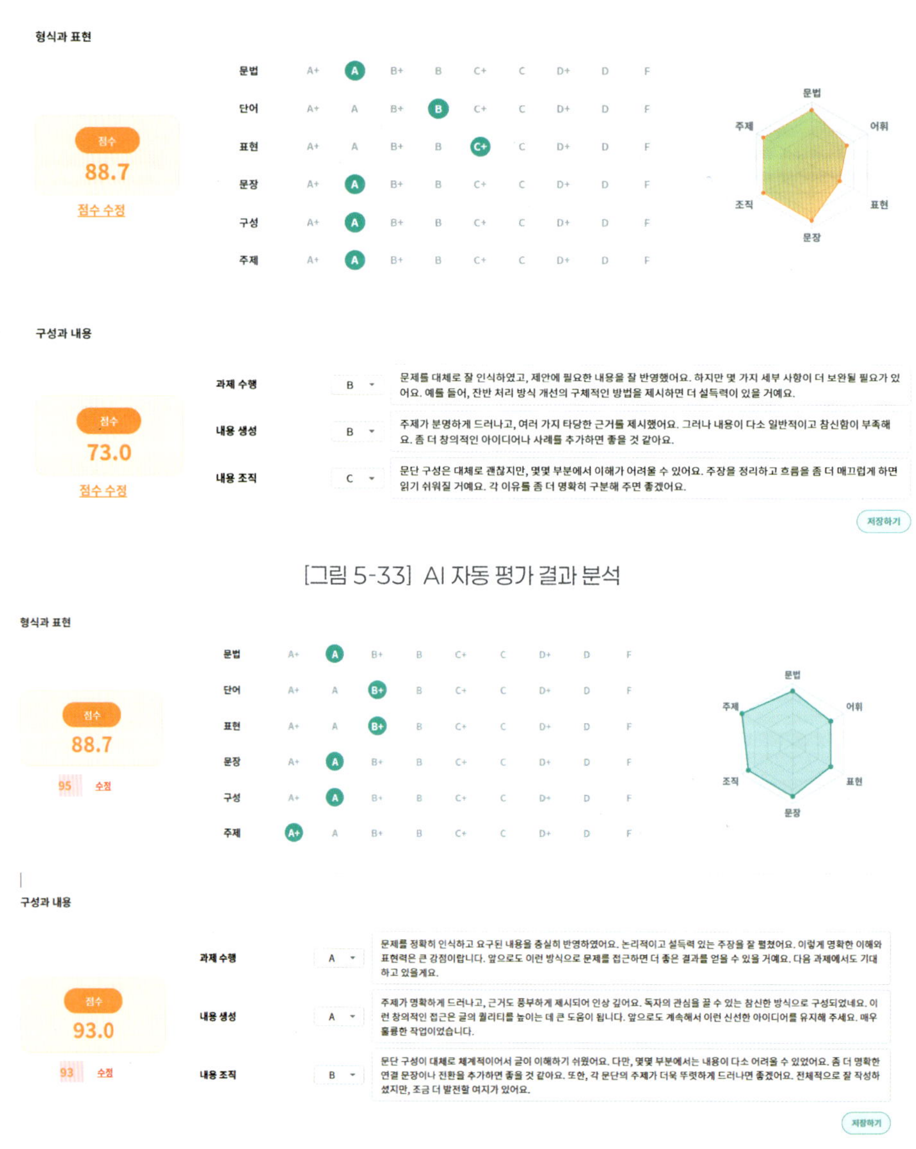

[그림 5-33] AI 자동 평가 결과 분석

[그림 5-34] 교사의 최종 평가 반영

AI 조교가 평가한 점수와 피드백은 교사에게 유용한 참고 자료가 된다. 전체 학급의 평균 점수 분포를 보면 어느 부분에서 학생들이 어려움을 겪었는지 한눈에 파악할 수 있다.

교사는 AI가 제시한 평가를 기본으로 하되, 각 학생의 글을 꼼꼼히 읽으며 필요한 부분을 수정한다. AI가 "근거가 부족하다"라고 평가했더라도, 실제로는 학생이 우리 반 상황을 잘 관찰하고 구체적인 예시를 들었다면 점수를 올려주고 격려의 코멘트를 한다.

반대로 AI가 높은 점수를 줬더라도, 제안의 실현 가능성이나 공동체에 대한 고려가 부족하다면 그 부분을 짚어 주는 피드백을 작성한다.

특히 중요한 것은 학생들이 이 전체 과정을 통해 무엇을 배웠는지, 어떻게 성장했는지를 확인하고 격려하는 것이다. 교사의 전문적인 시선이 더해질 때 AI 분석 데이터는 비로소 살아있는 성장의 기록이 된다.

⑥ 학급 회의와 실천

미술시간에 노래를 틀어주세요

내용 분석

■ 화제 제시 ■ 주장 ■ 근거 ■ 예시 ■ 주장 반박 ■ 반박 재반박 ■ 결론

저는 선생님께서 매주 미술시간에 노래를 틀어주시면 좋겠습니다. 왜냐하면 노래를 틀면 친구들이 조금이라도 덜 떠들 수 있습니다. 그리고 미술시간을 더 즐길 수 있을 것 같아서입니다. 그 이유를 지금부터 말씀드리겠습니다.

첫째, 3학년 때 선생님께서 학생들의 의견으로 시행한 적이 있으셨습니다. 틀어주신 노래는 그때 유행했던 노래가 대부분이었습니다. 그래도 친구들의 반응도 좋았습니다. 그리고 저도 무척 재미있어서 4학년 때도 해 보고 싶습니다.

둘째, 음악을 들으면 집중이 잘 됩니다. 미술 시간에 노래가 없어서 친구들이 많이 이야기하는 문제가 있습니다. 하지만 노래를 틀면 그런 것이 조금이나마 완화될 것입니다. 그러므로 집중도 잘 될 것 같습니다.

셋째, 미술 시간을 좀 더 재미있게 즐길 수 있을 것입니다. 미술을 하던 도중 흥이 나기도 합니다. 그리고 아는 노래가 나오면 서로 조용히 이야기하면서 더 친해질 수 있기도 합니다. 노래를 흥얼거리면서 흥겹게 할 수도 있을 것 같기도 합니다. 다만 친구들에게 방해가 되지 않는 정도로 해야겠죠.

지금까지 말씀드린 것이 이유입니다. 저는 이 시간을 더 즐기고 친구들이 행복해질 수 있는 방안을 고민했습니다. 선생님께서 제 의견을 허락해 주신다면 더더욱 미술시간이 기쁠 것입니다. 그리고 학생들이 이 시간만을 기다릴 것입니다. 그래서 저는 매주 미술시간에 음악을 들으면 좋겠습니다. 의견을 들어주셔서 감사합니다.

글 통계 자료

전체 글자 수	705 자
전체 문단 수	5 개
전체 문장 수	23 개
문단별 문장 수	4.6 개
긴 문장(50자)의 수	0 개
예상 독자 나이	12 세
읽기 쉬운 정도	보통

[그림 5-35] 학생이 작성한 제안서 완성 예시

금요일 학급 회의 시간, 학생들은 자신이 쓴 제안서를 친구들 앞에 발표했다. '미술 시간 신청곡 듣기' 제안은 실제 학급 규칙이 되었다. 학생들은 자신의 글이 우리 반을 바꿀 수 있다는 사실에 큰 성취감을 느꼈다.

교과서 속 개념이 삶의 현장과 만날 때 성찰은 완성된다. 제안이 실천으로 이어지며 학생들은 배움의 힘을 스스로 깨닫는다.

수업 운영 TIP
- 학생 화면 미리 확인하기: 교사는 하나의 계정으로 키위티와 키위런에 모두 가입할 수 있어 학생용 화면 구성을 쉽게 파악할 수 있다. 수업 전 학생 시선에서 도구를 미리 다뤄 보면 더 원활한 안내가 가능하다.
- AI 점수는 안내 표지판: AI 점수는 글을 개선하기 위한 참고 지표일 뿐 최종 성적이 아님을 명확히 공지한다. 점수 자체에 일희일비하기보다 자기 생각이 나아지는 과정에 집중하도록 지도하는 것이 중요하다.
- 교사의 평가 신뢰 쌓기: AI 점수가 낮더라도 내용이 우수하면 교사가 이를 최종 평가에 충분히 반영한다는 확신을 준다. 그래야 학생들이 점수에 매몰되지 않고 자신의 진심을 담는 데 용기를 낸다.

참고 문헌

- 교육부 (2022a). 초·중등학교 교육과정 총론. 교육부 고시 제2022-33호.
- 교육부 (2022b). 2022 개정 교육과정 총론 주요 사항. 교육부.
- 최소정, 김귀훈. (2025). 개념 기반 교육과정에 근거한 초등학교 정보교육 수업 설계 방안 탐색. 컴퓨터교육학회 논문지, 28(2), 23-35.
- Alhumaid, K. F. (2020). Judging students' understanding: The idea of concept-based curriculum. *Humanities & Social Sciences Reviews, 8(5)*, 319-325. https://doi.org/10.18510/hssr.2020.8529
- Erickson, H. L., & Lanning, L. A. (2013). *Transitioning to concept-based curriculum and instruction: How to bring content and process together*. Corwin Press.
- Frey, N., Fisher, D., & Hattie, J. (2016). Surface, deep, and transfer? Considering the role of content literacy instructional strategies. *Journal of Adolescent & Adult Literacy*, 60, 1-9. https://doi.org/10.1002/jaal.576
- Hackenberger, B. K. (2019). Data by data, Big Data. *Croatian Medical Journal*, 60(3), 290-292. https://doi.org/10.3325/cmj.2019.60.290
- Jensen, R. A., and Kiley, T. (2015). *Teaching, leading and learning in Pre K-8 settings: Strategies for success*. Houghton Mifflin College Division.
- Jonassen, D. (1999). Designing constructivist learning environments. In C. M. Reigeluth (Ed.), *Instructional-design theories and models: A new paradigm of instructional theory*, Vol. 2, pp. 215-239). Lawrence Erlbaum Associates Publishers.
- Marschall, C., & French, R. (2018). *Concept-Based Inquiry in Action: Strategies to Promote Transferable Understanding*. Corwin Press.
- Marton, F., & Saljo, R. (1976). On qualitative differences in learning: I. Outcome and process. *British Journal of Educational Psychology*, 46(1), 4-11. https://doi.org/10.1111/j.2044-8279.1976.tb02980.x
- McTighe, J., & Wiggins, G. P. (2013). *Essential questions: Opening doors to student understanding*. ASCD.
- NCTQ(National Council on Teacher Quality). (2016). *Learning about learning: What every new teacher needs to know*. https://www.nctq.org
- OECD(2018). *The future of education and skills: Education 2030*. Position Paper.
- Ramsden, P. (1992). *Learning to teach in higher education*. Routledge.
- Ritchhart, R., Church, M., & Morrison, K. (2011). *Making Thinking Visible: How to Promote Engagement, Understanding, and Independence for All Learners*. Jossey-Bass.
- Stern, J., Ferraro, K., & Mohnkern, J. (2017). *Tools for teaching conceptual understanding, secondary: Designing lessons and assessments for deep learning*. Corwin Press. https://doi.org/10.4135/9781506355689
- Sweller, J., van Merrienboer, J. J. G., & Paas, F. G. W. C. (1998). *Cognitive architecture and instructional design. Educational Psychology Review*, 10(3), 251-296. https://doi.org/10.1023/A:1022193728205
- Wiggins, G., & McTighe, J. (2005). *Understanding by Design* (2nd ed.). Association for supervision and Curriculum Development.

디지털로 쉬워지는

개념탐구 기반학습

AI 에듀테크 수업 가이드

| 2026년 3월 21일 | 1판 | 1쇄 | 인 쇄 |
| 2026년 3월 30일 | 1판 | 1쇄 | 발 행 |

지 은 이 : 엄태상·김우람·김영주·박지원·
사공정일·정용석　　　　공저

펴 낸 이 : 박　　　정　　　태

펴 낸 곳 : **(주) 광문각출판미디어**

10881
파주시 파주출판문화도시 광인사길 161
광문각 B/D 3층
등　　　록 : 2022. 9. 2 제2022-000102호
전 화(代): 031-955-8787
팩　　　스 : 031-955-3730
E - m a i l : kwangmk7@hanmail.net
홈페이지 : www.kwangmoonkag.co.kr

ISBN : 979-11-93205-89-1　　　03370

값 : 19,000원